—融境书系—

换个角度看孔子:孔子的理想国

李柚声 著

苏州大学出版社

图书在版编目(CIP)数据

换个角度看孔子:孔子的理想国/李柚声著.—
苏州:苏州大学出版社,2014.9
融境书系
ISBN 978-7-5672-1046-2

Ⅰ.①换… Ⅱ.①李… Ⅲ.①孔丘(前551~前479)—人物研究②孔丘(前551~前479)—哲学思想—研究
Ⅳ.①B222.25

中国版本图书馆CIP数据核字(2014)第210234号

书　　名: 换个角度看孔子:孔子的理想国

著　　者: 李柚声
策划编辑: 管兆宁
责任编辑: 刘　海
装帧设计: 吴　钰

出版发行: 苏州大学出版社(Soochow University Press)
出 品 人: 张建初
社　　址: 苏州市十梓街1号　邮编:215006
印　　刷: 苏州工业园区美柯乐制版印务有限责任公司
网　　址: www.sudapress.com
E-mail: Liuwang@suda.edu.cn　　QQ:64826224
邮购热线: 0512-67480030
销售热线: 0512-65225020

开　　本: 700 mm×1 000 mm　1/16　印张:17.5　字数:305千
版　　次: 2014年9月第1版
印　　次: 2014年9月第1次印刷
书　　号: ISBN 978-7-5672-1046-2
定　　价: 58.00元

自序

我年轻时即喜好文史等社会科学，后来学医，注意从医生与病人的关系这一角度观察社会与人生，再加上多年国外生活经验，因而能汇通东西，用自然科学的眼光观察社会，在十多年前想到遗传编码的原初社会与人造二级社会这一全新的对社会不同层次的划分。西方教科书常常把马克思说成是第一个用自然科学的方法观察人类社会的著名学者，自然科学未必比非自然科学掌握更多的真理，但它更直接明了，也更能为普通人所理解，只不过需要一套本书这样的通俗语言而已。记得，二十世纪四五十年代我父亲弃政从医后，在落后的北方农村将普通西药配成解决当地农民疾病痛苦的配方，还给配方取了农民也明白的名字，大受欢迎，在他们看来，这真是“贼便宜的灵丹妙药”。到了农村合作化多年后的六十年代，还有人步行数十里地来购买此药，当听到此药自1956年就停止了，他们的失望与迷惘可以想见。孔子生活在中国古代原初社会式超级大国尚未解体的时代。原初社会与我们现在生活的二级社会有本质的不同：前者的秩序基于人性，是美学式的，而后者是理性的。二者的区别犹如汉字与文章的区别，有不可逾越的一面，我们无法想象一半没有关联的汉字一半文章会构成一个什么东西。一个人无法同时生活在原初社会与二级社会之中，只能选择其一，因此我们很难了解孔子生活的时代。十多年来，笔者浏览东西经典、古今文献，感到这组两级社会的概念如同一把让我们了解东西古今文化的金钥匙，也奇迹般地把孔子还原成他原来的面目——一个生活在与现代社会具有本质差别的原初社会里的哲人，一个我们不熟悉而又更真实的孔子。这一两级社会理论同样是帮助我们了解古今文化生活差异的金钥匙,只是我们首先要认识中国古代的不同。

只要认真阅读此书,多数人会有所收获,认识到原本没有认识到的事物与道理。就笔者本人近年来广泛阅读的经验,对某些本来难以理解的问题,人们阅读此书或可能有"贼便宜的灵丹妙药"之感。

本书为本人近年来写的论文集,多在网上电子杂志《学灯》上发表过。这次重写,我力求深入浅出,运用人类学、心理学、社会生物学、东西方历史多学科基本常识来论述,避免过于专业化的材料与论述,剔除晦涩难懂的部分。由当今二级社会的思路回到原初社会的美学与亲情有一条不可逾越的鸿沟,本书的写作目的正是帮助读者认识和穿越这一鸿沟。本书在引用较难懂的古文时,在括弧内以不同字体加以注释,力求使高中学生也能阅读此书。

像笔者的以往著作一样,本书同时面向学术界的专业读者与一般读者。本书保留了论文的形式,每章后有文献来源,开头附有摘要,以便读者在阅读时有选择的余地。笔者有时阅读甚为生疏的语言学与物理天文学文章,感到文前摘要甚有帮助,它使人可以有选择地阅读全文。希望那些普通读者也利用本书每章摘要的方便。

笔者也尽量使每章独立成篇,但读者需要先读完书前的导论部分,在对两级社会的概念与理论有了初步了解后,才能单独阅读某一章。本书删掉了论文之间的重复部分,但为了保持每篇的独立性与论述的完整性,论证的理由与事实、数据等偶尔会多次使用,这些一般都语句简短,不能视为重复。

笔者与拙石(徐伉)先生是多年未见面的朋友,也是令人庆幸的忘年之交。我读了他的《融境问道:有关场所、空间、城市的传播与思考》一书,深深为这位年轻学者的开阔眼界与深刻清晰的见解所折服,我从中看到了中华文明的未来与希望。拙石先生如此热心,使此书得以出版,让读者与我一道来感谢这位知音。

李柚声

2014 年 3 月

目录

术语词条

二级社会与原初社会——现代社会为二级社会,有别于史前的原初社会。远古时候,原初社会是家庭以上的唯一社会层次,在 150 人左右。游群组织与部落即原初社会。原初社会是人类遗传天性的自然延伸,在原初社会中人类天性得以充分显露,没有迫使人性向某个方向改造的外来压力。人类的本能意识足以保持原初社会的内部和谐。原初社会是遗传编码社会,只有一种形式;二级社会是人造社会,有多种不同形式,二者有本质的区别,故不互相重叠。二级社会常常不稳定,需要军队、警察、监狱等法定的暴力机构维持社会秩序,以防止成员无节制地谋求其他社会形式。原初社会中人与人之间有心理和情感的沟通,在心理情感上,原初社会是一个整体,其社会秩序是美学的。个人无法与二级社会进行心理和情感的沟通,二级社会的整体性有赖共同的理念与组织建制,其社会秩序是理性的。

古代超级大国——古时远远大于其他国家的大国,周围没有与其相竞争的力量,成为人民所知世界的唯一权力象征。古代超级大国容易形成和平的气氛,能内省而求方向,顺从人类闲适的天性。大禹建立的夏朝正是这样一个古代的超级大国。这与西方大小相当的国家与势力竞争的社会局面不同。在竞争压力下,人们抑制天性而求生存。

基本人性与周边潜能——我们的行为由人性与文化环境所决定。由遗传决定的人性可以用一系列的自然需求、基本能力与周边潜能来定义。一方面,周边潜能是自然需求或基本能力的过分延伸,虽然过分,但仍在人体与脑的能力范围之内。一个人可以轻松愉快地走路、跑步,通常不会跑得上气不接下气。如果逃命的话,他就会超出正常的速度,不顾他肉体与精神的痛楚。我们就说,这个人在使用他的周边潜能。基本能力与自然需求即基本人性。周边潜能非人生所必需,但二级社会可以迫使它的成员开拓周边潜能而生活。另一方面,原初社会出于人类的天性,能包容人类全部天性。二级社会并非人类天性的产物,而有特定的方向与目的,迫使人们开发某些周边潜能而抑制某些基本人性。

类神世界效应——人类世界分成许多层次,一个人从低层次社会进入高层次社会,他感到好像进入了一个神的世界。就是说,对于低层次社会人员来说,高层次社会是一个类神世界,对他产生类神世界效应。他可能把高层次社会的人看成神,过分贬低自己。另一方面,他对高层次社会的事可能漠不关心,认为与他无关。甚至极其荒诞的事,他也熟视无睹。我们所处的现代社会对它的成员有类神世界效应。

头人政治——原初社会里没有现代意义的政治。原初社会里有一个没有权威的头人来管理,他只能说服众人,不能强迫他人接受。为方便起见,本书称原初社会的管理系统为头人政治。

原初社会理想的无防御——原初社会在二级社会面前无防御,显示了原初社会的脆弱,所以老子反对二级社会对原初社会的渗透与干涉。原初社会遵从道学的自然无为,有如一盘散沙,毫无政府与组织可谈,因而对外无防御,使外来的社会力量如入无人之境。如果原初社会也组织起来,标明自己的思想理论与社会形态以别于其他社会势力,并且与他们一论短长,那么这时所谓的原初社会即变成二级社会了。

轴心时代——德国哲学家与精神病学家雅斯贝尔斯(K. Jaspers,1883—1969)首先提出来的一个概念,已为学术界广泛接受。轴心时代大致指公元前一千年以内的这段时间,此时世界各地发生急剧变化,人类对自身世界的认识第一次提高到哲学高度,为今后两千年划定了人类思维的框架。我们现在仍没有超出这一框架。中国的春秋战国时期与古希腊经典时期是典型轴心时代。

准原初社会——近似原初社会的社会。

导论一

我如何想到原初社会与二级社会这样一组不同社会级别

摘　要:作者以自身经历展示了原初社会与二级社会的本质差异以及这两级社会之间的不可逾越性。

一、从孔子说起

当您站在一幅巨幅绘画面前,如达·芬奇的最后晚餐,或者张大千、齐白石的画,您完全沉浸在艺术大师所创造的艺术气氛之中,物我两忘,失去欣赏者与被欣赏物的界限,您有没有想象自己进入画图而身临其境呢?比方说,您想象自己成为其中人物之一,那么您是静止不动,还是行使您的个人自由,随便走动而不顾整幅画的艺术效果被毁坏呢?在浩尔与艾密斯(Hall & Ames)看来,您这安然不动与个人自由全不是孔子的理想境界。[1]孔子提倡美学社会秩序,您要与您的世界达到情景交融、如醉如痴的境界,这样您才会发挥您的创造力,使您的每一动作都给整幅艺术杰作添色而使其更具艺术的魅力,处处散发着和谐之美。正由于此,孔子谈话时经常有音乐伴奏。当您身心与美妙的音乐旋律一起搏动起舞时,您发自内心的话语,无论是侃侃而谈,还是纵情高歌,都会成为这一大合奏的一部分。

孔子的《论语》叙说人们如何在一个和谐的美学社会秩序中

做人做事,在这一社会中,没有任何人为操控的法律系统。如果现代人阅读《论语》像读其他书一样追求《论语》一万五千汉字的语义的话,那就最多像是阅读艺术大师杰作的一篇简单介绍,并无法了解该大师杰作的真实面目。孔子的《论语》本身是一件杰出的艺术品,而这一艺术品又同时是中国古代原初社会生活画卷的一部分。现代东西方读者都同样地仅仅追求孔子教诲的文字语义,既无视其美学意味,又不理解孔子终生为之奔波的理想人生社会是怎样一幅图景。我曾试图读《论语》三两句话,而后整天默念这几句话,努力体会其深层的意韵,最后到达一种心态。自认为,这种特殊心态才是古代人听到这些话时的反应。[2] 语言对我们来说,是传达信息,而对孔子时代的古人来说,更是一种美的意韵。我们今天这样阅读《论语》所得的所有不同心态都应指向一种宁静优雅的美。

如果您读了上面这些话,感到与您原有的孔子印象不同,并因此而感到困惑,感到难以理解的话,不要怕! 很多人和您一样。有个读者告诉我:现今有两个鸿沟,分别处在古代中国与当代中国之间,以及当代中国与世界主流文化之间。这两个鸿沟的存在使中国在世界社会学、人类学界没有自己应有的位置。笔者请那些读到此处感到困惑的读者细心阅读本书,和我也和许多有志于跨越这两个鸿沟的人们一起迈出坚定的一步,翘首瞭望彼岸奇异的景观,揣想那奇异景观之后的文理。

二、两种社会与它们之间不可逾越的鸿沟

2011 年,我从加拿大伦敦市当地图书馆借了一本浩尔与艾密斯写的有关孔子的书。此书前言中如此写道:“古代中国文化只能从内在论角度(immanental terms)来理解,与西方强调超越性(transcendence)相对应。”英文单词 transcendence, 或可以翻译为超验与先验,本书一律译为超越与超越性,意为“外在于人”。浩尔与艾密斯接着说道:“在西方文化理性社会秩序中,个人与社会生活的许多角色,在孔子思想中由美学秩序来担当。儒家英雄是美学的,全无西方所谓道德的意味,而西方道德指极端规范化的理性秩序对个人的一种要求。”[1]

当浩尔与艾密斯所说的这种理性社会秩序与美学社会秩序并肩存在时,二者之间是否有一个不可逾越的鸿沟呢? 一个人如果生活在这两种文化、两种社会秩序的接壤地带又将如何? 他会不会掉到这一不可逾越的鸿沟中? 这

个万丈鸿沟底部是一个何等的世界？在那里，是一个西方理性头脑，还是一个孔子式美学头脑看得更清楚？

由于一个众多因素交织的复杂局面，由于一连串的特殊境遇，我终于为中国苍天与西方上帝同时选中，赋予我作此宣布的资格：我就是一个掉在那个万丈鸿沟而在沟底生活年复一年的人。在浑然无知的迷茫之中，在多年毫无效益的殊死挣扎之后，我转向中华道家哲学求救。在黑暗中祈求一丝之光，在茫然中渴望一犀之灵，我毫无选择地阅读中国与希腊的古代经典。当我把人类社会分成遗传编码的原初社会与人造的二级社会，来看原初社会的亲情如何被用来钓取二级社会物质利益时，意外发现：中华文明开始于遗传编码的原初社会，而西方开始于人造二级社会。原初社会与二级社会处于不同层次，犹如相互之间毫无关联的汉字与文章的关系，其间才可能存在不可逾越的鸿沟。在多年寻找合适的词语概括这本质完全不同的两级社会时，我最终选用美学来概括原初社会。[3]这样我就通过一个完全不同于浩尔与艾密斯的心路历程达到与他们相同的结论。浩尔与艾密斯是通过正常的学术职业追求，而我却为人生经历所迫使。这里必须指出，除了“美学秩序”一词外，他们全书与我的两级社会概念并无其他类似与相通之处。

在现代世界中已经没有任何原初社会美学秩序可谈，但我们的生物学身体与脑子仍一如既往，数万年没有多大的改变。在现实生活中，我们很容易看出：谁与什么更接近原初社会，谁与什么更接近二级社会。在社会与家庭（包括亲戚朋友）、男人与妇女、西方人与中国人、成人与儿童（包括年轻人）、世俗与宗教和艺术这五对人与事物中，每一对的后者比前者更接近原初社会的美学秩序，也更接近天然之人。妇女更具家庭倾向性，她们也更少被当代文明所污染。中国人与西方人的对比也呈现类似的不同。在笔者曾经工作过的现代医院里，有第六对，即医学专业人员与行政管理人员：前者通过多年严格的自然科学训练更倾向理性，后者多年与不同的人打交道，更倾向人类情感考虑。当一个医学专业人员偶尔被迫做纯行政事务时，就有混淆两种社会界限的危险。在这六对人与事物中，世俗与宗教、艺术这一对没有其他五对那样界限清楚。医院中通常不会有专职宗教与艺术人员，仅仅是某些人更热心宗教与艺术而已。

如果以上这六对人与事物的区别，以及其他类似区别，被强有力的社会权力所利用，一条人为鸿沟就有可能出现，并不断被更多人加入与利用。这里的“人为”一词含义为：原初社会与二级社会之间不可逾越的鸿沟，由于社会权力的人为需要,而重新出现在当今的二级社会之中,并非有人设计与领导。一般说来,行动与损害的承担者大多来自上六对人与事物中的后者,而意图与受益的承担者多来自前者。

三、从杰尼斯的双相脑人精神病到勒庞的乌合之众

杰尼斯(Julian Jaynes, 1920—1997)认为:以语言为基础的人类主体意识在三千年前出现于地中海文明的世界中,而在此前的近一万年的时间里(9000—1000 BCE.),人类为双相脑人(bicameralism),即今天的精神病。杰尼斯氏认为:这种双相脑人精神病是由于农业发明而导致的生活社区突然扩大而引起。[4,5] 从本书的两级社会理论来说,他们不过是掉进原初社会与二级社会之间不可逾越的鸿沟里了。其实,这时的社会已经是二级社会,但离鸿沟彼岸的完美二级社会还遥远得很,人类还没来得及适应当时的社会,就如同掉进鸿沟里了。

有一个长期困扰医学界的难题,不知读者是否有志于此而来帮忙解答:人类为什么要患精神病?

杰尼斯认为:今天的精神病是古代双相脑人精神病的遗留与再现。以本书两级社会理论来看:现今二级社会中有时或者出现与古代地中海文明世界在公元前9000年到公元前1000年间相类似的局部社会情况,或者某些现代社会与人生经历给某些易感人群创造了与古代双相脑人相类似的刺激,从而导致精神病效应。一句话,杰尼斯所讲的过去三千年的西方文明史仅将社会与人类部分地脱离了古地中海双相脑人的社会和心态。掉进原初社会与二级社会之间的鸿沟中,对于生活在21世纪的我们来说,仍是一个现实的威胁与可能。在其他动物看来,两次世界大战就是人类独有的集体精神病。只有在遥远的将来,彼岸的完美二级社会降落人间,人类才有望像其他动物一样,不再有这么多的精神病患者。

以笔者的亲身体会来说,原初社会与二级社会之间的鸿沟里既非原初社会的美学秩序,也非二级社会理性,而是疯疯癫癫的不正常。原初社会与二级社会属于不同级别,相当于汉字与文章、细胞与组织器官的关系。由半个汉字与半篇文章组成的物件只能是不伦不类。这也包括中国的“文革”,以及勒庞(Gustave Le Bon, 1841—1931)所说的乌合之众。

勒庞的乌合之众系指由于某种原因临时聚集起来的人群。他们相互不认

识,但需要统一行动;他们万众一心,盲从临时领导,听从暗示与流言,表现出大无畏的英雄主义与极大的自我牺牲精神,因而也具有破坏力。笔者曾专门论述二级社会的类神世界效应对初来乍到的人有神使鬼差的效果。[3]这也与一万年前社区突然扩大而导致的双相脑人精神病(bicameralism)现象相似。英文单词bicameralism,原指西方议会的两院制,而西方两院虽有上下之分,却讨论同样的问题,说同样的语言,不能表达两级社会的差异,笔者这里暂将之译为双相脑人。当然,使乌合之众聚集的原因也可以理解成一种社会权力。

中国的"文化大革命"由政府来终止,我认为自己也在西土经历了一场典型的"文化革命",前后二十余年,因为众多不明真相人的参与,有的人至今仍在继续着以往的言行,这场微型"文革"只有由受害者本人来终止,此文系笔者近年来的诸多努力之一。希望读者也采取类似态度:不以对错之分来对待参与的个人,所以这里引用的言语行为一概归功于这一两级社会之间的鸿沟效应。笔者郑重声明:我这里是以文学创作的心态描述自己的经历,更没有查证核实,希望读者不要对号入座或按号找人,不听这一劝告者,后果由自己负责,与笔者无关。

四、我所看到的奇形怪状的西洋景

说了上面这些话后,我在此说明:下文使用受害者与种族歧视或汉奸行为等字眼完全是为了叙述的方便,也为了使读者感受社会权力介入的力度,并不提示有种族歧视者与汉奸存在。

在受害者本人与其老板的老板的老板这一个四层次的社会结构中,具有上面提到的六对与一个混淆。这里再加一个关键,即在中间层次有一个把柄握在上级白人手中的中国人,而这一结构的最高层,包括第四层以及以上诸层次,是一个或几个欧(洲)裔男人。这一种族歧视与汉奸行为相结合(以下简称这一结合)致使受害者家庭受累,颇似"文革"对某些家庭的攻击,并造成一连串严重损害少数族裔而不得伸张的事件,又有不断重复与扩大而无人制止的特点。我老板的老板的老板对我说,"某某(中国人)的名字似乎大大惊动了(have alarmed)你";"你说没说,我们偏爱北美白人(Northern American whites)"。这说明这一特定社会结构有自我复制的内在能力。

科室仅有的一位老职员(the senior staff)对我说:医院将原来给我安排的面试日期给了这位中国人,系(Department)里则说是为了照顾我。此人面试后,医院出现迫使我放弃面试的舆论压力,而在另一城市工作的妻子被给予回家探亲的机会。我坚决要求面试,根据我的记忆:在我为期两天的面试期间,妻子正在回中国的飞机上。这无非向我暗示:我们有攻击你家庭的能力与技巧。我如此麻木,致使面试全面成功,以至医院内外很多人以为我走马上任了,要科室同事在电话上大声向对方喊:“他不负责(He is not in charge)。”多年后,这位中国人私下用英文对我说:“这个位置是你的,我从你手里拿过来(This position is yours, and I took it from you)。”这说明,这一特定社会结构的自我复制的内在能力具有压倒一切而不可抗拒的强势:做事根本用不着通知你,你也无从阻止,因为那强势来自不同层次。

退休后,我给医院写信说:十七年后,你们还欠我一封通知我那次工作申请(与面试)结果的回复信函。

这里没有必要详细介绍我多年来所看到的奇形怪状的西洋景,因为它与中国的“文化大革命”十分相似。这是一个加拿大式微型“文化大革命”:参与人员充其量在千人这一数量级,甚至可能仅仅数百人,不过分布在不同国家而已。我在休病假的两年半时间里,偶尔也与其他白人一样,使用政府提供的各种服务部门。在前后接待我的一二十个接待人员中,我至少碰到两三个知道我私人故事并持有偏见者,在一个三四十万人口的城市随机碰到这种情况,可见传播范围之广;同时我也被权威人士通知:对我来说,这个城市的所有医生与律师都是不可信的,我需要走出这个城市。幸好这些权威人士不知道我这一事件是在国际间进行的,否则他们会对我说:“对你来说,这个地球上的所有医生与律师都是不可信的,你需要走出这个地球。”

尽管如此,我没有把那两三个接待人员算在参与人员之内,因为我没有他们有所行动的证据。

加拿大一位五十多岁兼大学教授的医院实验室主任用英文对我说,“你有没有(在电视上)看过审判犯人的场面?那个法官(说话者提起双手,比画法官的阔大,自己也同时摆出法官的架势),他就是那个真正的杀人犯。那个被审判的将要被监禁与处死的人,是一个和你一样的无辜好人(意思为:杀人犯做法官,审判自己犯下的杀人案,找一个无辜好人来处死)。”同一个人在不同的场合又说,“几百个无辜人命算什么?为什么要杀无辜的人?就是因为他们无辜。无辜正是(被杀)原因。所有政府都杀无辜的人。美国政府就杀死无辜学生。政府就是(专门)为杀无辜的人而设立的(意思为:有罪的人不能杀,专杀无辜的人,才能使社会稳定)。”二十多年后的今天,我仍然无法摆脱那些话,它时时响在我的耳边。

以两级社会理论看来，他们的异常行为与言论不过是两级社会之间的鸿沟使然，他们的言行似乎情感化、情绪化，但既非原初社会的美学，也非二级社会的理性，而是一半相互之间没有任何关联的汉字、一半文章的不伦不类。

五、鸿沟效应一：前后十二次重复

第一个受害者是一个中年印度妇女，她在另一个城市做了三年的博士后，来这一结合处工作。半年后便被整到只知道整天坐在实验室里哭的程度，需要与她老板同时去看（心理）医生，最后被送回印度。这一为期半年的残酷过程在我身上至少重复四次之多，并一次比一次严重。另有发生在我妻子身上的两次典型度略差的重复，外加五次小型重复。即包括那个印度妇女在内，在十来年时间内，即有十二次重复，发生在三个工作单位、三个人身上：这就是鸿沟效应存在的直接证据。小型重复系指专业人员在同一背景与类似社会境遇下背叛自己的专业知识来迎合权力。

因长年半夜骚扰电话等原因，家庭医生给我开了半个月的病假条，此后即无法回去工作，病休两年多。在这期间，医院手握权力的欧裔男人们(1)要通过医院雇用的医生(2)沟通，再与给我看病的医生(3)沟通，然后给我(4)诊断治疗，很大程度上形成了上面讲到的受害者老板的老板的老板的四层社会结构，虽然不是严格的上下级关系。每个关键医生给我看病、随诊的时间也在半年左右，但不同医生之间有间隔与重叠的时间。

病休期间我前后一共看了四个白人医生，四个华人与印度人医务人员。二者恰成对比，是中国人说我半夜听到电话是幻听，让我病休期间找工作。等几个月后，我开车去另一个城市看这位中国医生时，他见面后就一脸不高兴地说："你为什么来看我？你找到另外一个工作了吗？"我告诉他，我先后找到两份义务工作的位置，并全都顺利通过面试。结果雇主在一两个月后反悔：他们并不明言拒绝，只是不再回信，最后不了了之。我猜测：他们最后跟我所在医院联系时，我的医院不支持他们雇用我。根据我的记忆，我还对他说："告诉你要我找工作的是我医院的人；告诉那两个雇主即使不要工资也不要雇用我的也是我们医院的人。他们是不同的人（我没有说：根据鸿沟效应推测，这二者应该一个是白人、一个是中国人）。"这位中国医生仅仅惊讶得倒吸了一口气，就站起来走了。我一个人被甩在那里，只能回家。此后三个月，我的家庭医生与我的医院不断给这位中国医生去电话与电子邮件索取诊断报告,这位医生既不接电话,也不回答电子邮件。

显然,医院领导通过医院的白人医生与中国医生护士讲了不同的话,说明上四层社会结构里,中间阶层里华人的有无是关键。

当我认识到这一问题以后,恰巧轮到保险公司出钱雇医生给我看病,我提出一个书面要求:在给我看病的医护人员中,华人比例不得超过加拿大人口中的华人比例,否则有种族歧视之嫌。病休期间我的收入由保险公司付,所以他们一直处心积虑地催促我回去上班,不知他们对这次给我看病的白人医生说了什么话,使他如此为难:他用十六开纸整整写了十九页的报告,婉转告诫我不要回去上班。这位医生的职业道德深深打动了我,使我终生难忘。另三位白人医生说,我没有病,是医院在玩弄政治手腕(playing politics on you),他们会尽量帮助我的。一位医生自告奋勇,为我通报消息,告诉我他从医院听到的有关我的消息。我从他那里得知,不让我回去上班的既非科室,也非系里,而是医院。

我在中国医院工作十余年,直接打过交道的医生不下数十个之多,他们全部像在病休期间给我看病的白人医生一样:远离社会纠纷,在条件允许的情况下,他们不忘做出抵制社会权力的微小姿态以标榜自己的价值。

我猜想,在这一结合的威力下,那些中国医护人员也许觉得:这是社会权力要办的事,用不着告诉病人,在他病历上随便写几句,说他半夜听到电话是幻听就行了。出了问题,有社会权力来处理,跟我们有什么关系?对于我们来说,最多不过是误诊与工作疏忽罢了。而那白人医生要挑战社会权力,才用十九页纸来罗列自己所能想到的所有理由。

六、鸿沟效应二:从一件事来看涉及的广度

如果上面提到的十二次重复是时间上的,下面讲述其中一件事来展示空间上的广度。在我离开雇用我的第一个医院时,我主动放弃追究被非法开除的权益,以换取他们不用自己的社会影响力继续跟踪迫害我。他们全然答应,前后有五六个人来安慰我,要我放心,不用担心以后的事。二十多年后的今天,我仍然相信他们的真诚。他们对两级社会之间的鸿沟没有足够的认识,那毕竟是少见的事。

几年后,当我确认他们没有遵循他们的口头承诺之后,写信要他们赔我两

万七千加元。一个多月后，我即开始半夜接到骚扰电话，持续八年之久。在开始接到半夜电话几个月之后，我即进入职业考试的准备期。我与我妻子当时在相距一千多里地的两个城市工作：一个在医院，一个在旅店。一个同步开除我们的计划开始酝酿。我是在拥挤喧闹的医院食堂里听到远处有人讲到我的名字说："他即将被开除。他来这里不会长久了。"

因为心存不安，多年来，我工作特别努力认真，以至惊动了我老板的老板的老板。这位大人物亲口对我说："你是那一帮人中最好的一个。你工作非常卖力(You are the best in that group, and you work hard)。"

在这个同步开除计划启动时，我却接到一封让我限期改进工作质量的正式警告信函。按正常运转速度，我将在三四个月内被开除。我问"工作质量"何指，是否与我老板的老板的老板的话冲突，没有人回答我。在六七个人参加的医院听证会上，等医院各级领导到齐后，我被告知：除我以外的所有人要到会议室旁另一个房间有话说。我一个人坐在那里，左等右等，最后总算把他们等回来了：相当于医院副院长的一位最高领导却宣布散会。几天之后，我接到一封医院支持科室意见的正式信函。

读着这封措辞强硬而语句简单的信，我才恍然大悟：这一开除计划在半年前就已安排就绪，并获得了医院各级领导的支持。那时科室突然将所有人员分成两人一对的组合，用以互相检查报告书写中无关紧要的小错误，诸如拼写错误等。与我组合的一位显然是精心挑选而负有使命的。我作了详细记录，是她的错误比我的要多得多。但她却将我的两份报告草稿直接上交，用作开除我的依据。我带着她比我多得多的错误记录以及旁证材料到医院听证会，并且把这些材料堆放在会议桌上。医院当然不准我讲话，以免尴尬局面。只要我没有讲话的机会，开除就可以按原计划进行。

正在绝望中等待被开除的我，做梦也没有想到：一天，我的老板被解雇了。这一解雇在下午宣布。如同国王突然倒台时的国人反应一样，我所在的科室立即决定晚上开庆祝会。唯有我被告知："你不要来(You are not coming)！"晚上，在家里遥想同事们如何狂欢的我，接到妻子哭诉她如何突然被开除的电话。我这时才回忆起，妻子被开除的过程也是四个月前因一次非同寻常的吵架而启动的，与我的开除过程很可能在同一天启动。等我第二天上班时，告诉科室同事："我妻子昨天也被开除了。"我得到的唯一回答是毫无表情的沉默。我的理解是：他们事先知道我的妻子被开除。本来是准备同一天开除我与我妻子的，我老板没有把事办好，才临时更改计划：由她来代替我。

与我的开除一样,我妻子的开除也是因为日常发生的小问题,这样才有可能预先安排开除时间。我妻子被开除后,到政府雇用中心(Employment Centre)申请失业金,那里的人听我妻子哭诉后,大为震惊,气愤地说:“怎么能因为两根蜡烛来开除一个人呢?难道一个人都不值两根蜡烛钱吗?(政府雇用)我们在这里就是要管这种事的!”除了上面提到的四位医务人员外,这第五位背叛专业知识而迎合社会权力的人是一位收了几百加元费用的华人律师,他极尽欺诈威胁之能事,迫使我妻子撤回失业金申请,以免政府调查此事。

警察局让我一一询问,“在过去几年里,你有没有在半夜给我打过电话?”我这才打电话给我那被解雇的前老板,听了我的问题后,她马上笑着说:“你怎么就认为我没有更好的事来干呢(Why do you think I do not have anything better to do)?”在这样的情况下,我才在电话中与她共同回忆过去的事,她对我妻子被开除以及半夜骚扰电话并不知情,她说:“我是执行命令(来开除你的)。”据我理解:我老板被上级与下级同时蒙骗了。这种蒙骗可没有具体人负责,因为也可能是一种相互间的误解。其实我这里叙说的整个事件的开头可能仅仅是:基于一时性错误印象,一个女性积极推行她的男性老板的似是而非的愿望而已,也正是鸿沟效应的威力,相当杰尼斯双相脑人在三千年前听到神的声音,执行神的命令。

这个伴有半夜骚扰电话的同步开除事件被压挤在我专业考试前的四个月之内。我的考试结果是:一科通过,另一科得六十五分,而我知道的唯一一个通过分数是七十二分。所以我可能仅差一两分没有通过。另一方面,我能考六十五分也足见我当时麻木到何种程度,也说明一个正常人掉到原初社会与二级社会之间的鸿沟里,短时间内是不会明白自己的处境的。事后,我立即给位于美国的医学职业协会总部写信说:我是加拿大与美国两家协会闹矛盾的牺牲品,如果我在美国,就绝不会发生半夜被电话骚扰与夫妻俩要同时被开除的事。

在这个相隔一千余里的同步开除事件进行期间,生活在一个精神病式的喧嚣闹剧中的我,开始采取措施防止被杀。后来医院的欧裔大男人们讥笑我的行为。在他们看来,只有在以宣布散会而隆重开幕的医院高规格会议上,能抑制内心深处的滑稽感而不露一丝笑容,才闪烁着理性的光芒。

七、为期八年的半夜骚扰电话

在我病休期间,我曾给医院安全部门写信说:在过去的四年零七个月中,我接到无数半夜骚扰电话，根据统计学分析：这些电话为医院雇员所为的可能性是99.999…%，其误差率小于十亿分之一。因为我匿名提到一个人，所以加了一段话："为避免事态的进一步复杂化，也与所有人都是好人、只是行为方式不同的个人观点一致，如果您发现任何医院雇员涉及那些半夜电话，我感激您的，也同时信任您的谨慎处理。"

被我匿名提到的那个人与我无冤无仇，平时相处至少不比其他人差。此人不辞辛苦，数年如一日地半夜打电话，她半夜时的困苦程度比我这半夜接电话的人未必好些。此人开始打骚扰电话，显然与我向前雇主医院索要两万七千加元有关。当时她是一位临时工。大概作为她半夜打电话的报偿，科室要解雇仅有的另一个中国人来给她创造长期工作位置，这一方案被医院驳回，理由是医院没有解雇长期工来给临时工创造位置的先例。下面才是同步开除我与妻子的计划。等我老板被意外解雇，此人即得到了长期位置。此后她仍坚持打电话数年之久，乃是执行这一结合的意图。我曾给政府部门写信说："除了医院以外，没有任何人有给我半夜打四五年骚扰电话的个人兴趣与需要。"

不幸得很，这位被我匿名提到的人在三两个月内离开了加拿大，然后医院召开有我参加的几方联席会议签署各种条件，以让我回去上班。这些条件包括我不得与我老板的老板（未标出人名字，但当时为中国人）说话，一旦说话，我将自动被解雇。这以后，半夜电话大增，并有死亡威胁。他们同样是执行这一结合的意图，所以当受害者的老板的老板的老板这一四层社会结构中的中间华人离去后，半夜电话才最终停止。

在无音讯可通的当下，我只能于此在中国的苍天与西方上帝面前，为那些被这一结合所驱使的人们祈福，尤其为那些不得不离开加拿大而背井离乡的人祈福，也为掉在鸿沟里的所有同仁祈福，不管他们处在何位置以及在这个微型"文化革命"中属于哪个派别。笔者也希望鸿沟中的同仁们能像笔者这样将自己经历实事求是地讲出来，要坚决抵制捏造事实以诋毁他人的做法，这样才能剔除误解与信息的误传，才能共同还原一个真实完整的故事，以给类似经历的后人作借鉴。最后，笔者有一个良好而正当的私人愿望：这样才有可能最终消灭那些因误解与信息误传而产生的流言及不必要的行动。

作为后人借鉴，平心而论：半夜骚扰电话不得超过两年，对一个家庭的攻击也不得超过两年。接了一年多半夜骚扰电话后，我就形成了半夜醒来不能再入睡的习惯，终生不变。后来工作，我要上下午各上一次班，中午回家睡午觉。二十年来，我们家庭成了电影《归来》的加拿大现实生活版，患的不是失忆症,而是成了上百人集体精神病的靶子与出气筒。这也包括至今存在的流言,以议论我家是非为幌子,通过相互配合与前后叠加而达到挑拨家庭关系的目的。两个以上流言加起来而起作用,这样才使流言传播者本人不知道而不负责任。多年来,我查阅了很多有关书籍才认识到:这是以对我们家庭的深入了解与深厚的心理学知识为前提的,可见设计者用心之良苦。可怜天下父母心,在我是深深愧疚,我在此饱含热泪地为类似遭遇的后人乞求与呼号:在头两年内把受害者杀死,或者逼迫他在开始两年内自杀,不能光说不干。受害者们理应愿意用自己的死来换取他家庭其余人的正常生活,一个普普通通人家的生活。

这八年的半夜骚扰电话,在开始的五年是无声的,在子夜一点到五点之间。被电话铃声惊醒的我去接电话,对方无论如何不说话,我放下电话,对方半个小时后又打过来,如果我不接的话,这电话铃可以响上半个小时之久。我一夜可以接到四五次这样的电话。后三年半夜电话,对方说话。从说话声音推测,前后至少有二三十人半夜给我打骚扰电话,全部是年轻男人与妇女。即符合上面第二节提到的:“行动与损害的承担者大多来自上六对人与事物的后者”。这些给我打骚扰电话的人是白人,我至今不明白:为何要白人打电话,然后让不知情的中国人说那电话是幻听?为什么要中国律师来阻止政府对开除事件的调查?这鸿沟里发生的事不是正常人所能懂的。

退休后,我跟很多加拿大白人说起这些半夜骚扰电话的事,没有一个人告诉过我他们曾接到过半夜电话,只有一个人说,他女朋友有时半夜给他打电话。所以他们都感到十分惊讶,而愿听取我的解释,如何会发生这样的事。我猜测说,有人付了钱:一个电话给二十加元,一夜五个电话挣到一百元,虽然不多,也就够一天花销了。如果电话上说一句:“我们要杀死你(We are going to kill you)!”就可以得到两百加元的报酬。但大数额款可能落入两三个人手中。不要忘掉,这仅仅是我的猜测,也是常人眼光下的推测。

八、漏看中华文明特殊性的社会分类有欧洲中心论之嫌

马克思主义着眼社会经济,将人类社会分为原始社会、奴隶社会、封建社会、资本主义社会与共产主义社会五个阶段;摩尔根着眼技术层次,把人类社会分为蒙昧、野蛮、文明三个社会阶段,分别代表火、农业与文字发明。作者阅读网上维基百科“社会文化进化(sociocultural evolution)”条目,上面罗列各种

类似社会分类数十种之多，留下这样一个足以使我沉思多年的印象：这些社会分类的作者们没有一个是中国人，而他们大多以西方眼界来看待世界，有明显的欧洲中心论倾向。其实这也难免，欧洲自文艺复兴以来，经历了宗教革命、工业革命、哲学革命、科学革命等一系列重大变革，无论是社会，还是人的思想意识，都经历了脱胎换骨的变化，而这一系列重大变革又伴有不断升级的战争，直到两次世界大战，把世界六大洲全部带到今天这个以欧洲文明为主导的所谓现代化的世界中。这样看来，社会分类学者们多为西方人，持西方观点，也就不足为奇了。

作者有幸多年生活在加拿大这样一个拥有多元文化的国家。加拿大的南邻是资本主义世界的旗头舰——美国。加拿大却被很多人称为半社会主义国家。我学医的女儿在医院里听人说，世界上只有三个全民医疗的国家，即古巴、朝鲜与加拿大。加拿大医院职工铁饭碗程度绝不比中国医院差多少。加拿大有数百万的法国人，法国人以法国大革命与拿破仑式的浪漫著称，而加拿大却与以保守、世故著称的英国人攀亲，以伊丽莎白女王陛下臣民为荣。我生活城市的附近还有原居民印第安人保护区，更有拒绝一切现代科技而坚持牛马耕地的阿米什（Amish）人村落，每当我访问他们驻地时，我就想到孔子时代中国农民的生活。当然，加拿大还有一百多万中国人。很凑巧，我长年在医院工作：大医院的病人可是无所不包的，那些拒绝现代化而与世隔绝的人们，一旦生病，也得来医院。记得，我年轻时在协和医院读书，一位同学深有所悟地说："协和医院就是大观园，要把协和医院当作一部《红楼梦》来读。"我所在加拿大医院的一位资深领导干脆对我说："医院就是一座小城市，什么事都可以发生。"

加拿大的多文化传统搞得如火如荼，以至于有人要出来反对了。我就参加过这样一个演讲会，演讲者说：我们的文化只有一个，这就是民主、自由，与人权。他举某些伊斯兰教信徒歧视妇女的行为说，我们绝不能容忍任何人以多文化作借口来侵犯他人的权利与自由。我当时做好准备：如果他提到孔子"唯小人与女人难养"的话，我要站起来指出他的误解——孔子仁学最富有妇女视角，是最讲自由平等的。可惜，他后来没有提到任何中国文化的事。他的演讲却提出一个重要问题：不同文化之间的差异是可以被利用的。半社会主义医院的铁饭碗加上各种不同文化的交织，我的加拿大微型"文化革命"的经历也就不足为奇了。

在中东地区，与西方不断闹冲突的阿拉伯世界信仰伊斯兰教，而伊斯兰教和犹太教、基督教起源地相近。古印度文明早期与中东文明海上来往频繁,就连作为西方思想重要渊源的古希腊也受了印度思想的影响。独立发展而又能与西方文明比肩抗衡的只有中华文明。虽然在西方人眼中,中东、印度等都属于东方,很多西方学者心目中的东西方一语指的仅仅是中西文明差异而已。我们再回过头来看那些维基百科“社会文化进化”条目中的社会分类学者们,他们之中有几个对中国远古文明具有全面深刻了解而非粗疏印象呢?他们中又有几个人通览过中国先秦文献而对中华远古史有自己独特的见解呢?恐怕一个也没有。这样看来,作者在加拿大医院这样一个特殊环境下,由于一个特殊的人生境遇,重新思考东西方社会时,提出一个遗传编码的原初社会与人造二级社会这样一个全新社会分级问题,完全冲出维基百科“社会文化进化”条目中所有社会分类学者的眼界,也同样不足为奇了。

九、福山的历史终结说与两级社会理论

20世纪八九十年代,日本人福山(Francis Fukuyama,1952—)在美国提出“历史的终结”这一结论,认为西方自由民主制度是“人类意识形态发展的终点”和“人类最后一种统治形式”。[6,7] 从两级社会理论看来,西方民主制不过是人类掉到原初社会与二级社会之间鸿沟里的一种挣扎和自我调整而已,最后的理想社会应与人体管理上百万亿细胞相似,分成上下隔离的层次,除了平衡反馈机制外,并无任何意义上的管理,也就是道家的无为而治。

现在,医生用电脑协助他们诊断与处理病人。笔者曾写道:“如果让训练有素的国家管理人员使用大型电脑来管理国家与社会的话,决策的选择要快而省钱。国民的意愿同时可输入电脑,一并予以考虑。这样的系统也就更像人体对自身细胞、组织与生理生化的管理系统。”[8,3] 开始时,这些专业化的国家管理人员像医生一样,使用自己的专业知识来行使国家管理职责。当一切安排就绪后,这些人员仅仅管理全国的电脑系统就可以了。这期间要大力发展社区的多样化,建立众多的不同文化与价值系统,以体现二级社会的多方向、多形式。公民有在这些不同社区之间选择与进出的自由。公民们在这些社区活动的数据(包括各项社会活动的参与人数,以及用录音摄像分析的公民情感与意向数据等),输入国家统一的电脑系统,来进行整理、归类与反馈。这样的电脑管理系统最终要代替工业与服务行业公司,所有这些离目前社会现实还远得很。

一次,在一个除我之外全部是白人的小型会议上,我说:“有人说,如果人人都像美国人一样生活,我们需要五个地球,现在地球只能容纳十五亿人左右,而以目前速度计算,地球人口可望近期达到七十五亿,所以第三次世界大战的死亡人数为六十亿。”我接着说,我们应当庆幸的是:有了联合国从中协调,世界局势变了,我们用不着再经历第三次世界大战了。令我至今难以忘怀的是:十来个白人一致反对我的看法,认为第三次世界大战一定要打。他们的理由很简单:否则那多余的六十亿人到哪里去?这样看来,普普通通的纯种白人比像福山那样的日裔美国学者更能看清西方民主政治的方向与前途。在他们看来,即使在民主政治下,整个社会的走向既非普通人的良好愿望所能左右,也非少数领导人与他们的政治集团所能左右。

十、最后回到自己时发现:孔子就在我们心底深处

在这个小型会议上,为什么只有我一个人没有感受到六十亿人处置问题的背后力量呢?为什么只有我一个人囿于似是而非的良好愿望而至今还有点执迷不悟呢?以此推测:在上面提到的六对人和事物中,我无疑比别人更接近后者。这背后的原因何在呢?中西这一对中,他们是前者,我是后者;但我是唯一学习自然科学出身的人,他们又都比我有着更浓厚的宗教意识,并且多数人为妇女。唯一让我沉思良久的是艺术,尤其是人文精神浓重的文学,才使人难以抑制不忍之心。在上初中时,我开始离家寄住在学校,也是从中国农村的准原初社会进入二级社会的关键时刻。记得,在初中一年级的六十位同学中,我是唯一一位在全年学生作文中全部得五分的人,而每星期一次作文,一年要有四十余篇。

按今天海外华侨家庭中孩子学文科不好找工作的理念,我后来学医,完全用不着初一时在文学作文上下功夫。按今天西方白人家庭中让孩子学自己喜欢的东西,将来生计问题由社会考虑,我又没有一丝一毫的偏爱文科的爱好,我也同样喜好理科。我的错误是:既没有按华人家庭思路,把文科精力转移到理科来,也没有按白人家庭的思路,把文科精力用一些在个人爱好与玩耍上。我想到小学时的老校长,他留下我至今记忆犹新的话:少小不努力,老大徒伤悲。这句话一定在我中学年代的潜意识层次占据了过多的地位才导致我中学时在文学上傻卖力气。疼爱我的父母就没有对我讲过类似的话,我猜想他们面对着自己天真烂漫的孩子们不忍心这样讲。

如果那时的中国小学教师也学点老子、孔子的无为而治思想,了解二级社会的复杂性与不可操纵性,傻卖力气未必是好事,或者他们还要向贪玩的学生学习呢。如果我像白人孩子那样,沿着道家推崇的儿童天性思路,从小就追求个人爱好与玩耍,我初中一年级的作文就不会全部是五分了,而初一作文全部五分肯定是我过去二十余年遭遇中的关键促成因素之一。二级社会如此繁复与不可操纵,想到自己幼年的单纯与幼稚,不禁内心深处一痛,叹道:少壮不努力,老大徒伤悲!

人造二级社会有迫使人性异化的力量,使不识字的中国农村妇女也感到这种压力,说:人心是肉长的! 这与孔子的仁学讲“仁者人也”并无什么区别:在强大人性异化的潮流面前呼喊:我们是人! 在上面讲的六对人与事物中,后者更接近原初社会,也更接近没有异化的天然之人,笔者经历的鸿沟效应摧残的正是人心上的肉, 也是孔子的仁爱之心。本书“结语”部分强调,孔子仁学首先不在学者的阐释中,而在那些大字不识一个的普通人的心中。像作者的鸿沟经历一样,那些普通人的心上有血也有泪,但我们可以从那血的色彩中与泪的闪烁中,看到人性的美好与魅力,也了解到孔子仁学的真意。

参考文献:

[1] David L. Hall & Roger T. Ames (1987): Thinking Through Confucius. New York: State University of New York Press.

[2] You-Sheng Li(2010):The Ancient Chinese Super State of Primary Societies. Bloomington, USA: Author House. p190.

[3] 李柚声(2006):中华道学的一个新解释。加拿大,伦敦:道学康复中心。第 272 - 273,335,363,54 页。

[4] Julian Jaynes (1976): The Origin of Consciousness in the Breakdown of the Bicameral Mind. Boston: Houghton-Mifflin.

[5] Julian Jaynes (1986): Consciousness and the Voices of the Mind, Canadian Psychology, April 1986, Vol. 27(2).

[6] Francis Fukuyama (1989):The End of History? *The National Interest*(Summer 1989).

[7] Francis Fukuyama (1992). The End of History and the Last Man. Free Press.

[8] You-Sheng Li (2005): A new Interpretation of Chinese Taoist Philosophy: an Anthropological/Psychological view. Canada, London,: Taoist Recovery Centre.

导论二

两级社会的概念与中国古代史

摘　　要：将人类社会分成遗传编码的原初社会与人造的二级社会，并以此审视中国古代历史，可以发现，与世界所有古文明不同，中华文明开始于维持和平的超级大国，并将新出现的二级社会建筑在众多原初社会之上，这使中国古代社会生活长期稳定在原初社会或准原初社会的层次。作者历数中华文明的特异性以说明中国战国前出现原初社会式超级大国并非偶然。与此相对，西方文明开始于城邦国家的典型二级社会，走了一条战争文明的发展道路。本文对中国古代主要社会层次为原初社会的可行性进行了严密的论证，而后列举了正反六方面的证据说明，中国战国前社会接近原初社会，并参照西方文明作了讨论。与其他种种社会文化演化分期不同，原初社会与二级社会的分类基于不同层次，如同人体细胞、组织与心肺等器官的区别，有不可逾越的一面，而为其他基于渐进型变化的社会文化分类所缺如。这一社会分层能帮助我们理解人类文明史，尤其在解释东西方不同哲学思考时，显示出优势。笔者推测，人脑左右半球的分工及其联结可能是人类建造二级社会的神经学基础。

一、天然之人与人为之人

人与动物的重要区别就是：人类有语言而动物没有，人类文化的世代传承与复杂的社会建构都离不开语言。正由于此，由

狼养育的狼孩完全像狼,除了外表长相外,没有任何行为表现提示它是人。一个长到二十九岁的狼人,见了同龄女子没有男女之间的情感,因为它把她看成不同于自己的动物了。人是以语言为基础的社会与文化的产物。我们在清醒时,脑海有不断的意念与思绪,即所谓意识,这里称为主体意识,因为这种缠绵不断的思绪是以"我如何如何"形式出现的。在美国教学,在加拿大度过暑假与晚年的美国著名心理学家杰尼斯(Julian Jaynes, 1920—1996)认为人类主体意识的出现是以语言为前提的,所以主体意识本身是一个以语言为基础的文化建构。[1,2]杰尼斯认为,这种"我如何如何"的主体意识的缠绵思绪需要一个时间与空间的建构作前提,这种让"我"在脑海中随意游荡的时空场是语言建构的。杰尼斯主张主体意识晚出。他认为,在地中海文明圈,主体意识首次出现在三千年前。南美一个生活在原始森林中的民族,语言中除了昨天、今天与明天外没有任何其他有关时间的单词。现代社会中,五岁前的儿童全然没有时间概念。这似乎支持杰尼斯主体意识晚出的理论。[32,33]

依此推理,现代人本身也是一个文化建构,即人类自己通过文化传统来制造的人。这正是许多现代社会学家对人性的认识,认为人性不过是一张任人描绘的白纸(blank slate),人是我们自己制造的(We are, in short, what we make ourselves)。[3,4]作者觉得人造之人的说法有失雅观,改称"人为之人"。[5]

我国先秦诸子似乎对这种人之为人的概念已有清楚的认识。荀子说:"不可学,不可事,而在人者,谓之性。今人之性,目可以见,耳可以听。"所以荀子把能看能听称作人性,也就是一张白纸的意思。荀子又说:"可学而能,可事而成之在人者,谓之伪。"荀子在这里讲的正是人为之人的意思。(《荀子·性恶》)

告子说:"性,犹杞柳也;义,犹杯棬也。"(注:杞,音同"起";棬,音"倦",杯棬是一种不加雕饰的木盘)(《孟子·告子上》)在这句话里,告子把人性与儒家"义"的关系比喻成杞柳与杯盘的关系,也就是说,人性乃是做成各种"人为之人"的材料。

庄子首先提出"真人"的概念,后来成为道教修炼的目标,不免有理想化的倾向。庄子的"真人"实际上是与荀子等人提出的这种"人为之人(伪)"相对立的概念,这里称为"天然之人",与人造人相对。如果"天然之人"仍是杞柳本身的话,人为之人就是杯盘了。由自然界的杞柳变成工匠手中的木料,经历斧凿的灾难过程,而后成为杯盘等器物。这是一个连续的过程,但杞柳与杯盘是不同层次的事物,有如汉字与文章的关系。同样,在人类历史上,从"天然之人”到“人为之人”的演化可能是一个逐渐的过程，但培养天然之人与人为之人的社会环境可处于不同的层次。

当我们把人类社会分成遗传限定的原初社会与人造二级社会时，即发现二者属于不同层次。[5]如下面宇宙进化表显示，生物世界分为七个层次：DNA，细胞，组织，器官，人体，原初社会，二级社会。所有动物社会属于原初社会，只有人类建造二级社会。

宇宙进化表

物理世界	生命	文化	意识
1. 无			
2. 有			
3. 基本粒子			
4. 原子			
5. 分子	DNA		
6. 物体	细胞		
7. 星球	组织		
8. 星系	器官		
9. 宇宙	个人		
10	原初社会	文化	潜意识
11	二级社会	文明	意识
12			理性认识系统
13			性灵与美学追求

人类从天然社会到人造社会，是人类进化史上一个影响全局的关键步骤，现代社会科学界很少涉及。维基百科“社会文化进化”条目罗列数十种人类社会分期，没有一种与人本身的演变有关，反映了现代社会科学界强大的欧洲中心倾向。这数十种社会分期全部注重的是一个性质的逐渐演变；原初社会与二级社会属于不同层次之间的跳跃，其分级注重这一跳跃对人性与心理体验的影响。细胞不能脱离组织而直接进入器官层次。人类虽然可以建造二级社会，但人类文明史的艰难历程足以说明原初社会与二级社会之间有不可逾越的一面。艾柯阿尔德研究表明，人类五千年文明史是一个战争不断升级史，伴随帝国面积与社会不平等的持续扩大，直至两次世界大战。[6]据陈平称，中国

历史上发生过十次人口死亡过半的大破坏,而这些大破坏全部发生在秦汉之后,在原初社会式超级大国时代的夏商周,一次也没有。[7]这就是两级社会之间的沟壑之灾,也相当于杞柳变杯盘的斧凿之灾,是不可避免的。

儒家讨论人性的善恶,道家提出真人的概念,说明先秦诸子注意到人类对天然人性的背叛。本文拟先理清天然与人造社会的分界,再从中华文明的特异性等导出中国战国前的主要社会生活层面是天然的原初社会,而非人造二级社会。

二、原初社会与二级社会

如果将人类自古至今所有社会分成遗传编码的原初社会与人造的二级社会,并以这一社会分层审视东西方文化,可以发现,中国古文明基于遗传编码的原初社会,而西方从一开始就走了人造二级社会的道路。

从定义可以推演出这两种社会的许多根本性不同。遗传编码的原初社会就是人类生来即有的社会,人性显然是这种社会的和谐与运转的支柱,人性本身足以使其稳定。因为由遗传决定,所以只有一种。人类学研究显示,这种原初社会通常由150人左右组成,并基于面对面交往、平等互惠的原则。因为他们面对面而又朝夕相处,他们之间有心理与情感的沟通,原初社会在心理与情感的深层意识层面上是统一的整体,每个成员是这一整体的一部分。原初社会有一个头人管理,这一头人没有强迫他人接受自己意图的能力,他只能靠说服与依从众人意愿,也就是道家的无为而治。对那些不服从领导的人,他没有惩罚的可靠手段。

二级社会既是人造社会,就有目标,也就是社会的思想体系。社会同时有相应的社会建构与这一目标相适应。如果把现今的二级社会看成以财富积累为目标的社会,富有程度就成了社会奖惩与衡量的尺度,从而形成以财富多寡为标志的众多阶级与阶层。二级社会既是人类创造,自然会有无数可能的形式,一个社会只能选择一种形式,而堵塞其他可能。为防止社会成员无节制地寻求其他可能,军队、警察、法院等法定暴力机关必不可少。在二级社会中,将既定意图强加于人成为可能,并成为组织大型社会项目的必要手段。在二级社会中,其成员不能与社会进行心理与情感的沟通。二级社会的统一性有赖全体成员对社会既定目标与方向的认同。

原初社会与二级社会认知周围世界,特别是认知人类世界时的心态不同,导致认知途径与结果的不同。原初社会没有二级社会层次上的目标与功利，人们不会把自己追逐的兔子当成周围世界，他们在闲暇无事时观察世界，会同他们自身的感受与以往的记忆，作为对世界的认识，因而他们看到的是包括自己在内的整个世界。正像两三岁的孩子会把自己的小枕头与大枕头放在一起说："枕头要找妈妈呀！"即把大枕头看成小枕头的妈妈。这是孩子从自己的体验来推知周围世界，又由对周围世界的观察认知自己，也就是天人合一。

二级社会有其目的，形成与这一目的相适应的意识形态，个人的认知主体受社会意识形态的影响。目的指引下的认知过程有赖于主客之间的相互作用，以致出现以客害主，即对人性本身的背叛与改造，成为二级社会的人为之人。以二级社会开始的西方文明对中华文化持有负面批评，包括：中国思想不注重知识论的纯理论分析和反思；中华文化和思想的核心价值是人情；而作为文化与思想的基本素材或形式规范的中华语言文字，更是长于抒情的诗样而非长于说理的散文。[8]中国古代传统视觉艺术(visual arts)描绘的是山水花鸟，也包括人物，而西方视觉艺术从古希腊开始就长期以来仅仅以人物为题材，直到十七八世纪风景画才相继出现于两个临海的国家：荷兰与英国。[9]对此的解释只能是：这是二级社会的多样性传统导致战争以及人与人之间的争斗，迫使人类注意力聚焦在与其争斗的人本身所致。近代航海发展，使荷兰与英国向外开发，与其他传统文化接触，并且有从海上摆脱欧洲大陆军事威胁的可能，从而使他们向史前原初社会的闲适心态回归，眼界得以开阔。

人脑分为左右半球，因病在幼年切除半个脑子的人可有正常智力。他们照样可以上大学，在拼搏智力的象棋赛上得冠军。因为两半脑之间的联结有限，右脑所得印象、感受等可能要编码后才能传递到左脑，而语言中心位于左脑，理性思维也是左脑功能。作者推测，人脑左右半球的分工及其联结可能是人类建造二级社会的神经学基础，用以说明两级社会不同层次式的区别。[2]

三、中华文明的特异性

笔者以前曾多次强调中华文明的唯一性，用以说明道家学说为什么仅仅出现在中国。[10,11]世界上有六个原生古文明，即中国、两河流域、埃及、印度，以及中美的墨西哥与南美的秘鲁。原生文明的周围邻居中没有更高的文明存在，而两河流域与埃及是唯一的例外。它们互为邻居，但二者虽然互相影响，却几乎同时发展成文明，不能把其中哪一个视为在另一个影响下发展起来的次生文明,更何况它们的文字系统不同。古希腊与犹太是两个次生文明,但后来成为西方文明的渊源。在这八个古文明中,中华文明显示了许多与其他古文明截然不同的特点,本文从八方面阐述了中华文明的特异性,以期说明中国古代形成类似今天联合国式的维持和平的超级大国并非偶然。

(1) 与海洋的远近。

当我多年前初次想到遗传编码的原初社会与人造二级社会这一概念时,我首先想到原初社会的人类有如生活在陆地上,是着陆的;二级社会的人类好像生活在海洋上,没有着陆,需要一个外在于他们船只的参照点来确定他们的位置。如果他们要原地不动的话,就要抛锚到海底固定;如果他们是在行程中,就有一个目的地做参照。而这个目的地是所有人共同的,个人无从选择。正如曹操在《观沧海》中说的,“秋风萧瑟,洪波涌起。日月之行,若出其中;星汉灿烂,若出其里”,当你望着无边无际、汹涌澎湃的海洋时,你会感受到它那宏伟的力量与那海水遮蔽下的神秘莫测,而大地不会给人这种感受。海洋似乎更能激发人类对二级社会的需要与向往。

史前的所谓巨石文化大多沿海岸线分布,在欧洲是这样,中国的巨石文化据说也同样分布在山东、浙江等沿海地带。值得一提的是,太平洋众多的海岛上,也以各种巨石文化著称。这似乎不是偶然现象。这些重达数吨乃至数十吨的巨石被拖来竖起,或者堆成一个纪念性建筑物,或者雕刻成石像,就是在今天也不是一件轻而易举的事。这需要一个临时二级社会的建制来协调千百人作比较长期的努力。

根据哈维兰德编写的人类学教本,在他列出六个原生文明的地图中,有五个发生在滨海区域,其区域包括海岸线,中国的夏朝是唯一的例外。夏朝显然是个内陆国家。[12]与商朝文化可能有关联的大汶口文化与红山文化均与濒海区域接壤,一般来说,他们的臣民是见过海洋的。但商朝文化是中华文明的后来发展,我们不应将后来的发展计算在内,所以中华文明是唯一的内陆文明的结论可以成立。

两河流域、埃及与印度文明的区域都很广阔,深入内地。次生文明的犹太与古希腊处于海边而区域狭小。同样,原生文明的中美墨西哥与南美秘鲁地区文明是沿海岸线的一个狭长地带。一个说法是,古人类由亚洲进入美洲后坐着简陋的船只沿海岸线向南迁移。如作为中美最早的文明发展的欧尔麦柯(Olmec)与玛雅都位于海边地区,而秘鲁地区的文明首先出现于海岸线上,他们收集海滩上的贝壳类动物作为食物来源。我们可以说,海洋在美洲文明发展中有着不可替代的作用。或者正由于此,美洲文明以巨石文化著称:或为巨石雕刻的人头像,或为用石块建造成的金字塔类建筑。其实这类建筑是用石头还是用泥土建成都不重要,重要的是他们建造了一个高大的物质偶像作为社会凝聚力的来源,使二级社会式的统一行动成为可能。对史前人类来说,这些高大的物质偶像可能与海洋一样激发他们相类似的心理感受,他们是为表达这一心理感受而发展巨石文化的,后来为少数人利用而导向二级社会的建立。

这里值得指出的是,海上生活的冒险性是陆地生活缺乏的。根据生活在公元前第五世纪的希腊历史学家租塞狄第斯(Thucydides)的观点,柯理特岛上出现米诺斯文明后,他们的国王在公元前1600年控制了地中海。在这以前的一千年左右的时间里,海盗与土匪是地中海地区的严重问题,他说:"古代,当人们知道如何从海上到达彼此的驻地时,住在海岸上和海岛上的希腊人与野蛮人一样,经常依赖海盗行为为生。他们到没有城墙的乡镇以及村庄进行掠夺,他们靠这种掠夺维持生活。内陆一样到处是强盗,在希腊人部分居住区到现在还是这样。现在内陆生活在部落里的人们仍然携带武器,就是这种古老掠夺习惯的遗留。在古时候,所有希腊人都携带武器,因为他们的家没有足够的防御设施,人际交往是不安全的。"[13]

人类最古老的诗歌集在中国是《诗经》,在印度是《梨俱吠陀》,在古希腊是《荷马史诗》。一般来说,这些作品反映了古代人民的思想与情感,用字频率的不同从侧面反映了古代人民脑海中这三个主要意象的不同,也反映了他们社会环境的不同。笔者统计了这三者的用字频率,为提高可比性考虑,笔者以英文翻译为标准,《诗经》用了全文,《梨俱吠陀》与《荷马史诗》采取随机抽样。

"海洋"(sea/ocean)出现率以《荷马史诗》为最高,0.14%(74/53258);《梨俱吠陀》居中,0.05%(15/28017);《诗经》最低,0.015%(9/60856)。这和三种文明与海洋的远近直接相关,古希腊位于半岛上,离海洋最近。这里值得一提的是,《诗经》的英文翻译用了9个有关"海洋"的词,而汉语《诗经》原文仅仅有7个"海"字,其中6处的"海"字含义为遥远的意思,如四海、海邦等。只有一处可能有"海洋"的意思,即《小雅·沔水》中"沔彼流水,朝宗归海"的句子(译文:那满满的河水流向东方,像诸侯朝见天子那样流向海洋)。但《诗经》里把大的湖泊也称"海",所以"朝宗归海"的"海"字说的也可能是湖泊。结论是,《诗经》的作者们很可能没有见过海洋,并不了解海洋的真正含义。

三者"神"字(god/goddess)的出现率却以《梨俱吠陀》为最高,0.87%

(244/28017);《诗经》为最低,0.072%(44/60856)。似乎与上述海洋刺激二级社会的意念的说法不一致,但从其他字的频率可以看出,古希腊社会更具典型二级社会的性质。

“战争”(battle/war)出现率以《荷马史诗》为最高,0.13%(68/53258);《梨俱吠陀》居中,0.096%(27/28017);《诗经》最低,0.028%(17/60856)。这和三者的古代历史所描述的战争频率相一致。与此相一致的是,“愤怒”一词(anger/angry)的频率以《荷马史诗》为最高,0.092%(49/53258);而《梨俱吠陀》为最低,0.018%(5/28017);《诗经》居中,0.025(15/60856)。“欢乐”(joy/joyment/joyful)的频率以荷马史诗为最低,0.0094%(5/53258);《梨俱吠陀》为最高,0.14%(38/28017);《诗经》居中,0.087%(53/60856)。就“愤怒”“欢乐”的频率来看,古印度人民更具阳性情感,这可能与其强调宗教信仰而又相对和平有关。古希腊人民更具阴性情感,应该和上述海洋冒险生活直接相关。[14]

以下剩余七条进一步论述中华文明的特异性,限于篇幅,不再对这七条作详细论述。

(2)在游牧民族的冲击下,唯有中华文明幸免于难:根据赵林先生的观点,游牧民族对农耕世界第一次大入侵的时间在公元前三千纪末年到公元前600年。欧、亚、非三洲的古代文明均被这一游牧民族所侵占,只有中华文明是例外。[31]根据狄米欧研究,由同样的气候干燥与沙漠化过程所引起的游牧民族入侵也发生在美洲。[15]

(3)唯有中华文明早期有一个更加肯定的母系社会阶段:王玉哲列举了七方面的详细证据说明,中华文明早期有一个比较确定的母系社会阶段。[16]

(4)早期人类迁徙性的保留:在世界上各大主要古文明当中,只有中国古文明将先民狩猎采集时代的迁徙性保留到很晚,很可能到战国时代才最终消失。这与城市文明的西方恰成对比。孔子在《论语》中三次提到修德政来吸引远处的农民,说明孔子时代中国农民还有到处迁移的习惯与自由。

(5)据作者考证,杰尼斯所提的双向脑人现象似乎独不见于中华文明。[2]

(6)水利工程的不同:四大古文明,两河流域、埃及、印度、中国,都出现在大河流域,使人们想到水利工程在国家形成中的促进作用,即文明出现的水利工程学说。上述四大古文明中,三个是和灌溉工程有关联,唯独中国是和黄河泛滥的控制有关联。近代考古发现,从奥尔梅克文明开始的中美文明有灌溉系统;南美文明开始于沿海采集贝壳为生的人,当然用不着水利工程,但后来国家出现后也有运河与灌溉工程,印加帝国即有大的灌溉渠道。从某种程度上说,在六大原生文明中,中国是唯一在国家出现后长期没有重大灌溉工程的国家。灌溉与水灾防治对国家起源的促进作用明显不同,前者远比后者强大有力。

(7) 中国宗教信仰文化的原始性提示原初社会的影响:请读者参阅本书第六章。

(8) 中华文明似乎是唯一没有地域限制因子的文明:卡尔内罗首先提出人类文明发展的自然屏障学说,即地域限制因子(circumscription)在文明发展中的作用。这种学说认为战争是一种驱赶人类向四周扩散的办法,即如果你不向远处扩散,我就来攻打你啦。等人类没处扩散时,战争式的暴力就有了长期存在的社会原因,也就是国家的出现。这一学说的另一表述说,让那些要摆脱国家控制而向周围迁移的人蒙受重大损失,导致生活水准的大幅度下降。人们为避免蒙受损失而忍受国家的控制与国家带来的不平等。[17] 两河流域、埃及、印度以及中美的墨西哥文明都以灌溉系统为特征,灌溉与否可使农业产量有数倍的差别,而埃及尼罗河两旁稍远都是沙漠,逃跑者可能要失掉生命。秘鲁文明最早出现在沿海地带,以采集海洋贝类和鱼类为生,离开这一地理环境就意味着丧失生活来源。所以它们都有所谓的自然屏障,而中华文明没有自然屏障,结果是他们不断地迁徙,到春秋时代,各国之间还存在大片荒地。战国时期的孟子还主张用仁政统一中国,而他这一主张的支撑之一是要实现农民的自由迁移。

四、中国古代社会的二架结构与超级大国使原初社会生活成为可能

中国自黄帝与夏朝开始,就选择了“屋上建屋”的“二架结构”,即把新出现的二级社会建造在众多的原初社会之上,这一社会形式到战国时期才得以改变。又由于中国是他们所知世界中的超级大国,没有旗鼓相当的外在国家与其争雄,从而导致本文一个重要结论:中国人在这段时间内仍生活在原初社会,或者生活在与原初社会近似的准原初社会之中。以下论述这一结论的可行性。

原初社会是遗传编码的社会,除非受外在强力影响,人类有组成原初社会

的天然倾向。下面即本文设立的重要假设:

在下列条件下,原初社会或准原初社会将自动形成:

(1) 社群人数在数百之内,人数过多时,社群有一分为二的自由;

(2) 社群内,人与人交往的方式是面对面;

(3) 没有与二级社会接触,也未接受二级社会文化影响及思想输入;

(4) 没有威胁生存的外在力量。

这一假设是由原初社会是遗传编码社会这一定义推演出来的,是必然结果。以下论证中国战国前的社会能够满足以上假设中的四条要求。以下为三代时期整个国家的社会模式:

天子家族　　准原初社会+文人
|
诸侯家族　　准原初社会+文人
|
村落家族　　原初社会

按本文定义,上模式图中的天子与诸侯应系二级社会,与原初社会的村落家族构成二架结构。实际上,天子与诸侯仍生活在近似原初社会的准原初社会之中,因为上述重要假设的条件一一符合。他们既无从受到二级社会的思想文化影响,又没有威胁他们生存的外在力量。以下六条给予详细解释:

(1) 天子、诸侯、村落三层的家族均以原初社会形式生活;

(2) 天子与诸侯家族的物质生活水平可能较村落家族高,但十分之一的税收并没有改变村落生活闲适自得的格调;

(3) 天子与诸侯虽不住在一起,但经常见面,天子与诸侯的人数在数百人之内,组成准原初社会;

(4) 同样,诸侯与其所属村落原初社会头人组成另一级的准原初社会;

(5) 以上各原初社会与准原初社会均按原初社会的平等互惠原则处理与协调之间的关系,其管理依据原初社会头人的管理原则;

(6) 以二级社会层次上的行政管理与军事冲突接近于零为理想,也就是道家的无为而治。

这样一个原初社会式超级大国首先由黄帝创立。《史记》开头就说:“神农氏世衰,诸侯相侵伐,暴虐百姓,而神农氏弗能征。”学者们认为,神农氏可能代表一个时代,并非一个具体的统治者的名字。在神农氏时代,农业发展了,人们生活在相对和平的环境里。但这一时代的末期，由于局部的人口密度增加，或由于自然灾害而食物缺乏，暴力冲突不断，无人能够制止。按照英国历史学家汤恩比挑战应答的逻辑，面对这一挑战，出现了能人黄帝，他的应对办法是建立强大的军队，征服了侵凌诸侯的炎帝，又擒杀了作乱的蚩尤，从而赢得天下的和平安定。黄帝的功劳在于他开创了中国历史上的黄金时代，不久便出现了尧、舜、禹这样众人称道的德治与无为而治的典型，足以说明黄帝使用武力是为了和平。大禹通过治水的公益工程进一步奠定了夏、商、周三代超级大国维持天下和平的建制。这和联合国维持和平功能不无相似之处，联合国常任理事国即世界上的军事强权。

很多西方学者只承认文字出现后的商朝，这与本文引用黄帝论证并不冲突：中华文化的哲学基础是在春秋战国时期奠定的，而春秋时期的五霸与周王朝一起行使和平维持功能，上述夏商周三代超级大国维持天下和平的建制仍大致存在，这时关于黄帝与大禹的传说也广为流行。纵使是传说，对当时的思想家们的哲学思考也发生了影响，因为他们可以信以为真；而现代考古学发现的史前史实，如果当时学者并不知晓时，它们的影响就十分可疑。如果人是一种文化建构的话，上古时期人们信以为真的历史是传说还是真实，相当于一部小说内的虚构之虚构，其间差别甚微。

五、中国战国前主要社会生活层面是原初社会的证据

上面从理论分析论证了中国战国前主要社会生活层面是原初社会的可行性，下面列举中国古代正反两面的历史证据说明这一结论是历史事实。

（一）早期诸子百家缺乏对二级社会的认识

诸子百家多属于统治阶级的下层，有机会了解上下层社会，而他们的学说大多以社会生活与政治管理为主题，但早期诸子百家显然缺乏对二级社会的认识，这有力地提示了中国战国以前的主要社会生活层次为原初社会。

孔子与孟子都讲了许多显然不适合二级社会的话，而只能用面对面的原初社会中的头人管理系统来理解。孔子说：“政者，正也，子帅以正，孰敢不正？（译文：所谓政治，就是行为端正。您以行为端正做表率，谁还敢行为不端正？）（论语，12:17）”又说：“其身正，不令而行；其身不正，虽令不从。（译文：领导自己为人正确，即使不下达命令，群众也会自觉去做；领导自身不正确，即使下达了命令，群众也不会服从。）（论语，13:6）”这些话显然仅仅适用于原初社会

的头人管理系统,这种榜样政治只限于面对面交往的社会圈子。二级社会的领导人要拿出办法来解决问题,给予下级以明确的方针与指导,并非事事能够以身作则就可以了事。农民至少整个冬天无所事事,如何把他们组织起来追求公益,似乎儒家全无考虑。而这种将国民的业余时间组织起来追求物质文明是西方的思路,似乎不在中国古代思想家的视野范畴之内。

孟子反对用战争兼并来统一天下,认为只要实行仁政,得人心就可以统一天下。在与齐宣王的对话中,孟子提出了被现代学者李申认为是小康社会经济理想的具体标准。[18]孟子说:“七十者衣帛食肉,黎民不饥不寒,然而不王者,未之有也。(**译文:七十岁老人能穿上绸缎,吃上肉,一般黎民百姓不挨冻挨饿,他们的统治者却没有成为天下的王,这是从来没有的事。**)(孟子·梁惠王上)”老百姓不挨饿挨冻,对老年人有较好的照顾,这并不难达到。现在很多国家与地区达到了这一标准,却并未见统一,也没有完全制止战争。只有在原初社会条件下,物质生活得到保证后,人们安心于闲散的舒适生活,才可出现大一统的和平局面。在二级社会中,总会有一些人想利用他人的劳动来实现他们无限制的野心,而二级社会给他们提供了这种可能。另外,孟子这种以仁政而王天下的说法,需要人口的自由移动,只能在原初社会条件下,既无国界又无户口概念才有可能。

老子在《道德经》第29章里说:“天下神器,不可为也,不可执也。为者败之,执者失之。”老子的意思是说:人类世界是神圣之物,不可对它有所作为,不可把它占为己有。老子这些话也是对上述二架结构系统的一种描述。就是说,天子与诸侯们对他们的下属社会不可为、不可执,既不能随意操纵,也不能占为已有,因为原初社会与准原初社会中没有绝对权威。

《礼记·礼运》中记载孔子的话说:“故谋用是作,而兵由此起;禹、汤、文、武、成王、周公由此其选也。以着其义,以考其信,着有过,刑仁讲让,示民有常;如不由此者,在势者去,众以为殃。是为小康。”这些话的意思是说,从夏禹到周朝都属于小康世界,由礼仪制度来考查在势的统治者们的是非、诚信、过错、仁义以及前后的一致性。不遵循这些原则的统治者,人民将他们视为祸殃,要让他们失去位置。这同样说明这一二架结构系统中并无绝对的权威,统治者的去留由人民是否视他们为祸殃来决定。

(二) 道家与儒家同样以原初社会为理想

中国出现的第一个系统的哲学体系是以老子的思想为代表的道家学说,

其正是对古代二架结构保存的原初社会这一体系的哲学概括，是原初社会生活的哲学化与理想化。老子以小国寡民的原初社会为理想，已是众所周知的事。儒家同样以原初社会或近似原初社会的尧舜禹时代作为理想社会。孔子在《论语》中说过很多赞美尧、舜、禹的话，《礼记·礼运》记载的儒家大同学说更是儒家推崇原初社会的证据。《论语·泰伯》提到"舜有臣五人，而天下治"。《论语·卫灵公》记载孔子的话说："无为而治者，其舜也与！夫何为哉？恭己正南面而已矣。（译文：能做到无为而治的人，只有舜吧！他做了些什么呢？只不过是面对南方，庄严地坐在宝座上而已。）"

这就是说，中国思想史上最先出现的道家与儒家两个哲学体系都以他们现实中的原初社会为理想。他们缺乏二级社会的亲身经历，也就无从提出二级社会的理想，这是战国前中国社会主要为原初社会的又一证据。孔子对他的原初社会系统有具体的描述：他反对刑杀，反对诉讼，主张德政（论语12:19，13:11，2:3）。孔子以西周社会为榜样，《史记》与古本《竹书纪年》都记载说："成康之际，天下安宁，刑错四十年不用（译文：周朝成王、康王时期，天下安定，四十年没有使用刑罚）。"这足以说明孔子确实想建立一个没有诉讼、彻底摆脱残酷与杀戮（胜残去杀）的社会，他认为这一社会在西周时已经实现。按公元前1000年世界人口为5000万而公元前400年中国人口占世界人口的27%推算[19]，西周时期的人口可能在1300万以上，四十年没有使用刑罚，那原因只能是上述的原初社会系统中，人性稳定社会的巨大力量得以显示。在人类历史上，如果是如此规模的二级社会，没有刑罚，甚至刑罚轻些，都会陷于混乱。

（三）夏朝与周朝的五服制度是原初社会式超级大国的必然结果：政治区域与文化传播等同的普世胸怀

《尚书·禹贡》与《国语·周语上》均有五服的记载，并用几乎一样的名字称呼五服。五服的意思是政治中心对周围行政区域的划分以远近为标准，而最外一圈行政区域称为荒服。《禹贡》说荒服地区可以任人居住，而《周语上》说，荒服地区的诸侯一生中来朝见天子一次即可。总之，那是超级大国的边沿，也是中国人心目中天下的边沿。这说明，中国古人认为自己是世界唯一权力中心，代表整个人类，因而他们也对整个人类负责，即一种普世胸怀；他们的文化也应是整个人类的原初社会文化，而非二级社会某一种文化，只有这样才能真正代表全人类。政治区域与文化传播范围等同起来，是原初社会式超级大国的必然结果。

葛剑雄在《统一与分裂:中国历史的启示》小册子里表明,中国王朝要的是天朝王天下的虚荣,并非实际的统治权。在经济上,朝贡也不存在剥削与被剥削的关系,进贡与赏赐往往是后者价值高于前者,至少是等值的。为了显示天朝物力的丰厚,往往是打开仓库,听凭对方挑选赏赐礼物。这就是中国古代较少对外贸易记录的原因。[20]中国古代超级大国不是贸易的机构,也不是西方国家与民族的含义,而是一种人类大一统的文化建制。

(四)中国古代缺乏二级社会运转的社会机制

综上所述,中国古代缺乏二级社会方向性的思想体系与相应文化。这里进一步说明中国古代没有组织整个社会奔向同一目标的社会机制,而这里的目标是指这一系统安全与稳定之外的目标,如财富积累,疆土扩张等。安全与稳定是任何社会体系存在的前提,不应与二级社会的社会目标相混淆。

纳贡与十分之一的税收换取超级大国的保护是中国战国之前国家建构的实质,而这种超级大国的保护功能有赖于王朝与各诸侯国之间的实力平衡及个人交往的相互信任。王朝实力大于诸侯,几个诸侯联合的实力就大于王朝,这是一个平衡系统。人性作为失衡后自我调整的主要指导力量,也就是人心所向,而这种人心所向不是今天文化灌输后的人心,而是天然人心。所以,这一原初社会的超级大国有保证本身安全与稳定的功能,但难以容纳其他目标。

伊亚尔将权力分为四种,即社会、军事、思想意识与经济。他分析说,所有复杂社会都有军事权力作后盾,但军事权力有固有的局限,即依靠军事力量者常常为军事力量所反叛,即中国人所谓玩火者必自焚。建筑在亲缘关系上的社会性权力有面临不断分裂的可能。而思想意识难以垄断,所产生的权力与社会性权力一样,也难以集中。伊亚尔结论说,只有经济权力可以单独使一个政权稳定,而经济来源的控制权也是获得其他三种权力的捷径。[21]

和伊亚尔的说法相一致,中国军事权力逐级制衡,对外可以对付蛮族入侵,对内没有绝对的强权。周幽王废太子,而被废的太子向他外祖父告状,结果京城陷落,幽王被杀。可见国王的军事实力存在于制衡之中。

财富积累文化将生产资料控制在少数人掌握的社会机制之中,将整个社会人口组织在内,一个人脱离了这个现存的社会机制后就无以生存。中国古代社会并不是这样,人的生计主要靠农业与狩猎采集,当时人口稀少,荒地很多,土地的绝对控制是不可能的。中国古代没有建立通过控制生产资料来控制社会的机制。据王玉哲考证,中国古代自夏商到西周的国家只有点而没有面的概念，国家统领的华夏族据点之间任由少数民族居住。[16]夏商两朝都多次迁都，而中国农业为刀耕火种的粗放型农业，也需要不断迁移。出现于战国时期的《礼记·大学》中说："是故君子先慎乎德。有德此有人，有人此有土，有土此有财，有财此有用。"这说得十分清楚，国家的财政来源主要靠拥护君主德政的民众。在《论语》中，孔子曾三次讲到用德政吸引远处的农民来归附。（论语，16:1，13:4，16）这与上面提到的中国缺乏地域限制因子相一致。周厉王把山林收归国有，可能是企图建立通过控制生产资料来控制社会的机制，结果遭到灭顶之灾。

由此可以得出结论：中国古代没有建立二级社会的管理机制，不可能进行埃及金字塔那样的生存与安全之外的大型工程项目。王朝与诸侯的军事权力相互平衡制约，他们的社会权力又受农民自由迁移的制约。这可由生产力发展的限制来说明。中国当时已经掌握了冶金术，但根据著名人类学家张光直的观点，中国自夏商至西周都用木、石、骨、蚌作材料制作农具。[22]

外国学者安德森指出，在四大文明古国中，与其余两河流域、埃及、印度三者相比，中国是例外：农业技术仍然停留在接近于新石器时代的水平，比较简单；城市化程度较低，商业不发达；似乎不曾卷入国家之间的征服、外交、商业，仅仅是与周边蛮族接触；体现其强权的战争仅具青铜时代的战车规模，其规模不大；奴隶不多，用于家庭，不可能将之视为奴隶社会。[23]这些描述也说明中国古代缺乏二级社会运转的有效机制。

（五）中国古代的军事冲突与原初社会的暴力冲突类似，而西方文明从开始就是不断升级的战争文明

由于上述超级大国与二架结构的社会特点，中国长时期的军事冲突富有原初社会暴力冲突的特点。史前人类在生存受到威胁时，也可能攻击他们的邻居，这被称为小规模袭击，多为饥饿所逼。当两个群体发生矛盾而不能用其他方法解决时，史前人类也通过按礼仪程序进行的战斗来决定。它允许双方展示勇气与情感，受伤多不严重，极少造成死亡。因为暴力并非基本人性，而是人类在某种情况下才表现出来的周边潜能，所以饥饿与矛盾可能导致暴力冲突，同时更可能和平解决。这样的暴力冲突停留在个别现象水平，受人性的制约。所以在人类历史上，这种冲突既不升级，也不增加频率。著名历史学家黄仁宇把中国春秋时代的战争称为贵族战争，说："春秋时代的车战，是一种贵族式的战争，有时彼此都以竞技的方式看待，布阵有一定的程序，交点也有公

认的原则,也就是仍不离礼的约束。不为已甚是当时的一般趋势。”[24]一句话,他们的战争还受人性的制约。战国时代的战争才真正具有二级社会战争的性质,战争是为了建立与人性无关的强权政治,是不同社会取向导致的政治冲突。

西周以至春秋时期,兵农合一,国人当兵,野人不当兵。真正的常规军人仅限于保护王室的卫兵,为数很少。[25]中国历史记载商代夏、周代商都是在末代帝王失却民心、众叛亲离的情况下进行的。但末代帝王的劣行记载则要在实力平衡系统不允许叛离人性太远的背景下来理解。由于战争受人性制约,战胜一方把战败一方作妥善安置,并非把他们掳作奴隶。《史记》中的《夏本纪》与《殷本纪》记载,商灭夏时,“汤封夏之后,至周封于杞也。(译文:商汤王给夏朝后代一片封地,到周朝时,封在杞这个地方。)”周灭商时,“封子武庚禄父,以续殷祀,令修行盘庚之政。殷民大说。(译文:周朝灭商时,把商纣王的儿子武庚禄父封为诸侯,以便继续祭祀商朝祖先,并命令他继承盘庚时代的政治风尚。商朝的后代人很高兴。)”

西方文明来源于地中海文明,包括中东、北非以及希腊、罗马等。一开始就以商业与财富积累为特征,原有家族打破,尤其是两河流域与古希腊文明,以自由个人组成城邦社会,位于河边、海岸,成为交通与商业交换的枢纽。这样背景下的战争不再是以人性为制约的原初社会的暴力冲突,不再是在平等前提下解决争端的一种方式,它以掠夺财富、资源、奴隶为目的。他们通常把战败国男人全部杀死,将妇女与儿童卖作奴隶。这给财富积累与战争不断升级提供了经济基础与社会运转机制。中国古代没有建立这样的二级社会运转机制,战胜一方俘虏很多人,没有人能够买这么多奴隶,他们只能给战败者以妥善安置,以防他们反叛。

艾柯哈尔德最近提出所谓辩证进化说来解释人类文明的进化,他如此描绘他的学说:“辩证进化说寻求文明、帝国与战争之间的相互关系,以至于三者之间的相互作用导致阳性反馈,使三者形成一个不断上升、不断前进的螺旋运动。除非阴性反馈建立而导致三者向反方向螺旋运动。”[6]

艾柯哈尔德用战役频率作为战争的度量,用帝国面积总和作为帝国的度量,用进入百科全书与教科书的名人数目作为文明的度量——艾柯哈尔德将这些名人称为天才,即天才的数目构成文明的度量。艾柯哈尔德的研究结果发现,整个世界在五千年的文明史中是一个不断上升的螺旋,只有上升,没有下降。就一个地区而言,五千年中也有上升,也有下降。当下降幅度超出上升幅度时，此螺旋运动即反方向运动，文明走向衰败，表现为分散化、封建化及异族入侵。艾柯哈尔德发现所有文明例子在螺旋上升的过程中，不仅文明、帝国与战争同时上升，而且导致社会不平等的扩大，表现为奴隶制，种姓制度，阶级分化，与社会等级制等。[6]

艾柯哈尔德的这一学说可以用古希腊学者赫拉克利特的话(约公元前540—470年)来验证，他说："战争是一切之父，战争是一切之王。战争使一些成为神，一些成为人；一些成为奴隶，一些成为自由人。"

艾柯哈尔德的理论适合中国战国时期，并不符合中国战国前的情况，也不符合联合国成立之后世界的情况。学者们研究在公元前2700年到公元前722年间的中国战争情况时发现，与其他时代及地区相比，这一时期的中国异常稳定，其稳定程度与二战后冷战时代的现代世界相似。[26]二次世界大战后科技空前繁荣，天才大量涌现，并未伴有战争升级。

老子说："兵者不祥之器，非君子之器，不得已而用之，恬淡为上。胜而不美，而美之者，是乐杀人。夫乐杀人者，则不可得志于天下矣。""杀人之众，以悲哀泣之，战胜以丧礼处之。"(道德经，31章)这里老子把战争胜利看成不好的事，因为双方死了人，要用丧礼来处理。后来的文明史中还没有哪一个国家能用丧礼来处理战争胜利的。如果一个国家硬要这样做的话，它的军队就要失去方向，老百姓也要反对，它只能在一片反对声中垮台。老子的战争指导思想只适用于原初社会。

(六) 儒家仁义学说与礼乐制度是原初社会管理体系的延伸而非二级社会出现的指证

如果把儒家与道家学说看成是一种生活方式的话，单是儒家或道家都不能概括中国数千年来的文化，只有儒道互补才代表了中国主流文化的走向。作为一种哲学，儒道出现于春秋战国时期，但作为一种生活方式与社会思潮，中国文明开始时就有儒道互补的前驱思想了。

儒家学说以仁义说为核心。仁义学说是原初社会遭受困难而面临分裂时常用的方法，只是未必叫作"仁义"就是了。他们没有把社会整体性强加于任何成员的力量，只有用仁义之类的话提醒人们，希望他们不要分裂。

现代人有二级社会的经历，也在心理与情感层面上失去了对这些话的感应能力，古代原初社会人类对这些话的反应与我们有本质的不同。一个表面类似的情况是：两三岁的孩子淘气，父母在其屡说不听后叫道："你不要妈妈啦!”孩子听后立即停止淘气。据说,六个月的孩子在得到一个新玩具而兴高采烈时就会与母亲不断交换眼色来达到情感与心理的交流。妈妈代表了孩子深层意识层面上这种社会交流的整体性,孩子不能割舍。

中国农村生活最接近道家原初社会的理想,某些地区至今仍有家族与族长。族长不再有召集家族会议的能力,他通过协商不断表达自己的意见来行使族长的职能。当族内矛盾闹到影响家族的统一时,族长就通过亲朋向闹矛盾的双方发话。第一句话:“要有良心!”这就是儒家“仁”的含义。如果没效果,他就发第二句话:“要对得起祖宗!”祖宗代表家族的整体,也就是儒家“义”的内涵。总之,在没有二级社会管理机制可用的情况下,人们仍呼吁人类的良心意识来维持社会统一与稳定。

在语言与社会建制不发达的原初社会,礼乐是一种社会交流与整合的系统。同语言一样,礼乐是一套具有内在结构的表意系统,未必涉及语言的使用。与法律和语言相比,礼乐更富于情感与心理交流。所有原初社会都有它的礼乐制度,并在社会运转中起重要作用。只有在二级社会日趋成熟的今天,礼乐制度与宗教生活才退居次要地位。儒家在强调仁义的同时强调礼乐,也同样反映儒道两家同以原初社会为理想、儒家以原初社会为模板治理二级社会的思路。

尤其是秦汉之后的儒家更加注重礼乐制度,秦汉之后其本身是二级社会的建制,但保留原初社会的特点。原初社会的礼乐行为可看成是上述原初社会心理与情感的深层意识层面上整体性的表达与交流,就像人高兴后要笑,而笑能传染,使周围人一起笑。儒家的礼乐制度适应社会稳定的需要,也有人类自我表达的成分。如孔子说:“兴于诗,立于礼,成于乐。(译文:从吟诵诗篇激发热情,然后以礼仪建立生活秩序,最后聆听音乐来成就一个人的宁静与高雅的身心气质。)”(论语,8:8)也就是说,由诗歌激发起来的情感表达成为礼与乐,即把礼乐制度看成一种情感的表达方式。这是原初社会的思路,而与二级社会不同。原初社会的礼乐以怡悦人性为主,二级社会的礼乐以维持社会秩序为主。

这不能与宗教礼乐行为混淆。人类对原初社会心理层面整体性有先天需求,现今的宗教礼乐行为有弥补与迎合这一需求的功能。

六、结语:历史影响

(一)从大爆炸宇宙学看人类历史的偶然性:

我们在学校里学习历史,会形成一个误解:认为三四千年中国历史走过的历程是历史的必然。其实,由无数偶然事件才汇合成我们今天读到的中国历史。历史有无数其他可能,只有认识到人类历史发展的偶然性,才会换个角度看孔子,才会知道中国历史后来所走的路正是孔子终生奔波而要极力阻止的。

从大爆炸宇宙学看,包括我们人类在内的自然界也同样是无数偶然事件的结果。形成我们这个宇宙的大爆炸是一百多亿年来发生的最典型的偶然事件。一种说法是:大爆炸产生无数正负粒子,这些正负粒子碰撞到一起后重新化为乌有,只有百万分之一的正负粒子偶然发生意外没有碰撞在一起,这才形成了我们现在的宇宙。

像形成宇宙的大爆炸仅仅发生一次一样,作为我们动植物大千世界起源的 DNA(核苷酸)分子,也只产生过一次。我们照镜子,镜子里的影像与我们一模一样,但左右正好与我们相反,即镜子里影像的左手实际上是我们的右手。这在 DNA 的核苷酸分子称为左旋与右旋。如果 DNA 的核苷酸分子在开始时同时产生两个以上,就会有左右旋两种。科学家检察的结果只有一种,提示我们都来自同一个 DNA 的核苷酸分子。

像其他生物一样,我们人类的进化也是无数偶然突变的积累,而遗传突变是 DNA 复制过程的错误。这种复制错误可少到百万分之一,而且多数突变是有害的,甚至是致命的。

人类的文化与历史的进化也是这样。有人统计过,我们成年人每天要有六万个思绪或想法,大多为不切实际的幻想。这每天六万个思绪或想法中,极少数才会转变成个人行为,进而再可能影响社会发展方向乃至人类历史进程的只能是亿万分之一。这里称这一过程为对每天六万个思绪或想法的筛选过程。

这一人类思绪或想法的筛选过程在原初社会与二级社会有本质的差异。前者以美学作指导,允许许多在今天看来是梦幻的表达,而二级社会的人要按既定的程序与规则说话,还要与社会场合相符,即强调人为之人。

如果人类生就的原初社会动物仅有建造二级社会的周边潜能,而这种潜能在原初社会表达为游戏与幻想的话,二级社会的建造就需要战争的催化,即艾柯哈尔德提出的战争不断升级的所谓辩证进化说。战争同样要对诸多偶然事件进行选择性积累,才能不断升级并伴有帝国与文明的升级。

作为西方文明的两大渊源,古希腊与犹太文明均属于仅有的偶然个例,二者都属于临海的小国,都是在强敌的包围之下生活。这种恶劣的生活环境迫使其发展与众不同的方法以求生存。古希腊发展了民主制以求发挥所有人的积极性,而犹太文明发展了一神教以求统一行动,这两种都是战争环境下弱者求生存的办法。

人人都熟悉的中国近代史充满偶然事件。历时十余年的太平天国运动,波及大半个中国,略加分析即可发现它是由两个偶然事件引起,缺一不可,即洪秀权屡考不中的科场失意与他偶然看到一个宣传基督教的小册子。如果洪秀权考中举人、进士而进入仕途,就绝没有造反的可能。而他看到一个宣传基督教的小册子,是如此偶然,他事后都想否认,说自己梦见上帝完全是一种天意,并非受阅读的启发。中国历史上女人当权较久的只有吕后、武则天与慈禧太后,慈禧活着时选幼年的光绪,死前又选幼年的宣统,而光绪据说是被毒死。这一连串的偶然事件的结果才使孤儿寡母的清政府有接受和平交出政权的可能。

孔子之后的中国集权与统一同样是偶然事件的结果,不过年代久远,一般人不了解罢了。春秋时代,中国曾两次召开弭兵会议(弭,读若"米",指平息、停止、消除),寻求成立联合国式的国际组织来维持和平,这是夏商周三代时期的传统办法。即使战国时期,七雄与一二十个小国也同样走的是两百余年军事平衡的道路,而非武力统一的道路。秦始皇统一天下,与众望相反,才倚重暴力而导致短命。秦统一中国实属少见的偶然事件。

(二)秦汉后的中国历史:

经过战国时期的血腥洗礼,农民无处可逃,国家再不像孔子说的那样要用德政来吸引农民归附了。上述原初社会式超级大国的社会模式变为:

天子家族　　畸形的准原初社会
|
官僚及后备　　文人集团 二级社会
|
村落家族　　准原初社会

这一社会模式与上述二架结构社会模式的主要区别在于中间的诸侯国消失,代之为官僚及后备文人集团。按费正清提供的资料,庞大的清朝仅用不到两万名官僚,但有125万名获取科考功名的后备文人集团。[27]汉武帝之后,以儒家学说为官方思想体系,与在野的道学互补,仍能以人类大一统文化的面目出现。此时的亿万农民大众和前一种社会模式时一样,交税是换取和平安定的保证。原初社会体系出于天然人性,对人类具有强大的感召力,是这一系统强大包容性与整合性的来源，也是中华文明得以连续发展的根本原因。改朝换代仅仅是天子家族的改变和从同一后备文人集团中挑选一两万名官僚而已。根据战争统计，秦汉以后到清末西方列强进入中国之前，这两千多年的中国缺乏西方式的战争升级与社会结构变化，而是周期性动乱伴有社会结构的超稳定。[34]

这一系统数千年来得以延续不变，也就意味着二级社会机制与中间阶层的薄弱。古希腊的雅典城邦仅十余万人，健全的二级社会机制使他们能调集各阶层的智慧与力量，最大限度地利用社会成员的精力与时间，短时间内积累大量财富，建立强大的海军，树立宏伟的神坛建筑，创造博大精微的哲学与文化。中国数千年来没有类似古希腊这种庞大的二级社会机制的建造。这对物质文明发展有重大影响，而对精神与文化的发展影响甚微。但二者发展方向不同：西方向分析的精微度发展，中国向美学的高深度发展。

由于二级社会运转机制的开发不够，建筑长城与开凿大运河这样的大型项目，全靠行政命令，以至运转失灵，秦隋两朝均骤然垮台。历史记载，武则天与汉武帝时均户口流亡过半而不垮台，同样说明二级社会层次上平衡机制的缺乏。至于原初社会与二级社会之间不可逾越的历史影响从整个人类来看更明显，中国虽也在其内，但不典型。史前人类像动物一样，靠狩猎采集而生活，妇女携带孩子走路，使哺乳期长达三四年之久，又由于高蛋白饮食，不利于脂肪储积，而低脂肪与哺乳是限制怀孕频率的自然机制。一万年前出现农业，是人类文明的开始，使局部人口增加而进入二级社会规模，人类开始建造神坛，沿海的巨石文化出现。农业的发明导致高碳水化合物饮食，以及妇女不携带孩子走路导致哺乳期缩短，使生育率剧增。但人与牲畜接触导致大规模的传染病，如天花等，持续万年之久，近代才为发达的医学所控制。上面提到，五千年文明是一个战争升级史，在有闲阶层的监督下，人们夜以继日地工作来支持战争，而被战争扫除的人，他们的遗传基因与文化都不一定低劣。恰恰相反，他们只是为人类固有的良心所误，死前没有来得及背叛人性而已。人类历史上的农业革命以及中东国家的建立都伴随人类寿命的缩短。人类在农业发明前与其他动物一样，除了采集或狩猎外，不劳动，农业发明后开始劳动，其结果是增加人口，而这些人口又被传染病等弊病杀伤于儿童期；文明出现后，夜以继日的工作支持更多的人口，而这些人口又被战争与灾荒杀伤于成年期。三万年前男人平均身高 177 厘米，妇女 165 厘米，而二十世纪六十年代美国男人身高 175 厘米，女人身高 153 厘米。[28] 原初社会与二级社会之间不可逾越，文明人类等于掉入其间的沟壑中作无益的挣扎。如果现代人追求个人幸福的话,二十世纪北美自杀率剧增则足以说明从个人角度看,人类仍在作无益的挣扎。这相当于告子所说杞柳变成杯盘之前的斧凿之灾,是难以避免的。其他社会分类都无法说明不可逾越的沟壑之灾。

在西方文明的攻势下,中华文明自鸦片战争以来,屡屡败北,就连共和国的名字都是欧洲两千多年前的概念。当下,人类正在认识到非西方文明的价值。原初社会与二级社会的根本性不同导致东西方从哲学思考到文化艺术诸方面的不同,这些不同也就都可以用原初社会与二级社会的不同来解释。中华文明的价值在于她展示原初社会的力量与魅力,或许为人类指向新的社会思考方向。[29,30]

参考文献:

[1] Julian Jaynes (1976): The Origin of Consciousness in the Breakdown of the Bicameral Mind. Boston: Houghton-Mifflin.

[2] Li, You-Sheng (2008): Julian Jaynes' Theory of the Bicameral Mind and Different Pathways Leading to Subjective Consciousness in Human History. (website: http://taoism21cen. com)

[3] G. Marshall (1994): The Concise Oxford Dictionary of Sociology: Human Nature. Oxford: Oxford University Press.

[4] A. Wolfe (2001): "Human Nature" in Encyclopedia of Sociology. New York: McMillan Reference. p1233 – 36.

[5] 柚声(2008):审视东西方文化差异的一个新视角。《学灯》第 7 期。www. confucius2000. com.

[6] William Eckhardt (1995): A Dialectical Evolutionary Theory of Civilizations, Empires, and Wars. In S. K. Sanderson, eds., Civilizations World Systems Studying World – Historical Change, Walnut Creek, USA: AltaMira Press. 1995. p75 – 108.

[7] 陈平(1979):单一小农经济结构是我国长期动乱贫穷的病根。光明日报,1979 年 11 月 16 日三版。

[8] 陈启云(2010):从亨廷敦的文明意识论儒学前景。《孔子 2000 网站》:http://confucius2000. com.

[9] 迟轲(1983):西方美术史话,北京:中国青年出版社。341 页, 156 页。

[10] You-Sheng Li (2005): A New Interpretation of Chinese Taoist Philosophy. London, Canada: Taoist Recovery Centre. p2 – 4.

[11] 柚声(2009):论中华文明的特异性,《学灯》第9期。www. confucius2000. com

[12] William Haviland (2003): Human Evolution and Prehistory. Belmont, USA: Wadsworth.

[13] Benjamin Jowett (1900): Thucydedes. Second Edition. Oxford: Clarendon Press.

[14] You-Sheng Li (2010): The Ancient Chinese Super State of Primary Societies: Taoist Philosophy for the 21st Century. Bloomington, USA: Author House. (All the poems studied are in English translation. A full text was used for the Book of Poetry but a random selection of 94 out of 1026 hymns was used for the Rig Veda and a random selection of five out of 24 books for the Homer epics: Iliad and Odyssey. Their sources were as follows: a). Book of Poetry: http://etext. lib. virginia. edu/chinese. b). Rig Veda: http://www. sacred – texts. com/ c). Iliad and Odyssey: http://www. sacred – texts. com/)

[15] J, DeMeo (2004): Saharasia. Orgone: Orgone Biophysical Research Lab.

[16] 王玉哲,2004,《中华远古史》,上海:上海人民出版社。75 – 80 页,3 – 5 页。

[17] Robert Carneiro (1970): A Theory of the Origin of the State. Science, 169:733 – 738.

[18] 李申(2003):小康上下五千年,南方周末,2003年1月19日。

[19] 麦戈伊/贾磊等译(2004):文明的五个纪元。济南:山东画报出版社。10 – 11 页。

[20] 葛剑雄(1994):统一与分裂:中国历史的启示,北京:三联书店。

[21] Timothy Earle (2002): Political Domination and Social Evolution. In Tim Ingold eds, Companion Encyclopedia of Anthropology, London and New York: Routledge. p940 – 961.

[22] 张光直(2004):论中国文明起源,文物,2004年第1期,73 – 82 页。

[23] 安德森/盛勤 闻钟译(2000):中国古代国家起源,二十一世纪,总第58期,2000年4月。

[24] 黄仁宇(1989): 赫逊河畔谈历史,台北:时报。

[25] 刘宝才, 钱逊,周苏平(2001):中国历史:先秦卷,北京:高等教育出版社。

[26] Claudio Cioffi-Revilla and David Lai (1995): War and Politics in Ancient China, 2700 BC to 722 BC: Measurement and Comparative Analysis. Journal of Conflict Resolution, 39:467 – 494.

[27] 费正清/薛绚译(1995):费正清论中国,台北:正中书局。105 页。

[28] Marvin Harris (1977): Cannibals and Kings. New York: Random House. p14.

[29] 柚声(2008):五服制度与东西方早期文学思想,《学灯》第8期。www. confucius2000. com

[30] 柚声(2009):从孔子与柏拉图对诗歌艺术的不同态度看东西方艺术思想的不同,《学灯》,第11期。www. confucius2000. com

[31] 赵林(2006):文明冲突与文化演进。北京:东方出版社。1 – 21 页。

[32] C. Sinha (2011): A Life without Time. New Scientist Vol 212 No. 2833: 47 (8 October 2011).

[33] C. Sinha, Silva Sinha, V. da, Zinken, J. and Sampaio, W. (2011): When Time is not Space: The Social and Linguistic Construction of Time Intervals and Temporal Event Relations in an Amazonian Culture. Language and Cognition, 3(1): 137 - 169.

[34] 柚声(2012):从宋襄公坚守作战规则而败于楚看东西文方战争文化的不同。《学灯》第二十四期。(http://confucius2000.com/admin/list.asp? id = 5418

上辑

一个新的更真实的孔子

第一章

从原初社会式超级大国的社会环境影响看孔子生平与思想

摘　　要:本章首先简单介绍了孔子生平与思想,用以先给读者一个更充实的印象,作为以下各章论述的基础。本章还用较长篇幅,从六个方面对司马迁《史记·孔子世家》一文作了详尽的分析,论证原初社会式超级大国的存在与影响,并阐明孔子以原初社会美学秩序为理想的思想,以及经常为人所疏忽的中国古代社会的上下分隔与内外有别。

精彩摘句:我们相信孔子的美学社会秩序在当时有一定的市场,会得到农民与部分士人的支持,而走向成功,成为能为各诸侯国接受而又不同的一种社会秩序。孔子心里有数,他以西周为样板,但自己只能做成东周的不同势力并存的局面:也就是原初社会式超级大国式的美学秩序,与后来中华帝国社会秩序并列存在,这个中华帝国在孔子美学社会秩序的竞争压力下,很可能采取欧洲诸侯竞争的局面,那么中国历史就完全是另外一个样子,从而避免周期动乱与社会超稳定的历史困局。与近代欧洲五百年的现代化进程类似的社会文化改变就有可能在中国汉唐时期出现。

中国历史上穿越上下分隔、内外有别这四个不同世界的,莫过于皇帝君王身边的太监与嫔妃。太监与嫔妃多来自社会底层的普通人家,阉割后的太监在宫廷女人圈里混,也沾染了女人气息。他们与儒家大臣争夺皇帝君王的注意力:他们从原初社会亲情角度吸引皇帝君王,而儒家大臣用二级社会天下大事来引起皇帝君王的注意。在这种皇帝君王注意力的争夺战中,败北的经常是儒家大臣,而非太监与嫔妃。想要太监嫔妃从思想意识上也同样穿越上下内外的界限,具有儒家大臣的眼界,就如同徒步登天一般不可能。这成为中国历史上的一个顽症痼疾,也是儒家大臣不可治愈的头痛与心病。

一、孔子简单生平与思想

关于孔子生平的记载很不一致,也就给现代学者留有研究推测的余地。作者无意辨别前人研究细节的真伪,在此仅仅叙述孔子生平与思想的轮廓,给读者一个总体印象,也作为下面各章讨论的基础。[1,2,3]对孔子已经了如指掌的学者当然用不着阅读此节,一般读者,对孔子生平不甚了解,最好先读一读这一节,有利于本书后面各章节的阅读。

孔子是商朝后代,祖上是宋国的世家贵族。孔子的六代祖为逃避宋国宫廷内乱而逃来鲁国。孔子父亲叔梁纥为鲁国下级军官,有过两次战功,他年过六旬,有九个女儿与一个瘸腿的小儿子,没有足以继承他事业的后代。他最后与二十六岁的颜征在结婚,在尼山前祈祷让他们生个儿子,此后生下孔子,取名丘。

孔子三岁时,叔梁纥死去,颜征在失去庇佑,带孔子与他瘸腿的哥哥孟皮回到她娘家,在曲阜阙里过着清贫的生活。所以孔子后来说:"吾少也贱,故多能鄙事。"

孔子十七岁时,母亲去世。这期间,鲁国政权实际控制者季氏飨士,即请有士头衔的人去他家吃饭。孔子父亲是一位士,而孔子瘸腿的哥哥孟皮幼年即去世,在世袭制度下,孔子无疑继承了父亲的头衔。孔子去后,被季氏家臣阳虎挡在大门之外,阳虎说道:"我们请的是士,不是你!"这使年轻的孔子深受屈辱。

图一　孔子與他的家庭

孔子长得身材魁梧，十九岁与宋人亓官氏结婚，二十岁后就在季氏家中先后任管理仓库与畜牧的小官吏。孔子好学，多思多问，到三十岁时，已有些名气。大概在这前后，孔子开始私人办学，教授学生。可以想见，像古希腊的苏格拉底一样，最初孔子不过以自己的知识、智慧与言谈吸引了一些青年人围住他边听边问罢了。孔子三十岁时，在鲁国见到来访的齐景公，回答齐景公有关秦穆公称霸的疑问；三十四岁时，曾与弟子南宫敬叔一同去周朝首都洛阳，向老子请教；三十六岁时曾去齐国谋求职位，未果而回。

当时诸侯国中，政权常常落在世卿大夫手中，而实际权力又常为他们的家臣所操控，即孔子说的"陪臣执国命"。曾有两次不同家臣占据城池反叛，邀请孔子加入来帮助他们，孔子本人很想去试一试，但因子路坚决反对而作罢。其中第一次发生在孔子五十岁时，鲁国公山不狃占据费城反叛，邀请孔子而孔子未去。大概鲁国当权者看到如果再不起用孔子，孔子就要被背叛他们的人用了，五十一岁的孔子最后被任命为中都宰的地方官，因为政绩卓著，他被升为司空，不久又升为大司寇，摄相事（注：代理宰相职务），孔子由此进入仕途，而为各国诸侯所知。

公元前498年，孔子为削弱季孙氏、叔孙氏、孟孙氏三家世卿势力，实施所谓隳三都的举措（注：隳，音毁。隳三都，即拆毁三家所建城墙）。这三家被称作三桓，当时的鲁国政权实际掌握在他们手中，而三桓的一些家臣又在不同程度上控制着三桓。隳三都的行动半途而废，孔子与三桓的矛盾也随之暴露。第二年，鲁国又接受齐国送的八十名美女，君臣迷恋歌舞，不理朝政；鲁国郊祭后又没有按惯例送祭肉给大夫们，孔子与他的部分弟子离开鲁国，周游列国，前后有十三四年。他们因为在卫国熟人多，卫国实际上成了他们的基地：他们不断从卫国出访他国，又不断回到卫国。孔子与他的弟子们先后到过曹、宋、郑、陈、蔡、楚等国，只在陈国与蔡国住的时间较长，均在三年以上，并且两度到陈国。

在周游列国期间，孔子与他的弟子们历经磨难，备尝艰辛。他们离开卫国，前往陈国时路过匡地，遇上麻烦。因为孔子的长相与鲁国季氏家臣阳虎相似，匡地的人对阳虎怀有仇恨，所以他们围攻孔子与他的弟子，要逮捕孔子。在陈国与蔡国之间孔子和弟子们又一度被乱兵包围，七天没有一粒粮食，只能以野菜、野草充饥。在宋国被当权者以死亡威胁，孔子与他的弟子们不得不化装潜逃。等他们逃到郑国都城，弟子们已相互走散，孔子被人讥讽为"累累若丧家之犬"——活像一只丧家狗。

公元前484年,孔子六十八岁时,最终回到鲁国。鲁国对他敬而不用,但常常以国事来咨询。孔子在这段时间内,主要是修订后来被称作“六经”的古代文献,即诗经、尚书、春秋、周易,以及礼与乐。孔子死于公元前479年,时年七十三岁。

孔子说:“吾十有五而志于学,三十而立,四十而不惑,五十而知天命,六十而耳顺,七十而从心所欲,不逾矩。”这是孔子本人对他自己一生的概括,既是一个主观心路历程,也是孔子仁学的落脚点。从心所欲,即听从内心深处仁爱之心的呼唤,而又能事事在礼仪要求之内。

今天的读者感到惊讶的是,他们也可能有类似的人生心路历程,同样三十而立,六十耳顺等。但这是二级社会个人的心路历程,与孔子的心路历程仅仅是形式的相似,而立的社会与耳顺的生活环境却有本质的差异。我们不要忘记,孔子是在小人当政而不为世人接受的情况下讲这番话的。

孔子的主要思想被概括为“仁学”,也就是强调人本身的一种学问,在二级社会强调理性与个人自由以及迫使人性异化的强大压力下,也是一种强调人性与人的先天素质的哲学思想。孔子主张德政,同时用礼来规划社会秩序。在孔子之前,君子与小人仅仅是身份地位的不同,孔子引入道德修养和精神境界的内容来区分君子与小人。同为统治阶级成员,原来都可以称作君子,在孔子看来他们中很多人实际上仅仅是小人。

二、从孔子生平思想看原初社会式超级大国的社会环境影响

孔子生活在春秋晚期,正是中国古代原初社会式超级大国最后解体之前的时代,孔子一生奋斗正是为了阻止这一解体过程,恢复他心目中周朝初年原初社会式超级大国的黄金时代。所以,孔子的生平思想恰好印证中国古代原初社会式超级大国的存在与实质:原初社会生活的美学秩序。

笔者这里仅仅以《史记·孔子世家》这一篇九千字的传记作依据,从以下三个方面论述中国古代原初社会式超级大国的特点与实质。限于篇幅,司马迁原文未一一列出,直接引用译文论证。

这一原初社会式超级大国与当今联合国十分相似,没有绝对的权威:夏商周时代的国王对待闹事而不听招呼的下属,与联合国一样,组织军队去攻打他们。在这种军事行动失败后,照样当他们的国王与联合国,打胜了的下属仍旧是下属。下面将提到,鲁国诸侯鲁定公亲自带兵围攻他的下属成城失败后,照

旧当他的诸侯。

(一)孔子时代没有绝对权威存在,而这种无政府状态是易经时代社会生活的继续

一个通常的误解是:以周朝初年文王、武王以及周公为榜样的儒家主张严格的等级制,是井然有序的社会,春秋时期礼崩乐坏才出现混乱的局面。其实,夏商周三代原初社会式超级大国中像今天联合国下面的世界一样,小的冲突不断,只有升级到影响全局的大乱子时前驱儒家人物才出来用道德与等级呼吁秩序。《易经》就显示出很多不尊重儒家这套礼仪等级制度的描述,说明原初社会的社会稳定力量是人性,儒家礼仪等级制度只是一种辅助力量,在社会全面混乱时才有强调的必要。

按传统说法,《易经》出现于商周之际,作者可能是周文王、周公。道家与儒家分别为老子与孔子等人建立,但他们是从不同角度用哲学概括夏商周三代原初社会式超级大国的生活方式,所以夏商周时代有前驱道家与儒家思想传统的存在。[4]

1. 人与人的关系

损卦六三爻说:"三人行则损一人,一人行则得其反。"三个人同行一段路都难以统一,导致中途分裂。一个人走路时,又感到深层意识层面原初社会的整体性,时时想到别人,期盼同伴。现代人类夫妻为两人关系,同性恋也限于二人,三人关系要比二人关系复杂很多倍,难以维持。但三个人同行一段路,甚至同开一个公司,对今天的人来说,绝不会有问题,因为我们已经习惯于二级社会的行为规范。

规范行为产生统一行动,能完成大型工程项目,也能造就为少数人控制的社会权力。原初社会中各行其是的结果是没有权威的头人政治:领导要么说服大家,要么依从众人意愿。孔子先祖正考父曾前后辅佐三位宋国诸侯,是一位名副其实的三朝元老,他当然是臣僚中的最高级别——上卿,可谓一人之下、万人之上。这位三朝元老给我们留下一只鼎,史称为正考父鼎,上有铭文说:"当我第一次被委以重任后,我开始低头;当我第二次被委以重任时,我开始弯腰;当我接受第三次任命时,我就俯首躬身,走路时沿着墙根快走,将街面留给别人。这样,就很难有人再能欺负我了,也就有希望能煮一鼎稀粥来填饱肚子。"同样,齐景公对孔子说:"如果君不君、臣不臣的话,就是有很多粮食,我又怎么能吃得上呢?" 我们今天的人很难想象,诸侯卿相那样的大人物,还会

为能喝上一顿稀粥发愁。

这说明在原初社会式超级大国里,孔子提倡的礼仪制度能保证一个人的社会地位,但这种社会地位并没有相对应的社会权力,社会地位也不能跟物质利益紧密挂钩。这是因为:原初社会的人各行其是,没有遵循社会权力的行为规范。司马迁所说的“陪臣执国政”指的是:鲁国诸侯、卿大夫、家臣三个上下级别中,各行其是,互不买账。家臣阳虎一次把自己的主子——卿大夫季桓子扣押后迫使对方答应自己的条件,然后放了他,之后他们仍是主臣关系,即阳虎没有代替季桓子的意思。但当阳虎第二次干这种事时,季桓子说服了被扣押期间看管他的人,自己逃了出来。这个看管人应是阳虎信得过的人,即今天的亲信一类的人,但他却自行其是,很容易在敌我之间变换位置。阳虎失败后,逃往齐国,而后又到赵国,跟随赵简子,生活一点也不比在鲁国时差。

孔子困在陈蔡两国之间,陈蔡两国大夫说:“孔子是当今贤能之人,批评时政都击中诸侯弊病所在,而我们陈蔡两国大夫的作为又不合他的心意。”他们担心孔子去楚国对他们两国不利。这说明孔子的思想与言论足以使诸侯大夫们害怕,而影响他们的决策,也同样反映当时没有绝对权威这一事实:虽然建立在物质奖惩基础上的二级社会的权势正在形成,但尚不至于全面代替立足人心向背的原初社会美学秩序。

以上说明,孔子时代与周朝初年一样,人们缺乏行为规范,各行其是,导致社会权力的不发达。

2. 外出行走携带武器

《易经》睽卦上九爻说:“睽孤, 见豕负涂,载鬼一车,先张之弧,后说之弧,匪寇婚媾,往遇雨则吉。”大意说:一个人走路时碰到一辆装载猪的车,上面满是装扮成鬼的人,这个人心里害怕,赶紧张弓搭箭,但又收起弓箭,因为他们不是强盗,是娶亲的车。如果遇上雨就吉利,因为雨水冲刷掉那些人的装饰,就不会像鬼那样吓人了。

暂且不说,这种扮鬼迎亲的风俗很少有其他处记载,这故事与周初社会形势相符。据王玉哲考证,三代一直到春秋时代,作为中国人的华夏族分散在各地,中间夹杂有各种少数民族。[4]在这样的情况下,远离住地是不安全的,所以一个人行走时带有弓箭。但原初社会式超级大国内的暴力冲突都是小规模的,所以一个人带有弓箭就足够了。

生活在公元前五世纪的希腊历史学家租塞狄第斯(Thucydides) 说:“在古时候,所有希腊人都携带武器,因为他们的家没有足够的防御设施,人际交往是不安全的。”[5]租塞狄第斯还提到，等城邦国家建立而构筑了城墙后，海盗们就去攻击抢掠那些没有城墙的村庄。

有趣的是，上面提到的《易经》经文以及整部《易经》很少提到掠夺财物的事，这表明战争掠夺在古地中海是一件有利可图的事，但在中国并不是这样。周初社会相对均平，大家相差不多，并且社会资源丰富而个人财产贫乏，也就没什么可抢的了。

孔子周游列国，简单的武器装备是外出远游的前提。《史记·孔子世家》载，孔子的弟子公良孺有私车五乘，为人勇猛。在蒲地，与当地人冲突，公良孺说“宁斗而死”。因为“斗甚疾。蒲人惧”，孔子得以安全离开。在车战的春秋时代，五乘车即五辆战车，否则一个弟子没有带五辆车的必要，尽管当时的战车与普通车也相差不了多少。汪子懿说，孔门是武装集团。当时的中国与古希腊相同，并无专业常备军，农民男子即同时兼任军人，孔子与他的弟子们周游列国，以安全考虑，他们也必须同时是一个武装集团。[6]

3. 从易经时代的暴力冲突到孔子的自由主义

中国古代的超级大国与当今的联合国很相似，行使维持和平的功能，但并不能完全消除小规模冲突，只是将这种冲突控制在孤立事件水平，很难逐渐升级。《易经》原文经常提到征战之事，有近二十次之多，但这并不意味着征战频繁，只说明征战是人占卜时头脑中的主要意象之一。《易经》所提到的征战均为孤立事件，没有战争升级而要联合各诸侯国一起作战的事。很多处仅仅是“征，吉”或“征，凶”二字。师卦六三爻提到，“师或舆尸，凶”。打仗抬尸体回来就被认为不吉利，提示冲突有限。中孚卦六三爻说：“得敌，或鼓，或罢，或泣，或歌。”与敌人遭遇后，有人击鼓，有人退却，有人哭泣，有人唱歌。只有原初社会的战争才会有如此混乱的场面，也只有原初社会的人才能把如此混乱的战争场面记录下来而不加褒贬。

颐卦六四爻说，“虎视眈眈，其欲逐逐，无咎”，即充满攻打他人的欲望没有灾害。十五卦六五爻说，“不富以其邻，利于侵伐，无不利”。一个版本的解释：借邻国没有戒备的机会，攻打邻国，没有不利的地方。[10]除去十翼，《易经》原文仅有四千九百余字，但用了一个“战”字、四个“伐”字、19 个“征”字。在 19 个“征”字中，征凶占 10 个，征吉占 5 个。根据《象辞》，六十四卦中有 53 卦是面向君子的，也就是为君子占卜，而君子包括诸侯一级的官僚。所以这些征战的发动者主要是诸侯国，征伐的对象是其他诸侯国，包括杂居的少数民族。从上面提到的“虎视眈眈，其欲逐逐”来看，这些主动对邻国的征伐大多为不义之战,以征伐邻国为目的。这种征伐有可能是穷国对富国的掠夺,更可能是强国攻打不顺从的弱国,二者都属不义之战。十翼对这些征战未作任何批判。

我们这里可以插入孔子自由主义行为作论证。孔子终生以恢复西周的礼乐制度为已任,主张“君君,臣臣,父父,子子”,但他并不通过官方权力中心周朝来实现他的理想。当时诸侯国家臣造反,邀请孔子,孔子说:“夫召我者,而岂徒哉? 如有用我者,吾其为东周乎!”(17:5) 孔子显然要效法汤武革命,这与当代西方民主允许公开组党代替现政权有何不同?《史记·孔子世家》记载,因为不满季康子等人的行为,作为鲁国高级官员的孔子不辞而别,季康子不得不派人赶来用送行的名义打听孔子不高兴的原因。孔子带着学生周游列国十四年之久,也没有找到合适的职位,还能回到鲁国,受到尊敬,这同样反映当时个人自由度之大、社会权力之不发达。当时的经济水平很低,孔子等人十四年中吃住却毫无问题,如卫灵公见面就说要维持孔子在鲁国的待遇。卫灵公这里仅仅是尽地主之谊,并无起用孔子的意思,就是白供饭食,可见当时人们的自由迁移是有经济保障的。用现代西方民主比喻,就是一个政府要供给来选该政府的选民们吃住。

笔者年幼时,河北省农村有私人慈善传统:设立简陋的住房,给来往穷人乞讨者提供免费吃住与过夜的地方。但那些慈善农民没有卫灵公讨好公众舆论的政治企图,更像纯美学行为。

4. 战役频繁,规模有限,战争结局难以预先估计

从上面的分析可知,在周朝初年的易经时代,中国境内暴力冲突很常见,只是规模不大,因为原初社会没有强有力的权威,人们各行其是,这才有中孚卦六三爻说的“得敌,或鼓,或罢,或泣,或歌”这样混乱的战争场面。

邓曦泽统计春秋时代的中国战争,在他的《春秋左传战争表》中共列出745次战争。他统计的年代自公元前722年起,到公元前463年止,前后共260年,即每年平均有2.87次战争。[7]我们可以把这260年分成五段,每段52年:即公元前722—公元前671年、公元前670—公元前619年、公元前618—公元前567年、公元前566—公元前515年、公元前514—公元前463年,一共五个时段。这五个时段的战争数目分别为110、152、188、151、144次,战争频率分别为每年2.12,2.92,3.62,2.90,2.77次。这一战争频率递增程度比导论部分提到的艾柯哈尔德战争升级频率要低,表明了东西方战争文化的不同。

在宋国大夫倡议下,中国曾在公元前579年与公元前546年两次在宋国举行多国参加的弭兵会议。第一次弭兵会议效果仅维持两三年而宣布破产,

这才有第二次弭兵会议的成功。刘宝才等人说:“延续100多年的春秋中期大国争霸战争,终以弭兵休战而告结束……弭兵会议后北方没有发生大规模战争,政局却发生着深刻的演变。各主要国家都出现政权下移大夫执政的现象……与国君执政时相比,政治较清明。”[8]像这样的大范围内的民主化走向需要一个相对和平的环境,战争有利于集权化。

这里以第二次弭兵会议的公元前546年为界,前后各分出一个52年的时段,即公元前598—公元前547年,与公元545—公元前494前年。这两个时段各有195次与129次战争,分别平均每年3.75次与每年2.48次($X = 18$,$P < 0.005$)。这说明,春秋时期中国的战争频率先是逐渐上升,而到春秋中期到达高峰,而后下降,这与这一次弭兵会议直接有关。上面提到的由君主执政到大夫执政的变化所需要的和平环境并非单独来自战争频率的下降,更是来自大规模战争的消失,即因争霸而导致的多国联合作战的情况大大好转。

当代学者杨宽说:“春秋时代的军队以国人(贵族的下层)为主力,乘着马车作战,人数较少,并由国君或卿大夫鸣鼓指挥,胜负常在一二天内就分晓。”[9]著名历史学家黄仁宇则说:“战斗不出一日”。这与杨宽所说不矛盾,二者只是概念与标准略有不同。[10]

本书导论二部分曾引用黄仁宇的话说:“春秋时代的车战,是一种贵族式的战争,有时彼此都以竞技的方式看待,布阵有一定的程序,交点也有公认的原则,也就是仍不离礼的约束。不为已甚是当时的一般趋势。”[11]这里再引用一遍,以期说明:春秋时代的战争还保留原初社会暴力冲突的特点,受人性的制约。试想,偌大的中国,一年有两三次某个地区不出一日的竞技式战争,至少比当前冷战后的世界更安全,这就是原初社会与二级社会的差别。

再回头讲春秋时代战争频率的变化。按上面分析,春秋时代战争频率上升不过从起初的每年两次多升到每年三次多。以这一变化趋势推测,春秋之前的西周每年也要有一次战争,西周两百余年下来也有两百多次战争。另外,春秋记载下来的战争并非中国当时发生暴力冲突的全部,如少数民族的蛮夷之间的冲突就很可能不为中国史学家所知晓,而村庄之间的暴力冲突在《左传》作者眼里,又算不上战争。总之,西周时代的战争频率未必低,只是规模比春秋战国时要小得多。

学者甚至普通人对现代战争的结局都可以有个清楚的估计,这是因为现代二级社会的战争双方常常代表不同的社会方向,不同的社会结构与实力。如第二次世界大战,德国法西斯面对美、英与中、苏,以及世界众多国家的联合

部队,其结果只能是失败。又如前几年,美国等联合部队入侵伊拉克与阿富汗,其胜败结局人人都会知道。原初社会的战争就不是这样,因为缺乏权威与各行其是,面临战争时“或鼓,或罢,或泣,或歌”,其战争结局就很难预测,因为人们的临时情绪与一时的想法会左右战争结局。《史记》记载的孔子时鲁国的战争也是这样,共有四次:

① 季平子斗鸡与人闹冲突,鲁昭公领兵攻打季平子,而季平子联合三桓的其他两家把鲁昭公打败,鲁昭公只能逃到齐国。② 孔子隳三都,到第二都费城时,费城反叛,派兵来攻打鲁城,被孔子派人打败。③ 第三都,成城采取消极抵抗的策略,拖延与抗命不拆,鲁定公率兵攻打成城,失败而回。④ 阳虎第二次扣押季桓子时,出兵攻打孟孙氏,失败后而逃。

《史记》记载的这四次武装冲突全部以首先开始动武者失败告终,尽管他们有充分的理由与权利。这不是偶然现象,这与《易经》19 个“征”字中征凶占 10 个、征吉占 5 个相一致。即不管是非曲直而一律不利于主动出征者,有利于被动应战者。这里的应战者显然更令人同情,这是原初社会的特点。这四次中的失败者,有三个逃往齐国,其中阳虎最后到赵国,依附于赵简子,并不比他在鲁国时差。鲁定公围成城失败后,照样当他的鲁定公;鲁昭公逃亡后,鲁国照样由他的儿子当政。这就像当今联合国派兵惩罚成员国时失败后,照样做联合国。

其实,这种不利于主动出征者的倾向,在孔子隳三都过程中有一个更形象的说明:孔子援引周朝有关规定说:“臣无藏甲,大夫无百雉之城(注:甲,兵器;雉,三丈)。”因为三家卿大夫想削弱自己的家臣势力,一致同意隳三都。但这种卿大夫城邑过大的现象早已存在,孔子的这一举措相当于一次主动出征。而受害者又是商议时不在场的三位家臣,征伐行动不得不中途而废,一年后孔子离开鲁国。这样看来,即使终身为恢复周初美学秩序而奔走的孔子他老人家,在原初社会的无权威、无方向取舍面前也无能为力。

(二) 孔子时代礼仪是社会生活秩序的主要支柱

本书导论二部分提到:伊亚尔将权力分为军事、社会、思想意识与经济四种,认为只有经济一种权力最可靠,成为其他三种权力的来源与支柱。在论述思想意识权力时说,思想意识所产生的权力难以集中。[12] 伊亚尔以二级社会的眼光来分析权力,丝毫没有考虑原初社会的情况。在原初社会中,没有权威,也就没有伊尔勒所讲的四种权力。

如果说,权力是自然存在的,原初社会就也有权力现象,只不过和二级社会的权力现象相比,原初社会的权力好像不存在一样。原初社会的权力现象,分散而微弱,拿我们熟悉的二级社会权力现象相比,有时让人难以理解,根本不符合伊亚尔的分析与结论,本节讲的礼仪就是这样。孔子所讲的礼仪仅用于本书导论二部分所列出的夏商周三代社会模式中诸侯与国王层次,而村落家族的原初社会有他们自己的礼乐系统,不在本节讨论内容之内。

本书导论部分与第二章提到,孔子礼乐系统是他的理想社会美学秩序的一个重要环节。孔子礼仪将现有社会秩序赋予一种形式美,有类似二级社会宗教的作用,使参与者觉得自己成为宏伟壮观的大和谐的一部分,即原初社会情感心理层面整体性的形式化表达。在二级社会层次,这种礼仪制度所产生的权力是伊亚尔的社会、思想意识权力的混合,不过这种社会与思想意识更接近情感与潜意识的层次。

《史记》记载说:“鲁国的大夫孟厘子跟随鲁昭公到楚国去,回来后,深为不能行好应有礼仪而自责。”[2]孟厘子死前让他的儿子向孔子学习礼仪。公元前500年,孔子陪同鲁定公在夹谷与齐国齐景公相会,齐国方面表演地方歌舞,被孔子斥责为夷狄的野蛮舞乐,有辱两国国君相会的隆重场合。齐景公感到羞愧,说:“鲁国以君子之道来辅佐他们的君主,你们却用夷狄之道来教寡人,现在我们得罪了鲁国国君,你们看又怎么办呢?”主事的官吏上前回答道:“君子有了过错,就要做一件具体事情来谢罪。普通百姓有了过错,就要用赔礼道歉的虚礼来谢罪。如果君上感到心里不安,就要拿出一点实际的东西来谢罪了。”于是,齐国把以前从鲁国侵占来的郓城、汶阳、龟阴三个地方归还给了鲁国。

以上这两件事足以说明,孔子时代,三代时期礼仪的社会作用还存在,礼仪的力量足以迫使人们做出巨大努力或牺牲。这就像今天的西方基督徒自感得罪了上帝要拿出切实的行动后才能恢复内心的平静。毫无疑问,孟厘子与齐景公以往多次参加过隆重的集体礼仪活动,形成了一种特有的心态,而在礼仪方面的缺失使他们愧对自己在礼仪活动中形成的这一心态,他们要拿出切实的行动与牺牲之后,才能恢复平静的心理。

孔子时代礼仪的社会作用还表现在:人们尊重现有的社会等级,但这种社会等级是礼仪上的,并没有绝对的权威,就是说,这种社会等级要有礼尚往来的礼仪来维持,要用礼让之风来处理相互关系。例如,使孔子离开鲁国而周游列国最后成行的力量是:那一年,鲁国春祭天地大典后,没有按既往礼仪要求把祭祀腊肉分送给包括孔子在内的大夫们。(即鲁国统治者们首先缺了礼,我孔子就可以自行其是了。)同样,孔子两次离开卫国,也都是因为卫灵公对待他的方式使他感到不舒服。

一次是,卫灵公与他的宫廷官僚们乘车在首都大街上招摇过市,就像今天英国女王出行那样,既有让百姓一饱眼福,又有向人们显示自己威风的意思。第一辆车坐的是卫灵公与他的年轻夫人南子,卫灵公让孔子紧随其后,坐第二辆车。因为孔子的名声使他成为人们心目中道德高尚的代表,卫灵公显然是想借孔子名声来标榜自己,但又舍不得他亲近自己美貌的妻子。这使孔子觉得很不舒服,说:“吾未见好德如好色者也。”第二天孔子便离开了卫国。第二次,是孔子与卫灵公谈话时恰好一对大雁在天空飞过,卫灵公只管自己观望天上的大雁,全不在意旁边的孔子,孔子于是去了陈国。

今天二级社会中,人们在面对归还土地与工作去留等重大决策时,考虑的是利弊得失,而不会因为对方行为是否符合古代礼仪来决定。

(三)从孔子言行看社会生活的美学本质

现代音乐和西方绘画一样走过了从印象主义到表现主义的演变。在表现主义者们看来,现今世界充满苦难、丑恶和恐怖,因此用夸张畸形与不和谐的极端音响效应来表达艺术家自身难以言说的感受与伤痛。孔子与苏格拉底同样喜欢音乐,但音乐在苏格拉底的人生中,与在孟子、荀子人生中一样,远远不如音乐在孔子人生中的地位,这一方面可能是孔子的特殊爱好,但更重要的是音乐舞蹈以及相应礼仪在原初社会秩序上担当着重要角色。

孔子曾对鲁国的乐官太师说:“音乐是可以理解的,开始演奏时,互相配合,继续下去时要节奏和谐,声音清晰,连续不断,这样直到整首乐曲演奏的圆满完成。”孔子老年回到鲁国以后,首先修订《礼》《乐》与《诗》,诗经三百零五篇,孔子都一一演奏歌唱。司马迁记载说:“这样,先王的礼乐制度从此才得以恢复而可以称述,王道完备了,所谓六艺也就完成了。”

从上面的话可以看出,孔子的音乐和现代音乐是不同的,是要用来完备王道的;但孔子的音乐与现代音乐又是一样的,是一种自我表现,现代音乐表达的是音乐家在二级社会中五花八门与奇形怪状的感受,孔子音乐表达的是整个人类深层的感受,也就是原初社会人类的宁静怡悦的心态。只不过孔子音乐的节奏与旋律和人体的节奏与旋律一致,所以有利于身心健康,甚至可以提高人们的免疫功能,而现代音乐则未必。

孔子在齐国时,在传说中舜的家乡听韶乐,并专心欣赏与学习这一音乐,竟一连三个月不知道肉的味道。齐国人听说这件事后,为之感动,广为称赞。这就是"兴于诗,立于礼,成于乐"的形象说明:在礼乐声中,激发我们内心原有的一种永恒的心态与气质。这样的人的行为,才不为肉的美味等世俗物质利益所左右,而由人类善良的仁爱本性领航。以下全文翻译孔子学琴的一段记载,说明音乐声中,矗立着普通而高大的人类本身:

孔子向师襄子学习弹琴,学了十天仍操练旧曲。师襄子说:"可以学习点新内容了。"孔子说:"我孔丘已经掌握了曲子的演奏技巧,但对曲子的深层节奏内容不了解。"又过了些天,师襄子说:"已经熟习曲子的节奏内容了,可以往下学了。"孔子说:"我还没有领会其中的志趣所在呢。"又过了些天,师襄子说,"已经熟习曲子的志趣了,可以继续往下学了。"孔子说:"我还不知道这一首乐曲的为人如何啊。"又过了些天,孔子在肃穆中沉思,高瞻远望,意志深远,说:"我知道这首乐曲的为人了:那人皮肤黝黑,身材颀长,眼睛望着远方,像是统管四方诸侯,不是周文王还有谁能这样呢!"师襄子离开座席接连两次拜礼,说:"老师说这乐曲叫作《文王操》啊!"

结论:孔子在这样的音乐活动中所形成的心态,与数百万年稳定人类社会的心态是一致的,是人类深层意识层次的一种美感状态,也即原初社会秩序的美学本质。

三、从孔子对子路、子贡、颜回的不同态度来设想孔子得以执政建立他的理想国的可能

本书第四章将专题讨论孔子大一统的包容思想,孔子主张无可无不可,即没有现代二级社会语意清晰准确的原则条文,而由美感与心态等直觉领路。这一点在孔子与子路、子贡、颜回的关系上看得更清楚。以今天二级社会的眼界来看,子路、子贡、颜回是完全不同的三种人,代表着不同的人生道路与方向。

图二　子路

《论语》中子路名字出现 48 次,子贡 44 次,而颜回(颜渊)出现 18 次。孔子对子路批评最多,也最尖锐,然而孔子生活中似乎不能缺少子路:孔子离开鲁国而周游列国,首先是子路的提议;孔子两次要应邀

加入叛乱家臣,都为子路所制止;孔子会见南子,子路不悦,孔子即向天发誓来表白自己,并且在一个月后离开卫国;孔子隳三都是孔子一生中的大事情,孔子让子路做季氏家宰来协助此事。而这些事,似乎不能由其他弟子代替,至少子贡与颜回不会与孔子这样直言相对。子贡在孔子一生中也起了其他人不能代替的作用,如孔子与他的弟子们为乱兵围困在陈蔡之间,是子贡施展他的外交才能,从楚国请来救兵,才使孔子等人脱险。吴王要求鲁国提供百牢(注:牛、羊、猪三牲一起叫作一牢)。子贡据理力争才得以免除。齐国出兵攻打鲁国,子贡到齐、越、吴、晋四国游说,使得鲁国免于战争灾祸,正如司马迁所说:"故子贡一出,存鲁,乱齐,破吴,强晋而霸越。"

图三　子贡

子贡还从事商业赚了大钱,或者从经济上支持了孔子周游列国。根据司马迁在《货殖列传》中记载,子贡在孔子学说的传播上起了决定性作用。子路与子贡似乎一辈子从政,子路两度给卿大夫做家宰,一度做蒲城长官。子贡则为鲁国与卫国卿大夫,官之相辅,以至于鲁国大夫们在朝堂上议论说子贡贤于孔子,说明子贡在从政方面远远超过了孔子。子路和子贡这两个人都是终生从政的人,他们宣扬孔子的学说,但并没有坚持孔子恢复西周美学社会秩序的理想。他们的人生更像现代二级社会的人生,有其目的与意义,并不局限于原初社会的理想。

孔子对颜回说:"用之则行,舍之则藏,惟我与尔有是夫。"(论语,7:11)从孔子这句话看,孔子与颜回有相同的人生态度,而与子路、子贡等其他人不同。孔子与颜回同样注重自身生活的美学特质,即艺术化的生活态度,把人生当作一件无与伦比的独特艺术品对待,参与世俗社会活动并不干预他们这种人生态度:有人用他们即从政,否则即退而自乐其乐。以下译自司马迁《孔子世家》,记载他们四人在陈蔡受困绝粮时的一段对话,显示这四个人的不同:

孔子知道弟子们心中不高兴,便把子路叫来,向他说道:"《诗经》上说:'既不是犀牛,也不是老虎,为什么它们却在旷野上徘徊呢?'难道作为我们思想与人生取向的'道'有什么不对吗?为什么我们会落到这步田地呢?"子路说:"大概是我们的仁德还不够吧?所以人家不信任我们。或者是我们的智谋不足吧?所以人家不放我们通行。"孔子说:"有这样的道理吗?仲由啊,假使有仁德的人便能使人信任，那伯夷、叔齐为什么会饿死在首阳山呢？如果有智谋的人就能通行无阻，那王子比干怎么会被剖心而死呢？”

图四　颜回

子路退出，子贡进来见孔子。孔子对子贡说：“赐啊，《诗经》上说‘既不是犀牛，也不是老虎，为什么它们却在旷野上徘徊呢？’难道作为我们思想与人生取向的‘道’有什么不对吗？为什么我们会落到这步田地呢？”子贡说：“老师的‘道’博大精深到极点了，所以天下没有能容纳接受老师的地方。老师何不稍微降低一些，来迁就一下别人呢？”孔子说：“赐啊，好农夫善于耕种，却不一定有好的收成；好工匠虽然手艺精巧，但不一定能使人们都称心如意。君子修养自己的‘道’，就像结网一样，先构出纲领轮廓，然后再依次疏理结扎，但不一定被世人所接受。现在你不去研修自己的‘道’，反而想降格来让世人容纳。赐啊，你的志向不够远大。”

子贡出去之后，颜回进来见孔子。孔子说：“回啊，《诗经》上说‘既不是犀牛，也不是老虎，为什么它们却在旷野上徘徊呢？’难道作为我们思想与人生取向的道有什么不对吗？为什么我们会落到这步田地呢？”颜回说：“老师的学说博大精深到极点了，所以天下没有一个地方能容纳老师。即使这样，老师还在奉行自己的‘道’，不被天下容纳又有什么关系呢？不被容纳，这更显出君子本色！一个人不研修奉行自己的‘道’，那才可耻。老师一生尽力研修，才有今天博大精深的‘道’，可是仍不被世人所用，那是当权者的耻辱。不被天下容纳又有什么关系呢？不被容纳，这更显出君子本色！”孔子听了欣慰地笑着说：“是这样的啊，你这姓颜的小伙子！如果有一天你变成家产万贯的富豪，我愿意给你做管家。”

鲁国费城与晋国中牟反叛时都邀请孔子，由于子路坚决反对，孔子欲去而未成行，因为子路与孔子有着不同的人生态度。应邀前往才符合无可无不可的孔子，也才符合孔子的美学社会秩序，而非理性社会秩序。孔子生活的时代，以物质利益的奖惩来组织社会的思想潮流正在出现，孔子极力反对这一社会潮流才不为人所用。在这一个新的社会潮流中落后的是楚国，所以只有楚国担心孔子与他的一群弟子有把他们取而代之的可能。

如果当年孔子带领他的一群弟子应邀前往，比方说，到了费城，用子贡来

处理各方面的关系,使那些反叛的家臣称王做诸侯,但条件是要接受孔子的一套美学社会秩序的理想社会,他们来自底层,又有孔子为他们展现的新东周的迷人蓝图,他们会乐于接受的。一旦建立孔子自己的地盘,即可任用子路为大将军,建立一支足以保卫自己的军队。

我们相信孔子的美学社会秩序在当时有一定的市场,会得到农民与部分士人的支持,而走向成功,成为能为各诸侯国接受而又不同的一种社会秩序。孔子心里有数,他以西周为样板,但自己只能做成东周的不同势力并存的局面:也就是原初社会式超级大国式的美学秩序,与后来中华帝国社会秩序并列存在,这个中华帝国在孔子美学社会秩序的竞争压力下,很可能采取欧洲诸侯竞争的局面,那么中国历史就完全是另外一个样子,从而避免周期动乱与社会超稳定的历史困局。与近代欧洲五百年的现代化进程类似的社会文化改变就有可能在中国汉唐时期出现。

孔子在万余字的《论语》中三次提到用德政吸引周围农民来归附(论语,13:4,13:16,16:1),对孔子思想有深刻理解的子贡就会刻意让边界开放,建立让农民以及士人们自由进出的边防制度,同时防止间谍与武装人员的进入。这种以原初社会为模板来建造二级社会的儒家思想才能真正实行,而不像秦汉帝国以后儒家美学秩序与世俗物质秩序混杂的局面,它把两者分开,让人们在两者之间自由选择。这样一个美学感性与物质理性秩序并肩共存的局面,在与西方接触后,就会对西方产生决定性的影响,从根本上缓解他们战争升级的进程,从而防止两次世界大战的发生。

四、上下隔离、内外有别与孔子的唯女人、小人难养

原初社会的美学秩序之所以在夏商周三代时期得以实现,在于上下隔离与内外有别的制度使社会有秩序地分隔成无数个原初社会。孔子与老子都有上智下愚、好政府不为人民所知等简单陈述来说明上下隔离制度,孔子与他的弟子们都属于我们今天所讲的统治阶级,孔子学说把统治阶级的社会生活规范化了,但他并没有讲基层农民村落是一种怎样的社会生活,生活在二级社会已经建立的战国时代的孟子才有对农民村落生活的具体描述。因为上下隔离制度已经在本书导论二部分的社会模式中提到,这里着重讲男女内外有别的制度以及对孔子生活的影响。《国语》对这种男女内外有别制度有具体的描述。

《国语·越语上》记载越王勾践宣布鼓励生育政策时说:“生丈夫,二壶酒,一犬;生女子,二壶酒,一豚。”即生男(丈夫)与生女所得奖励是相等的,不同的是一为狗、一为猪(豚),说明当时男女平等。孔子时代,以及夏商周三代时期,男女平等,但男人天下在外,女人天下在内,互不干涉。

《国语·吴语》记载越王勾践带兵出师前见夫人时,“王背屏而立,夫人向屏。王曰:‘自今日以后,内政无出,外政无入。内有辱,是子也;外有辱,是我也。吾见子于此止矣。’王遂出,夫人送王,不出屏,乃阖左阖(注:反关门),填之以土。”

《国语·鲁语下》以很长的文字记载公父文伯之母的贤惠知礼,而她是季康子的从祖叔母。她说:“自卿以下,合官职于外朝,合家事于内朝;寝门之内,妇人治其业焉。”同样是说,家庭内部由女人做主治理。孔子三度赞美她,说她智慧,懂得礼仪,要弟子们记住她的言行,并评论说:“女知莫如妇,男知莫如夫。”就是说,男女要结婚成家后才能了解与掌握治外治内的知识。

在孔子出生前他的父亲已有九个女儿与一个瘸腿的小儿子,孔子实际上来到一个女人的世界,而后离开家后,又由单亲母亲在她自己的家族中把孔子抚养成人,直到孔子十七岁。说孔子在女人世界里长大,并不过分。孔子学说常常被称为仁学,而孟子把仁解释成恻隐之心,人所共知:与男人相比,女人更具恻隐之心,因为她们更少受二级社会的影响。如果说今天的妇女因为养育儿女而离二级社会影响远一些的话,那么,孔子时代上下分隔与内外分隔制使妇女仍生活在典型的原初社会中,孔子时代的大多数妇女可能对二级社会一无所知。

这种孔子时代上下分隔与内外分隔制也影响二级社会语言的建构和发展,从而影响孔子和他的弟子们的思维方式,因为二级社会人们的思维是以语言为基础的。孔子与他的弟子们绝少谈到他们自己的家庭生活,《论语》万余言,孔子没有提到他的母亲。这并不是说,与他形影相随、孤苦伶仃地生活了二十余年的母亲在孔子的脑海中不占重要地位,而是家庭生活还远远没有像今天这样进入二级社会的语言,孔子也就无从表达了。孔子时代的家庭内部的女人天下可能是一种纯美学生活,很难表达为语言,只有在二级社会秩序与思想意识深深侵入家庭的今天,家庭生活才能成为各种文学艺术的题材。

作者曾注意到,儿女情长的细节描写,或为散文化语言,或为叙事诗语言,已经出现于荷马史诗。荷马史诗本身是叙事诗,可以推断:这样的叙事诗来源于现实生活中发达的叙事语言,由古希腊众人面前辩论的传统与发达的修辞学可为佐证。《诗经》的产生未必在生活中出现类似叙事语言之后。笔者幼年生活在中国北方农村,农民们多会唱情歌,但并不一定都会谈情说爱,因为情歌是别人创作的。这种情歌的作者是少数人,甚至可以是集体创作。而集体创作正好说明,他们个人所掌握的语言还没有达到清楚表达类似情感的程度。毫无疑问,原初社会与二级社会的语言发展处于不同阶段而有本质的不同。同样,孔子时代内外有别的男女语言也有本质的差异。上下、内外代表四个不同世界,它们有不同的语言也就不足为怪了。

中国历史上穿越上下分隔、内外有别这四个不同世界的,莫过于皇帝君王身边的太监与嫔妃。太监与嫔妃多来自社会底层的普通人家,阉割后的太监在宫廷女人圈里混,也沾染了女人气息。他们与儒家大臣争夺皇帝君王的注意力:他们从原初社会亲情角度吸引皇帝君王的注意,而儒家大臣用二级社会天下大事来引起皇帝君王的注意。在这种皇帝君王注意力的争夺战中,败北的经常是儒家大臣,而非太监与嫔妃。想要太监与嫔妃从思想意识上也同样穿越上下内外的界限,具有儒家大臣的眼界,就如同徒步登天一般不可能。这成为中国历史上的一个顽症痼疾,也是儒家大臣不可治愈的头痛与心病。

孔子说:"唯女子与小人为难养也,近之则不逊,远之则怨。"(论语,17:25)孔子这句话是针对当时的诸侯君主说的,也是对具有儒家思想倾向的卿相大夫说的,更是针对此后两千年的朝廷决策圈子说的,但绝对不是针对一般家庭说的。孔子尊重当时的内外有别的传统,把家庭看作女人的世界,他是不会对女人世界的事说三道四的。孔子时代二级社会的苗头已经显露,某些不尊重传统的诸侯君主开始打破上下内外的分界,开始通过太监嫔妃来建立自己的权力网:这一权力网建立在物质奖惩之上,要求个人的绝对服从,而非上面说的各行其是。孔子,正是看到这一苗头后才说这番话的。

孔子去世两千三百多年后,嫔妃出身的慈禧太后两度选用幼儿做皇帝,以便自己掌权。有一点几乎已成定论:她派心腹太监李莲英毒死了成年后的光绪皇帝。如果光绪皇帝活着,清朝历史当是另外一个样子。就是说,无论是庞大的皇帝家族,还是熟读经典的儒家大臣,两千多年的磨炼没有使他们学会如何养女人(慈禧)与小人(李莲英)。

参考文献：

[1] 司马迁：史记·孔子世家，仲尼弟子列传。

[2] 林语堂（1938）：孔子的智慧。西安：陕西师范大学出版社，2006 年。

[3] 陈升（1997）：世界十大思想家：孔子传。石家庄：河北人民出版社。

[4] 柚声（2010）：《易经》总体思想与先秦儒家道家的关系。《学灯》第十六期，（http://confucius2000.com/admin/list.asp? id=4591）。

[5] Jowett, Benjamin (1900): Thucydedes. Second edition. Oxford: Clarendon Press.

[6] 汪子懿（2013）：论孔门是武装集团。（http://www.confucius2000.com/admin/list.asp? id=5690）

[7] 邓曦泽（2007）：春秋左传战争表。自：《王霸：正义与秩序——从春秋战争到普遍正义》之附录 2《春秋左传战争表》，武汉：武汉大学博士论文，2007 年，第 270－295 页。（http://www.confucius2000.com/admin/list.asp? id=4656）

[8] 刘宝才，钱逊，周苏平，2001《中国历史·先秦卷》。北京：高等教育出版社。第 149－50 页。

[9] 杨宽（1997）：战国史。台北：商务印书馆。第 2 页。

[10] 黄仁宇（1993）：《中国大历史》第二章。台北：联经出版社。

[11] 黄仁宇（1989）：《赫逊河畔谈历史》。台北：时报。

[12] Timothy Earle (2002): Political Domination and Social Evolution. In Tim Ingold eds, Companion Encyclopedia of Anthropology, London and New York: Routledge. p940－961.

第二章

从将人类社会生活美学化的角度看孔子

摘　要:本章从社会人类学角度论述孔子将人类社会生活美学化这一思想的科学性。原初社会所特有的闲散业余心态与高于生活的美学欣赏相一致。本章详细分析了动物玩耍游戏与人类二级社会将早期人类玩耍游戏转变为社会真实的可能性。笔者推测人脑左右半球及其联系为人类建造二级社会的神经学基础。理性思维与美学欣赏动用左右大脑不同部位。如果一套理性原则指导一个二级社会的话,原初社会的原则是美学的,无法表达成语言。结论是:现代人很难理解原初社会生活图景,这可能是孔子作为承前启后的大师将人类社会生活美学化的内在原因。

精彩摘句:虽然学术界或仍认为文化起源于劳动与生产经验的积累,从本文道家闲散业余的独特视角来看,更确切更接近事实的描述应为:文化来源于点滴创造的积累,而创造大多来源于业余时间的闲适心态,在人类文明史中那些不断升级的战争压力下,只不过那些与生产劳动相关的创造得以积累罢了。

一、"人类社会生活美学化"题解

读一本书,比如读《红楼梦》,读完后留有一个总体感受,如同认识一个人一样,给人的总体感受是唯一的。现代大脑科学研究的结果与此相一致:大脑也存在一个与之相对应的唯一的神经细胞间的接连网络系统。即无论人的主观还是大脑科学的客观,一本书给人的总体感受是唯一的,宇宙之间仅存的,不可重复的。

近年来笔者有机会阅读了许多先秦原著,阅读《易经》、老子的《道德经》、孔子的《论语》,阅读战国后著作,诸如孟子、荀子、庄子、韩非子等,却给我迥然不同的感受。易、老、孔行文之间那种平淡、舒缓,以及他们对人生的无限信心与热爱所展现出来的朴实自然的美,字里行间搏动着普通人生活的韵律,打动着两千年后一个普通人的心。我觉得他们与后来的孟子、庄子等有较大的不同,后者已经开始沾染现代人的焦躁了,因为他们已经面对旗鼓相当的对手了。《易经》《道德经》《论语》所营造的气氛,所润染的色彩,行文心絮的旋律,在严格意义上既不是后来的儒家,也不是后来的道家,而是属于普普通通的人生的美。正由于此,老子用丧礼庆祝战争胜利的建议成为千古绝音,但它至今仍回旋在地球的上空,因为它回响于普通人的内心深处。

面临世界难题与毁灭的危险,学者们开始研究原始部落生活的可贵,有的甚至称人类数千年的文明史是一部战争升级史,一部人类堕落史。[1,2]笔者余暇无事时也开始追随这种时髦,以各种技巧追求类似道家真人的境界,即所谓艺术化人生,于是写道:"道法自然,含有很深的美学意味,人生严寒酷暑、悲欢炎凉,以自然宇宙观之,无不透着美的韵律。"这是现代人的造作,有如孟子的大丈夫浩然之气与庄子的鲲鹏展翅九万里,并不见于易、老、孔的作品和思想。易、老、孔本身就是生活,本身就是美。

于丹说:"《论语》的真谛,就是告诉大家,怎么样才能过上我们心灵所需要的那种快乐的生活。说白了,《论语》就是教给我们如何在现代生活中获取心灵快乐,适应日常秩序,找到个人坐标。"于丹说她自己所做的不是《论语》的讲解与辨析,而是一种个人的体验,所以称作心得。[3]其实,真正的阅读首先是一种体验。所以于丹的心得不失为对《论语》的一种独特的解释。与于丹相似,李泽厚称以儒家学说为代表的中国文化为乐感文化,以"乐"解释孔子的"仁"。[4]基督教等追求的也是心灵的快乐,所以"乐感"一词也很难与中国人常说的资产阶级享乐主义相区分。其他字眼,诸如闲适、娱乐与人生艺术化等,也无不有类似的局限性。

笔者这里用一个更高层次的概念,即用包括道德在内的广义的美学来描述孔子学说中这一思想倾向:立足于毫无功利之心的一种自然美,人类的自然社会生活本身即美。这种自然美既没有建筑在他人痛苦基础上的享乐,没有为功利而操作的劳苦,也没有为标榜道德所作的自我牺牲。这种美是个人心灵上的自然美,同时也是与周围社会和谐的美。真正的美是超越功利与世俗现实的。

二、两级社会的概念与自然生活之美

笔者将人类社会分成遗传编码的原初社会与人造二级社会,发现中国战国前社会基本上仍是原初社会,而西方文明开始于典型的二级社会。原初社会与二级社会的主要分别有:前者以人性为运转机制,心理与情感交流使原初社会成为潜意识层次上的统一体,这种心理与情感交流也可发生在人与物之间,所谓情景交融,即审美的发生,也成为泛灵论(万有灵论)的基础;后者有方向与目的,以奖惩为动力,以暴力为后盾,其统一有赖于目标与理性认识的统一。读者可以参阅本书导论部分。

笔者这里谈一谈闲散怡悦的美学心态与视角。前文笔者曾以狗为例子,讨论清静无为、追逐目标、相互争斗三种心态对人类世界观及人生观的影响。[5] 人类学家认为,一万年前农业革命后为未来投资,人类才开始劳动;五六千年前人类进入文明后产生了有闲阶层而用于监工,才养成目前这种工作时间长于娱乐时间的习惯。这尚且未将家务活算在内。人类学家作了大量的调查研究,证实上述结论:从整体来看,原始落后的民族悠闲自得,先进发达地区的人整天忙忙碌碌。

本书导论二部分曾指出,在原初社会,人们在闲暇无事时观察世界,会同他们自身的感受与以往的记忆,作为对世界的认识,因而他们看到的是包括自己在内的整个世界。二级社会有其目的,形成与这一目的相适应的意识形态,个人的认知主体受社会意识形态的影响。这样看来,原初社会的人们像动物一样,以一种闲散怡悦的心态看世界,也就是本文提出的美学这一概念:这是一种视角,一种心态,也是一种生活方式,一种接近自然的原初社会生活。

这里得出本章的一个主要结论:二级社会的人生观围绕着社会与个人的目标,也就是所谓人生意义,即功利主义的;原初社会的人生观着眼于闲适娱乐,此外并无目标与功利可谈,人生本身就是美,无须二级社会的目标与意义的装饰。作者认为,《易经》《道德经》《论语》所表达的生活态度正是这样。

这里讲的人生意义与功利主义都是就社会与个人的人生态度来说的,不可像分析哲学、符号学那样孤立地分析一件事,说人类一言一行都是有目的、有意义的。用美学与功利分别代表原初社会与二级社会时发现,美学可以涵盖周围事物,只有无功利的闲适娱乐心态才能与周围自然界情景交融,天人合一;也只有在没有功利之心的情况下,这种情景交融、天人合一的心态才能影响一个人的行为。现在人也可以有情景交融的感受:一个人在大自然美景的欣赏中,完全忘掉自己,好像自己完全融化在美景之中,也就是人之情与自然之景的融合。至于这种由自然环境到人的心态、由人的心态再到人的行为的影响有多大,在多大程度上决定了人的行为,此处难以论定。本文也不想附会流行的说法:天人合一的人类不会破坏生态环境。如果说孔子的礼乐制度注重美学意义的话,这种礼乐美学心态在功利主宰的二级社会里是不会对整个人类行为发生多大影响的。

人造二级社会的文化首先影响那些文明发达的地区,因而首先影响城市与男人。在人类生活中,正是女人较男人,小孩较成年人,有艺术倾向的人较经济实业家更少受所谓文明的污染。老庄行文之间时时强调的正是女性、婴幼儿、动物以及超然物外的美学视角。在遇到隐者时,孔子长叹说:“鸟兽不可与同群,吾非斯人之徒与而谁与?天下有道,丘不与易也。”这些话提示孔子着眼人类社会,但孔子的理想社会不是秦汉之后的帝国,而是西周与《易经》时代的原初社会式超级大国。所以孔子这里所讲的道与道家之道并没有本质的区别,只是着眼点的不同。老子与孔子从不同角度把原初社会生活理想化与美学化了。

三、文化起源于闲适娱乐:贯穿动物与人类的玩耍与游戏

笔者曾将文化定义为如何使用业余时间,而业余时间为饮食与安全等基本生理需求得到满足后剩余的时间。笔者注意到,进入文明前人类与动物一样,把业余时间用来放松自己,享受即时的快乐。笔者曾著有长篇论述:业余时间与业余时间的闲适心态是人类文化、文明发展的基石。[6]

上面提到老庄以自然与动物为榜样。年幼的哺乳动物把它们业余时间的很大部分用来玩耍游戏。人类把这种玩耍游戏的习惯保留终生,这包括体育竞赛、棋牌游戏以及各种艺术活动。现以人们熟悉的小狗玩耍游戏为例,说明包括人类艺术活动在内的这种玩耍游戏的特点:

1)开始时,换上一种特殊的心态,这里称为美学心态,即一种超越功利与现实的心态。

2）玩耍游戏首先是集体的，小狗可以独自玩自己的尾巴或一个线球，我们假定它们是与一个假设的同伴玩耍。同样道理，个人艺术创造是表现给他人看的。艺术品是心理情感交流的媒介，从下面提到的黑猩猩等作画看来，这种交流是穿越动物种属的。

3）玩耍游戏有固定的形式，即每个成员都得克制自己以遵从游戏规则，甚至服从一个临时领头者；同时，每个成员有一定程度的自由余地，留给创造性。一个个体的创造，可为其他成员注意而模仿。除下面提到的心理情感交流外，它们之间的交流还包括姿态动作等现实影像与声响在内，这与人类的语言与符号并没有本质上的区别。

4）玩耍游戏的内容包括生活与记忆的成分，像人类的梦与文艺作品一样，是对现实的一种折射。

5）玩耍游戏对于参与者有怡悦的效果，一种美学感受；玩耍游戏同时据有加强成员之间的情感与心理层次上的联结，即玩耍游戏的社会心理功能。在人类语言引入后，一个玩耍游戏本身可据有一种能表达成语言形式的目的意义，这种目的意义不超越玩耍游戏本身，如打篮球时追求投篮进球与赢对方。

动物学家一般认为，成年哺乳动物失去了玩耍游戏的习惯。但这里有少数例外，如黑猩猩与大象等被证实有用不同颜色的染料在纸上作画的习惯。人如果打断它们专心致志地作画，它们会大发雷霆。所以我们有理由说，这些动物有美的感受能力。这也是作者在上文用美学心态同时描述动物与原初社会人类的主要考虑。长臂猿有集体长鸣的习惯，称为大合唱也未必是夸张。猿猴有相互修整皮毛的习惯，它们显然是用修整皮毛来巩固相互的社会联系。人类学家认为，裸体的人类用相互聊天代替猿猴的皮毛修整。人类在无所事事时聊天、摆龙门阵，无疑是一种玩耍游戏，与严肃的问题讨论不同。如此看来，成年哺乳动物在某种程度上保留了玩耍游戏的习惯。

笔者这里想着重指出，人类与动物之间的生物性差别甚微，无论身体、脑子以及遗传物质（DNA）等方面人类与黑猩猩差别很小，二者生活的巨大差异来自人类异化的文化传统。动物与人类一样，常常混淆玩耍游戏以及想象与现实生活的界限，将前者的创新用于后者。在非洲的森林里，科学家们观察到黑猩猩集体捕捉猴子的情形：五六个黑猩猩分成两组，两三个在树上追逐一只猴子，迫使它从一个固定位置跳下，该处已经隐蔽有两三个黑猩猩，等待它跳下来时一起上前捉住它。

我们这里可以断定：这些黑猩猩在开始时脑子里有同样一幅想象的情景：它们清楚地知道整个事件的未来演变趋势。黑猩猩如何达到如此一致的共识与如此复杂的合作呢？它们不会像今天人类那样由一个天才昼夜苦想出某个完美方案然后说服众人，它们只能是无数些微创新的长时间积累。这些点滴创新或者出现于放松与玩耍游戏之时，或者出现于类似狩猎的行动之时。即使在后一种情形，创新的想法也不会来自那聚焦追逐目标者，而是来自那些闲暇等待者，即无论前者或后者，创新都来自一个闲适娱乐与玩耍游戏的心态。至于黑猩猩如何将个体的创新传达给团体内所有成员以达到共识与合作，它们更可能通过影像的记忆与联想以及刺激这些记忆与联想的实际动作及情景，而非语言符号。笔者认为，它们交流的基本单位可能为数很少而且界限模糊，即使这样，这样的交流单位与人类的所谓概念并无本质的区别。

虽然学术界仍认为文化起源于劳动与生产经验的积累，从本文道家闲散业余的独特视角来看，更确切更接近事实的描述应为：文化来源于点滴创造的积累，而创造大多来源于业余时间的闲适心态，在人类文明史中那些不断升级的战争压力下，只不过那些与生产劳动相关的创造得以积累罢了。

四、玩耍游戏变真：人类二级社会的生活与文化

人类的玩耍游戏虽然与动物玩耍游戏一样具备上述五个特点，但由于语言的引入，大大加大了自由创造的余地。杰尼斯认为人类主体意识是一种以语言为基础的文化建构。[7]这种看法正在被越来越多的人接受。中国古代盛产的长臂猿有在清晨醒后集体啼鸣的习惯，也正因为此，李白才有“两岸猿声啼不住，轻舟已过万重山”的诗句。由此看来，人类聊天与语言哪个在先，难以定论，早期人类可能像长臂猿集体啼鸣一样，用手势、姿态外加发声进行类似的聊天，至少这是促使语言发生的重要动力。与文化一样，语言创造可能来源于一个闲适玩耍的心态。孩子们至少很大程度上是以玩耍游戏的心态看待生活的。在孩子的心目中，周围永远是一个充满幻想色彩的温馨世界。许多事实表明，古代原初社会的人们也同样生活在这样一个充满幻想色彩的温馨世界里，这也是本章用“美学”二字概括其社会生活的原意。

一定数量词汇的发明导致虚拟场景的语言表达，人类聊天与玩耍游戏就发生了质的跃进。这里的虚拟场景指用语言虚拟一个生活的场景与过程，就像今天的小说那样，依据作者生活经历，又有创造虚拟的成分。二者的区别仅

在于:古代人虚拟场景简单,而现代小说复杂而已,但本质没有区别。我们今天的儿童游戏甚至糅入三国、西游的故事。伦斯基(Gerhard Lenski)依据信息传递将人类社会文化进化分为基因、经验、符号/逻辑、语言/文字四阶段。[8]动物应当有基因与经验的信息传递,也就是上面提到的黑猩猩由创造积累形成的文化。真正的符号/逻辑系统需要语言的引入。语言引导的聊天与玩耍游戏具有猿猴皮毛修整所没有的广阔的演变空间。

虚拟场景一旦引入实际生活,也就是玩耍游戏与实际生活的混淆,将玩耍游戏变成了现实,这导致人类生活发生了质的飞跃。这种人类虚拟各种可能性后的不同选择与动物式的经验积累有本质的不同。笔者推测,语言发明与主体意识的出现,使人类面临许多可能,不同人有不同的选择与设想,但这不足以出现个人驾驭庞大社会的想法而使人类进入二级社会。原初社会可以稳定地容纳不同人的不同想法,像孔子那样,用美学为基础来和谐各种不同。战争可能是人类历史上唯一迫使人类容忍集权以提高效率的因素,虽然其他可能因素一时也难以除外。二级社会的最终建立导致了马克思说的人类异化,人类成了自己的创造物即二级社会的奴隶。

由于中国古代超级大国对局部战争的有效控制,使中国长期停留在原初社会层次,中国古代思想家们因此得以从原初社会考虑问题,从而有道家的闲散业余的独特视角以及孔子的将社会人生美学化,也促成了李泽厚的中国古代乐感文化说。

这里顺便提一下劳动的问题。笔者至今尚记得二十世纪五十年代"农业合作社"刚刚成立时,突然加大的劳动集体,边劳动,边说笑,笑声与歌声不断,再加上前呼后唤,与其说是劳动,不如说是一场难得的娱乐活动。我常想,西周农民集体耕作也同样如此。现代劳动,面对机器,一个人整日重复同一动作才是需要忍耐的劳动。有研究指出,有数个人或更多人边工作边聊天的工作场合能够提高工作效率,因为这有上文提到的玩耍游戏的性质。在现实生活中,劳动与娱乐的界限经常难以界定,笔者相信在夏商周三代缺乏二级社会建制的情况下,劳动不会脱离娱乐太远,仍在美学的框架内。只有强大的国家机器才能锁着成千上万的奴隶而迫使他们日夜劳动,只有现代经济运转的机制才能够将受了近二十年教育的人群分隔在单人隔子里做重复劳动而用电视荧屏监视之。

总之,二级社会层次的一种特定的文化和宗教代表原初社会玩耍游戏的一种形式而已。二级社会的多样性与原初社会玩耍游戏的多样性相当。老子、孔子仍以原初社会业余时间用于玩耍游戏的传统来看待人生，也就是美学的人生。

近代历史上，西方在全球范围内扩张，使人类学家得以研究相对落后的民族以同西方文化作比较。他们的观察也支持本文结论：与西方现代人比较，他们的闲暇时间很多；他们心态平和，对不同人表现出惊人的容纳与忍耐，结果是很少暴力的和平生活。因为他们的心态更接近自然，他们表现出惊人的耐性，一个人在生疏的医院门诊等几个小时也没有一点不快，旁边的西方人早就火冒三丈而捶胸顿足了。[1] 人类学家对世界上现存原始民族的研究发现，与现代人相比，原始民族更容易进入宗教式的幻觉心态，更不容易分辨现实与梦幻的差别。现代人要经过常年的修炼与繁琐的宗教仪式才有希望得到类似的宗教经验，即所谓极乐世界。用功能性核磁共振成像术（fMRI）研究发现，人类回忆过去的经历与幻想未来动用同一大脑部位。人们实际看到一幅实际景色与幻想同一景色的大脑活动大致相仿。笔者曾专门论述幻想与现实，结论是："大脑活动如此复杂，一个幻想与一个现实不可能完全一样，但这并不能否认幻想与现实在大脑高级层次上可以大体相同这一结论。"[5]经历过宗教式极乐世界经验的人，认为现实世界的任何快乐都不能与其相比。现代宗教追求也包括宁静，所谓了无思绪的清醒状态（thoughtless awareness）的有无正是上面提到的医院门诊等待室的对比：现代人已经失去了他们祖先曾经据有的这种能力。现代人像蚂蚁一样昼夜不停，首先是他们的脑子失去了这种了无思绪而又保持清醒的能力，他们的脑子不断地自言自语。

五、从宇宙进化的多层次、主体意识形成看孔子的美学社会生活思想

只有将人类社会放在宇宙进化的大视野中才能理解原初社会与二级社会的本质区别，才能理解孔子将原初社会生活美学化的真正含义。从本书导论二部分的宇宙进化表中可以看出，宇宙连同人类生物界是一个多层次进化、多层次运作的系统，不同层次之间不可逾越，它们有本质的不同。

笔者推测，人脑左右半球的分工及其联结可能是人类建造二级社会的神经学基础，用以说明两级社会不同层次式的区别。语言与理性思维是左脑功能；右脑功能更近于美学。这里讲的左右脑分工是就大多数人来说的，二者分工有一定的相对性与可变性，正如语言与理性思维也可能勾引起一个人的情

感等美学感受体验。

原初社会的人有文化,也有意识,但维持社会和谐与稳定的力量是潜意识,是相互之间的情感联系;二级社会的结构与其稳定主要依靠人们意识层次上的理性认识。笔者这里采取杰尼斯对主体意识的定义:对个人记忆与思维有反省与回忆的能力,形成大脑里不停地以我为主体的自言自语与连绵的思绪。这种主体意识需要语言的概念与结构,也需要线性时间与三维空间的概念,使脑海里“我如何如何”的自言自语成为可能。笔者曾论述说,这种主体意识对死亡存在有不可逾越的理解认识上的障碍。作为一种文化建构,主体意识没有死亡,而身体有死亡。这有如,电脑软件没有寿命,硬件有寿命。如果有一天电脑发达到可以将人类主体意识与所有记忆在死前全部转录到一部电脑上的话,人的主体意识即可在电脑中继续存活。[5,6]这导致一个重要结论:人类五万年前的丧葬仪式是主体意识存在的直接证据。中国人的祖宗崇拜出于同一原因,与一般宗教有本质上的不同,但可归为万有灵论的一种。

主体意识的出现不足以导致人类停止原有的与其他动物相同的自然社会生活。在夏商周三代特有的社会形势下,这种自然社会生活可以发展到高度文明的程度,其本质仍为自然生活,本文统以美学一词概括。战国前互补的儒道两家虽然可看作原初社会生活的哲学式提升与概括,但这如同用文字概括一幅艺术作品一样,未必全面如实反映原初社会现实。另外,古人对艺术、语言远比现代人敏感,因为他们接触的机会远少于现代人,即古人对老子、孔子言语的感受可能与现代人有本质的不同,更接近美学体验。

主体意识从不同角度认识世界与理解社会生活即形成不同的理性认识系统。西方哲学,从苏格拉底、柏拉图到尼采、维特根斯坦的哲学观点,都可看作是二级社会的不同理性认识系统,这反映了二级社会多方向、多种类的现实。古希腊时代、中世纪欧洲以及近代欧洲社会生活的指导思想有较大的不同,是从不同历史阶段展示二级社会不同理性认识系统的存在。战国以及秦汉之后的儒道两家也是二级社会的不同认识系统,它们从不同角度认识理解二级社会的生活现实,并提供个人不同的应对策略。儒道两家同以原初社会为理想本身意味着二级社会的多种可能,原初社会没有自我标榜的内在需要。

泰勒(Steve Taylor)认为现代人清醒时脑子里不断自言自语地想事是以线性时间概念为基础的,这种自我反省式意识开始于六千年前父权社会的建立与扩张。泰勒对比文明发达民族与今天尚存的落后原始民族的意识,认为二者之间有巨大的差别,前者有主体意识,后者接近无主体意识状态,如上面

第四节提到的惊人耐性。[1]

本书导论二部分的宇宙进化表中所列二级社会性灵与美学的追求是向原初社会的回归,也是对二级社会不足的弥补。

六、孔子的社会生活美学化思想

本章是用美学来概括原初社会式生活,孔子以这种生活为理想,反对以奖惩与物质利益组织的二级社会生活格调,并终生奔波以恢复这种面临消失危险的人类理想生活。这里引用宇宙进化表以说明这两种生活的本质不同:1)原初社会:美学,怡悦,本能,直观,和谐,天人合一,人的原有世界;2)二级社会:功利,奋斗,理性,方向性,矛盾冲突,天人二分,尚未为人所把握的神的世界。

孔子学说的核心是“仁”。孟子说:“仁者,人也。”人是群居动物,而“仁”由数目字“二”与偏旁“人”组成,其含义也就是群居的人,即人类社会生活。孔子把人类社会生活看成一种美,并用这种原枝原叶的美来组织规划人生与社会。孔子的礼教是以仁为基础的,他说:“人而不仁,如礼何?”另一方面,孔子回答弟子们问仁,又给予了种种不同而似乎矛盾的说法,从仁者爱人到克己复礼不等。这说明孔子的“人”是原初社会中的自然人,而非二级社会的某一种人。

孔子终生为恢复西周礼乐秩序而奔波,表面看来是功利的,但孔子显然把礼乐秩序本身看成生活的一部分,所以他说,“兴于诗,立于礼,成于乐”“乐节礼乐”“人而不仁,如礼何?人而不仁,如乐何?”(译文:“从吟诵诗篇激发热情,然后以礼仪建立生活秩序,最后聆听音乐来成就一个人的宁静与高雅的身心气质”;“乐于用礼乐调节生活”;“为人而无仁爱之心,有礼仪又有什么用呢?为人而无仁爱之心,聆听音乐又有什么用呢?”)(论语,8:8,16:5,3:3)即在孔子的心目中,礼乐秩序本身是一种生活的美。这犹如家庭矛盾的和解过程本身就是生活一样,谈不上功利价值的。“仁”或“人”是孔子“礼”的基础。

孔子说:“文质彬彬,然后君子。”即把形式美放在心灵美的前面,而不是相反。形式美是有目共睹与贯穿古今的,虽然有些许差异,但人人都以花为美。作为心灵美的道德、正义、公正等社会理念很容易受阶级利益的影响而指向不同方向。这进一步说明,孔子学说以基本人性之美为出发点,既非孟子的大丈夫浩然之气,也非屈原式的洁身自好。《论语·乡党》记载孔子在不同生活场合的行为表现,通常将之解释为:孔子时时刻刻遵循礼仪。这里也可以解释为:生活本身就是美,首先是形式的美,自然的美。

孔子这种美学思想导致一个必然结果,即孔子以“中和”“中庸”“温柔敦厚”等为美,不偏激不固执,也就是反对向不同方向分化的思想,以防止二级社会的出现。孔子安贫乐道,讲“乐而忘忧”;说“饭疏食,饮水,屈肱而枕之,乐亦在其中矣。”(论语,7:15)孔子明显反对当时正在出现的以物质奖惩组织二级社会的思潮。笔者这里将论语中“智者乐水,仁者乐山”也归于这种中和思想:智慧之人不谋求出人头地,而是向往水的柔弱向下;仁爱之人不以众人的感激为满足而又不追求头领地位,而是向往高山的崇高与伟大,富有包容的胸怀。

美学层次有好坏,没有对错,这也与原初社会与业余玩耍游戏视角相一致。二级社会有方向、有目的才有对错。这就是孔子的大一统包容思想,容纳与自己意见或主张相反的人和事,一起构成大一统的和谐美。孔子主张无可无不可,即反对二级社会阶级分化与相应的理性原则。孔子本人的言行可为他自己的无可无不可主张作注脚——他对季氏破格的舞乐行为极为愤慨地说:“是可忍,孰不可忍?”大夫家臣叛乱邀请孔子,孔子却很想应邀参与,导致子路不悦。(论语,3:1;17:5-7)同样是下属叛乱,孔子周游列国时答应了卫国蒲地叛乱人员的条件而不遵守,反而特意返回促使卫国国君派兵讨伐。子贡问:“盟誓难道可以不遵守吗?”孔子回答说:“要盟也,神不听。”(史记·孔子世家)其实,蒲地叛乱人员并没有要挟孔子,是双方讨价还价的结果。孔子这里援引神替自己辩解,又与孔子不语怪力乱神相矛盾。可见除了实用外,孔子并没有客观的道德标准。孔子的实用在美学指导之下,原初社会没有凌驾于人类之上道德法律的条条框框。孔子的这种态度与孟子等后来的儒家学者形成了鲜明对照。

七、结论

将原初社会生活理想化与哲学化的道家基于人生的闲适娱乐观,没有丝毫的功利思想。孔子曾师学于老子,却竭力遏止社会混乱无秩序的状态,终生为恢复周礼与恢复西周式的理想社会秩序而奔波,但孔子的立足点仍是心灵的快乐,而非二级社会的功利。由周公建立、孔子大力提倡的所谓礼制不过是一套有利于社会稳定与和谐的娱乐规则罢了，与动物的玩耍游戏相去不远。由“文质彬彬而后君子”和《论语 · 乡党》的诸多生活细节看，孔子是用形式的美来推动社会生活的美学化，以恢复原初社会生活。老子的功绩在于，他把古代原初社会实质提高到哲学高度；孔子的功绩在于，他在将生活形式艺术化的同时将人类原初社会的生活方式提高到一个新的美学高度。

参考文献：

[1] Steve Taylor (2005): The Fall: The Evidence for a Golden Age, 6000 Years of Insanity, and the Dawning of a New Era. Winchester UK: O Books.

[2] You-Sheng Li (2010): The Ancient Chinese Super State of Primary Societies: Taoist Philosophy for the 21st Century. Bloomington, USA: Author House.

[3] 于丹(2006):《论语》心得。北京:中华书局。

[4] 李泽厚(2008):新版中国古代思想史论。天津:天津社会科学院出版社。

[5] 李柚声(2009):换个角度看人生,看世界:21 世纪中华道学。北京:线装书局。第 253 -256 页;第 189 - 194 页。

[6] You-Sheng Li (2005): A New Interpretation of Chinese Taoist Philosophy. London, Canada: Taoist Recovery Centre.

[7] Julian Jaynes (1976): The Origin of Consciousness in the Breakdown of the Bicameral Mind. Boston: Houghton-Mifflin.

[8] Wikipedia (3 March 2011): Sociocultural evolution. (http://en.wikipedia.org/wiki/Sociocultural_evolution)

第三章

从均平社会思想看孔子

摘　　要:近年来,孔子不患贫而患不均的思想常被作消极理解。其实,均平社会思想是孔子的一贯思想,和他反对诉讼与刑杀的主张以及大同学说相一致。本文引用人类学研究资料与春秋末年政治经济现实说明:不患贫而患不均是原初社会人类的普遍要求,符合孔子时期的社会情况,而中国后来的历史证实了孔子的论断:不均给人民带来巨大的灾难。中国在战国时期进入二级社会,所以孟子与荀子都失去了孔子的均平社会思想,他们在承认阶级差别的基础上阐发儒学。相比之下,孔子的均平社会思想有更长远的眼光,更深刻的考虑,两千多年后的今天,仍不失其积极意义。

精彩摘句:作者相信,当今世界面对这一可能途径:不是战争与竞争推进经济发展,而是人类热爱生活与享受生活本身推动物质文明与精神文明的同步发展。

《道德经》中关于小国寡民的论述说明老子以史前的原初社会为理想社会,老子又认为好的政府存在不为它的人民所知。人类文明史以来的所有政府都没有达到老子的这一标准,相反,现代政治学倾向于让人民自己来组织政府,并监督政府的行为,与政府不为人民所知的理想走向恰好相反。老子的政府理论仍有它的道理,不同的层次用不着相互了解,正如字母与汉字并不知道著作内容的含义,人体细胞也不知道人的悲欢哀乐,因为它们处于不同的层次。对人类社会有如此深刻的理解,老子才作出“天降甘露而民自均”的著名论断,即均平社会出自人类天性。孔子也同样展现了均平社会的思想,此为后来的孟子、荀子等人所不具备,从而进一步证实孔子曾师学于老子,受老子思想影响,也进一步证实笔者的论断:夏商周三代直到春秋时期,中国人的主要社会生活层面是遗传编码的原初社会,而非人造的二级社会。[1,2]

一、人类天性喜欢平等友好的社会环境

二十世纪八十年代改革开放初期,中国曾在全国范围内批判过所谓红眼病现象,以鼓励一部分人先富起来,起个带头作用。人类对财富与权力的聚集有先天的反感,这是史前均平社会得以维持的重要支柱之一,即中国人所谓“人怕出名猪怕壮”“枪打出头鸟”。既然人类天性喜欢平等友好的社会环境,人类就乐于为之付出代价。这就是孔子的不患贫而患不均,人们宁可忍受贫困也不愿意少数人富有,更不愿意他们成为在自己头上发号施令的角色。

在均平社会中,个人的才能与贡献不能转化成权力与私有财富。詹姆斯·乌德伯恩(James Woodburn)论述这背后的原因说,均平社会强调食物分享,从而建立起推崇慷慨与忽略个人能力和贡献的文化传统,造成一种社会压力:不要使自己突出到似乎比别人值更多的酬报。在昆桑、巴姆布提、哈德扎(! Kung, BaMbuti, Hadza)等以狩猎采集为生的民族中,那些炫耀自己打猎技术的男人受到嘲笑,并受到非正式的制裁。[3,4]

自公元前3000年到公元1500年这四千多年中,非洲大部分居民生活在分散的社区之中,只有当外部压力或其他共同关心的问题发生时,才组成临时的协调机构。一个集体不允许某人变得特别有权力。强大的社会压力迫使富有者把财富分给别人。尼日利亚地区在公元七世纪有个依哥波(Igbo)民族,在他们的语言中“富人”一词含义为:给我点什么。社会成功的人被指责使用了魔法。在这四千多年中,有时也有国王出现,这样的王国通常是君主立宪制,国王权力受到制约与平衡。社会迫使他们分散财富,严格限制资本积累,以防以私有财产为基础的阶级出现。当一个国王不再受欢迎时,甚至可能被迫自杀。[5]

孔子所处的时代,是原初社会系统最后解体的前夕,社会上尚有推崇均平的强大社会力量。即使到了战国时期,农家许行的学说还主张国王也要耕而

食。《墨子·鲁问》中提到,"子墨子曰:'夫鬼神之所欲于人者多,欲人之处高禄则以让贤也,多财则以分贫也。夫鬼神岂唯擢季拑肺之为欲哉?今子处高禄而不以让贤,一不祥也;多财而不分贫,二不祥也。(译文:墨子说,鬼神对人类有很多要求,要求处于高位而拥有丰厚俸禄的人,把自己的位置让给贤能的人,要求拥有众多财产的富人们将自己的财产分给贫穷的人。鬼神难道仅仅要人类放在祭祀桌上的那点食品与祭物吗?现在,您身处高位而不让给贤能的人,这是第一个不祥之处;您拥有众多财产又不分给贫穷的人,这是第二个不祥之处。)"这说明当时中国有与古代非洲相同的社会要求:握有权力与财富的人应自动将之分给别人,防止权力与财富过分集中而出现手握生杀大权的强权阶级。

二、孔子的均平社会思想

均平社会思想是孔子的一贯主张,在这一点上,孔子与墨子以及农家许行相近。生活在战国时期的墨子与许行都有一套具体标准与措施,因为他们有了二级社会的体验。孔子除了大力提倡仁政外,没有列出任何可供实施的标准与措施。这一点也与原初社会体系的现实相符,原初社会的运转支柱是人性本身,而非某种制度与措施,所以孔子仅仅强调人性的内涵"仁",同时极力反对不均。原初社会也有差别,其差别在人心的可容忍范围之内,财富与权力还没有挂钩。

《论语·季氏》中记载孔子说:"丘也,闻有国有家者,不患贫而患不均,不患寡而患不安,盖均无贫,和无寡,安无倾。"一些版本作"不患寡而患不均,不患贫而患不安",似与后边的"均无贫,和无寡"相矛盾,另"盖均无贫"已经有了"不患贫而患不均"的含义,故这里依据崔丽编校的四书版本。[6]

在这些话里,孔子论述得十分清楚,只要社会均平,就没有贫穷,宁可要贫穷,也不要不均平。《论语·泰伯》记载孔子说:"好勇疾贫,乱也。"即孔子认为,不安于贫困而好勇就会导致社会混乱。孔子主张忧道不忧贫,并不一概而论地反对财富,所以他说:"邦有道,贫且贱焉,耻也;邦无道,富且贵焉,耻也。"(论语,8:10,8:13)

孔子的理想社会是礼乐制度制约的等级制,天子、诸侯、大夫、庶人各居其位。这种等级并不赋予身居高位的人以主宰一切的特权,在某种意义上说,孔子的等级制度中各个等级之间有着广泛均平的成分,和后来的典型阶级社会相比,更接近原初社会的形态。印度历史上的政权多为异族建立,这一个被打跑了,又来一个,但基层社会保持不变,更接近均平社会。前面已经讲到,在天子、诸侯、村落三级中,各级社会内部可以是均平的原初社会或准原初社会,而天子对诸侯、诸侯对村落,在理论上也可以按原初社会平等互惠的原则来处理相互的关系。[2]所以《论语·颜渊》记载孔子论述处在高位的人如何对待下人时说:"出门如见大宾,使民如承大祭,己所不欲,勿施于人,在邦无怨,在家无怨。"从孔子的这些话里,我们看不出任何二级社会强权的存在。《论语·尧曰》中的"兴灭国,继绝世,举逸民",更是均平思想的体现。(论语,12:2,20:4)

这里举在中印边界上一个名叫阿帕坦尼斯民族的例子,其生活状况与我国古代人民非常接近。在二十世纪六十年代,他们有11000人,住在一个山谷里,分成七个村,他们有共同的语言与文化,却以家庭与村落为主,村落之上没有形成任何固定的政治管理体系。与周围山地残酷的阶级社会相对立,他们生活在没有阶级的均平社会中,他们甚至男女平等、婚姻自由。他们在宗教仪式中分成高低两种人,高等人在政治与经济生活中毫无特权。以家庭为主的社会结构导致某些家庭富有,而这些富裕家庭定期款待村人,甚至招待所有阿帕坦尼斯人。如果致富的目的是免费招待他人,财富积累就会是有限度的。这种限度并没有具体规定,以人心感觉为准。这为孔子的均平社会思想提供了一个很好的说明:诸侯、卿大夫的存在并不一定意味着政治与经济的不平等,而不平等的程度由人心而定,即停留在人心所能容纳的范围之内。[7]

孔子"己所不欲、勿施于人"的话已经在今天的世界上广泛流传,成为人与人平等交往的行为准则,但并不用于二级社会权力的行使。权力的行使正是"己所不欲而施于人",如死刑与监禁等。所以孔子上面的话说明,夏商周三代时期,天子与诸侯、诸侯与村落之间的关系仍接近原初社会平等互惠的原则。这也进一步说明,孔子的确想要建立一个没有诉讼与刑杀的社会,而孔子的这种理想社会只能是均平的原初社会。

由于原初社会的体系在战国时期被彻底摧毁而一去不返,人们很难全面了解孔子思想,结果孔子均平社会的思想几乎无人问津,甚至被当成平均主义来批判。这里有必要强调的是,孔子的这种均平社会思想是与当时的中国政治经济形势相适应的,并不是孔子异想天开的别出心裁。孔子均平社会的思想基于对人类社会的深刻理解,有不可替代的积极意义。

《论语·子路》记载说,樊迟向孔子询问务农种地的事,孔子不高兴地说:"上好礼,则民莫敢不敬;上好义,则民莫敢不服;上好信,则民莫敢不用情。夫如是,则四方之民,襁负其子而至矣。焉用稼?”如果当权者实施礼、义、信的儒家信条,用德政吸引人们,四面八方的农民都要携儿带女地赶来,儒家信徒们就用不着亲自种庄稼了。(论语,13:4)这说明当时的农民普遍具有自由迁移与选择邦国的权利,只有大多数农民具备这种能力时,听说有一个好政府后,他们才能从四面八方赶来。那时的中国农民还与史前原初社会的人类相近,他们没有多少私有财产,手脚就用来携带孩子了,但地广人稀,他们却占有丰富的自然资源。

根据专修中国古代史的王玉哲的观点,当时的地理经济形势可能正是这样。王玉哲认为,西周时期,当时的中国只有散在各地的据点为所谓华夏人居住,之间夹杂有各种少数民族居住,到春秋时期各国之间还存在大片荒地。[8]这种状况到战国时才得到根本转变,即使战国时期,商鞅还制定政策吸引中原各国的农民到地多人少的秦国来开荒。《礼记·檀弓》记载说,孔子在泰山西侧碰到一个逃避政府的妇女说,她家三口人被虎吃了。孔子听后感慨地说:“苛政猛于虎。”这说明,地处中原各国之间的鲁国内地在春秋末年还有政府管理达不到的荒地,这种荒地人烟稀少到猛兽肆意为害的程度。

卡尔内罗(Robert L. Carneiro, 1927—)首先提出人类文明发展的自然屏障学说,即地域限制因子在文明发展中的作用。这种学说认为,让那些要摆脱国家控制而向周围迁移的人蒙受重大损失,导致生活水准的大幅度下降,人们为避免蒙受损失而忍受国家的控制与国家带来的不平等。[9]孔子“苛政猛于虎”的故事正好提供这样一个例证,说明当时的鲁国可能刚刚具备迫使人民忍受国家存在的地理条件。但这一记载又与孔子“四方之民襁负其子而至”的说法相抵触,只能说明这种地理条件刚刚出现,还属个别现象。当政府把自己的领土全部严密控制之后,无论向邻国还是向荒野迁移都是不可能的。

现代财富积累文化指导下的政府用税收保证穷人们有最低生活保障,然后让人们拼命发家致富。这种体制需要强大的经济基础,需要经济体制不为坏人利用的政治保证。这种政治保证都是基于人性不可信任这一理念的,如古希腊公民聚会选举领导,陪审团投票决断刑事案件,同时建立庞大的商业生产体制,雇用了大部分社会成员。在孔子时代的中国仍以原初社会为主要社会生活层面,显然不具备这些条件,就是说:用扩大穷富差别的办法刺激生产来提高穷人的生活水平会导致相反效果,所以孔子极力反对。在当时地广人稀的情况下,一般来说,人民没有饥馑的威胁,若饥馑存在并成为社会问题,孔子就用吃饱饭来吸引四方的农民了。孔子的儒家学说用于吸引人的办法只是均平社会的安定友好的社会环境,即孔子所说的"礼、义、信"等说教。总之,孔子所推崇的均平社会是当时社会经济形势使然,并非像今天人眼里的乌托邦。

三、孟子与荀子均缺乏孔子的均平社会思想

除了孔子说的德政之外,让人民从四面八方携儿带女赶来向当权者聚拢,还有一个办法,孔子不知道,也不愿知道,那就是用一支强大的军队把他们像赶羊那样赶来。这一办法需要两个前提,一是有足够的粮食养活一个庞大的军队,二是把荒地都管理起来,使邦国一个紧挨一个,这样那些对残酷的国家管理不适应的人就没有地方可逃。这样的经济地理条件在战国时期成为现实。

孟子的父亲先去世,母亲后去世,而这期间孟子自己变得富裕起来,所以孟子埋葬母亲的规格比埋葬父亲的高,引起人们的议论。《孟子·离娄下》又记载了一个故事,说一个齐国人天天出城到郊区坟地用乞讨的办法讨取酒食,每天回家时都喝够了酒,吃饱了肉。他向自己的妻妾吹嘘说:他天天与富贵朋友们聚餐。这些记载从侧面提示当时人民的生活水平可能有了较大的提高,这符合当时的历史情况:铁制农具第一次普遍使用,而此前主要依靠石头、木材、骨与少量青铜制造农具,再加上冶铁技术的不断提高,对农业生产无疑是一个革命性的变化。《孟子·尽心上》说,一个男人耕种,八口人的家庭足够吃饱饭了。这样高的生产率至少不低于清朝末年北方农村的生产水平,就是说,中国经过两千多年的发展没能超过战国时期达到的生产水平。

这里称之为农业革命并不过分。但这和近代欧洲史上的工业革命一样,等待人民的不是他们渴望的和平与安定,而是不断增长乃至穿天入云的欲望与野心。生产发展刺激人口增长,也刺激财富占有欲,导致严重不均,而不均刺激权力欲,这是一个永远填不满的无底洞。这种燃烧的权力欲转化成不断升级的战争,就开始成千上万地吃人了。其结果是恰恰为孔子所言中——不患贫,患不均,即在孔子时代,不均比贫困危害大得多。这种变化首先表现在诸侯及其卿大夫身上。《孟子·梁惠王下》记载齐国宰相晏婴的话说:"天子适诸侯曰巡狩,巡狩者巡所守也。诸侯朝于天子曰述职,述职者述所职也。无非事者,春省耕而补不足,秋省敛而助不给。夏谚曰:吾王不游,吾何以休;吾王不豫,吾何以助。一游一豫,为诸侯度。今也不然,师行而粮食,饥者弗食,劳者弗息,涓涓胥谗,民乃作慝,方命虐民,饮食若流。(译文:天子到诸侯那

里,叫作巡狩。巡狩就是巡察各地诸侯所看守的土地。诸侯朝见天子叫作述职,述职就是报告他们任职的情形。没有一件事不是正需要办的:春天巡视耕种的情况,救济那些粮食不足的人,秋天考察秋收情况,补助那些缺粮农户。夏朝谚语说:我们的大王不出游,我们怎得休息?我们的大王不出游,我们怎得补助?大王出游一次又一次,给诸侯们作表率。现在不再是这样:国君们外出游历,兴师动众,耗费大量的粮食与钱财,导致饥饿者得不到食物,劳累者得不到休息,老百姓们个个都侧目而视,怨声载道。他们又违反天子的命令,虐待人民,他们饮食一点都不节制,食物钱财挥霍得像流水一样。)”

古时天子诸侯出游的目的之一是调剂有无、补助贫困,是一个缩小差距的平均行为,其指导思想就是孔子的均平社会思想,所以为人民所盼望;战国时期的诸侯卿大夫们出游则劳民伤财,是一个炫耀与扩大上下差别的行动,为人民所痛恨。这时人民即使痛恨得咬牙切齿也无济于事了,他们无处可逃,唯一理智的选择是为避免毫无价值的死亡而忍受痛苦与屈辱。从孔子“礼、义、信”的均平社会转到如此残酷的社会现实,当时的人民如何适应这一社会转变,导致多少精神伤痛,历史并无记载。一般说来,这至少需要几代人的文化转型,在这一转型过程中最容易出问题的是年轻人。孟子与韩非子都特别提到年轻人的事,从侧面提示了这一社会转型的艰难。

《孟子·告子上》说:“富岁,子弟多懒;凶岁,子弟多暴。”孟子特别指出,不是这些年轻人天生在丰收年时懒惰,在歉收年暴力,而是当时的社会环境让他们这样。我们可以设想,生活水平的提高使富家子弟吃喝玩乐的社会设施出现,统治阶级膨胀的野心极力迫使穷人家子弟在温饱问题解决之后还要加倍生产,所以出现认为年轻人懒惰的看法,而温饱之后用于娱乐是原初社会的惯例。在过去地广人稀的时期,歉收年人们可以重操狩猎采集生涯,可以向丰收地区迁移等。现在,这些可能都给政府控制起来了,劳动所得又大部分为统治阶级拿去,丰收年勉强糊口,歉收年面临饿死的可能,年轻人难以适应,所以变得暴力。他们甚至可能抱怨说:富人家子弟可以吃喝玩乐,我为什么要干活?

韩非子《五蠹》中说:“今有不才之子,父母怒之弗为改,乡人谯之弗为动,师长教之弗为变。夫以父母之爱,乡人之行、师长之智,三美加焉而终不动,其胫毛不改。州部之吏,操官兵,推公法,而求索奸人。然后恐惧,变其节,易其行矣。”父母、乡人、师长都是面对面的交往,相当于原初社会,劝说之后没有别的办法也正是原初社会不强加于人的体现,二级社会的军队只需给人扣上奸人帽子就可以加以刑罚,从而出现二级社会的统一步调。马克思主义揭示资本主义社会将工人保持在温饱线上挣扎,然后可以榨取劳动剩余价值;同样,战国时期的统治阶级也知道这样的办法,让劳动时卖力气最少的一部分人活活饿死作为懒惰的反面教材来迫使他人加倍努力,用以增加统治阶级的收入。以现在的通讯与人类认识水平,现在极少人挨饿就会让所有世人知道,战国时期通讯落后,人们对新问题认识也很慢,结果需要真的饿死大量的人才能达到统治阶级的预期效果。孟子记载说,"庖有肥肉,厩有肥马,民有饥色,野有饿莩,此率兽而食人也。(注:饿莩,饿死的尸体)"(孟子·梁惠王上)"野有饿莩"与"率兽而食"都表明饿死人的数量很大。

这里孟子所说当权者率领野兽来吃人的比喻很不恰当,野兽吃人受其天性约束,吃饱为止。人类战争杀人是不断升级与没有止境的,所以汤恩比说:"人类面对群虎而毫无防御能力时的存活概率远比现在面对自己而毫无防御能力时大。"孟子与老子一样,是真正的和平主义者,反对战争时,没有丝毫妥协的余地。孟子在《孟子·离娄上》篇中说:"争地以战,杀人盈野;争城以战,杀人盈城。此所谓率土地而食人肉,罪不容于死。故善战者服上刑,连诸侯者次之,辟草莱任土地者次之。(注:连诸侯,联合诸侯;辟草莱任土地,开辟长满野草野菜的荒地,使之成为可耕种的土地。)"

孟子这里建议将组织开荒的人定罪,可见当时开垦荒地是为了战争,而不是为了避免饥饿,更不是为了改善人民生活。孟子所说的"民有饥色,野有饿莩"可能是战国时期统治阶级的需要,不见于其他时期。其结果是战胜国不断垦荒,战败国损失人口而导致大片土地荒芜,如老子所说:"师之所处,荆棘生焉;大军之后,必有凶年。"(道德经,第30章)孟子这里把野兽转换成土地,说土地吃人肉,土地是永远吃不饱的。秦将白起一次活埋四十万赵国的降兵,仅仅放生240名童兵。同样,秦国内部也用这种残酷的办法对付那些不服从领导的人,不过规模小些罢了,如《史记》说,秦始皇一不高兴,就活埋了460个知识分子。这种吃人能力是虎狼亿万倍的政权,孔子所幸没有见到,我们相信如果孔子活在战国时期,不会讲什么苛政猛于虎的话,和字母与著作内容的区别一样,猛虎与苛政吃人不是一个级别的事,不可同日而语。

孟子与荀子同是儒家思想的重要继承者,他们生活在二级社会已经出现的战国时期,有了二级社会不同政治走向与不同生活道路的经历,这使他们对孔子思想有所扬弃。孔子的均平社会思想成为他们摒弃的部分。在原初社会中,人人有责任从整个社会考虑问题,所以孔子一直是把自己作为社会的一员而代表整个社会来说话的。孟子与荀子为适应二级社会阶级分化的现实,只能代表自己的学派来讲话。他们都把儒家学说抬高以与其他学说竞争,尤其是《孟子》一书读起来有大义凛然、咄咄逼人的味道。

孔子的核心概念是“仁”,“仁”不能代表人性的全部,但毕竟是人性;孟子的核心概念是“义”,“义”属于人类的理念,已经脱离了人性的约束;荀子的核心概念是“礼”,“礼”是社会制度。孔子忠于原初社会的理想,到了孟子与荀子时,儒学才最后发展成外在于人的一套客观的二级社会思想体系,不过儒家学说虽然适应二级社会要求,但仍以原初社会为理想社会。二级社会时期的人性发生了质的变化,出现了大批狡猾奸诈之徒,他们在社会上盘根错节,深入权力中心,危害天下。如果还像孔子那样以人性仁义之心来说教,无异于对牛弹琴了。更有甚者,他们心中燃烧着权力的欲望,却堂而皇地说是为了国家与人民。适应这种形势,孟子与荀子只能把儒家学说发展成一个外在于人的客观哲学体系。

如果说孔子将君子品格神圣化了,那么孔子和他的学生们还主要是用神圣化的君子品格自我要求,有严于律己的意思,并没有把君子跟其他人分隔开来。孟子把儒家学者的自我形象无限拔高,使之光芒四射,照耀千古。如果孟子也讲均平的话,那只能是圣人与王者的恩赐,所谓“夫君子所过者化,所存者神,上下与天地同流,岂曰小补之哉?”(孟子·尽心上)这话翻译过来说就是:君子在大地上走一趟,周围的村民就立即转化成与天地神圣相通的人了。小人在到处是人的大街上走一万趟也不会有类似效果。这样的君子已经像神一样具有超自然的能力了,这是孟子适应二级社会需要超级偶像的社会要求而发表的言论。

孟子讲究大人与小人的分别,他说身体各部分有贵贱、大小的分别,蔽于耳目之官者为小人,而能用心之官思考问题者可望成为大人。他说:“劳心者治人,劳力者治于人。治于人者食人,治人者食于人。天下之通义也。”(孟子·滕文公上)又说:“为政不难,不得罪于巨室。”(孟子·离娄上)这些足以说明,孟子不再讲社会均平了。“劳心者治人”是二级社会的通例,面对复杂的二级社会里各种社会势力互相拼命的局面,需要专门的知识与技能才能管理社会,也就是孟子所谓劳心的意思。

荀子在《王制》一篇中论述为何牛马不能群而人能群时说,这是人类有“分”的原因,就是人类能把自己分成穷富贵贱不同的等级。其实牛马与人类都是群居动物,他们的群居性来自先天,在人类而言是遗传编码的原初社会。

这说明荀子对二级社会的多样性缺乏清楚的认识，以为当时的二级社会是唯一的人类社会。荀子学说的核心概念是“礼”，下面引用的话最能说明荀子对二级社会秩序本质的认识：“礼者，以财物为用，以贵贱为文，以多少为异，以隆杀为要。文理繁，情用省，是礼之隆也；文理省，情用繁，是礼之杀也。”（荀子·礼论）这说明荀子的礼治是以刑杀为基础，以穷富贵贱为社会的衡量尺度，推动社会向既定方向前进，并将人类感情控制在文理制度之内，这与今天的社会秩序并无任何区别。荀子也讲均平不偏，但那是礼仪制度之内的均平，就是今天所讲的法律面前人人平等。换句话说，穷富贵贱的级别是法律平等的结果。

荀子大批墨子的平等思想，认为那是穷困、混乱的根源。荀子说墨子的节用而使天下贫，所以荀子认为用穷富差别刺激财富占有欲才是致富之道，也就是“使一部分人先富起来”的办法。荀子又说，上“与百姓均事业，齐劳动，若是则不威，不威则罚不行”。总之，二级社会离开了差别是玩不转的，完全均平只能意味着混乱。可喜的是，人性是压抑不住的，二级社会的残酷现实并不能减少均平社会思想的魅力与意义。

与孟子、荀子不同，生活在二级社会的道家思想传人庄子忠实于老子均平社会的思想，所以他只能做逃避社会现实的隐逸家。

四、孔子均平社会思想对后世的影响

自秦汉以来，中国历史上农民受长期存在的中华道学的均平社会思想影响，“均田均财”往往成为起义领袖动员穷苦农民的口号，当然这其中也不乏孔子均平社会思想的影响。自从西汉武帝以来，在中国占统治地位的思想体系又是儒家学说，孔子的均平社会思想得以流传，尽管孔子并不主张平分土地与财产。如公元 471 年北魏孝文帝在位时颁发均田令，按人头分配土地。这种土地制度被隋、唐两朝继承，到唐朝武则天时期才遭到广泛破坏，土地向少数人积聚。

中国共产党在二十世纪四十年代末、五十年代初土改。根据记录，土改前全国共有地主 400 万户，占总户数的 3.79%，这些地主共占有土地 57588 万亩，占全国总土地面积的 38.6%。地主阶级中，每人平均占有 26.6 亩，而中等农民家庭平均每人占有 3.05 亩，即前者仅仅为后者的八倍多。这个数字说明，95% 以上的农户是农民，60% 以上的土地在农民手中。中国当时是个当之无愧的小自耕农世界。这就是孔子均平社会的后世影响。[10]

如果以今天的经济效益观念来看,地主集中土地无疑使集中管理与分工成为可能,也可以改变农民“自在王”的懒散作风,从而提高工作效益。中国历史上的地主知识分子不可能不认识到这种提高效益而人人都得好处的潜在可能。显然,这种西方式集中以提高效率的想法与孔子均平社会思想相抵触,与农村传统习俗相抵触。

如果说清朝时的绝大部分生产资料——土地掌握在小自耕农手里的话,许多证据表明,当代中国绝大部分财富与生产资料掌握在极少数人手里。大部分财富与经济命脉掌握在少数人手中,是当今世界的通例。笔者曾参加加拿大社会学课程的学习,其中提到在1971年,113个企业掌握了加拿大的大部分经济与财富,这些企业拥有加拿大90%的银行、交通、石油等。又如,1988年,英裔、法裔、其他族裔人分别占加拿大人口的34%、28%、38%,而他们在经济精英群中却分别占68%、8%、5%。加拿大英裔人的经济精英地位历年来没有什么变化,他们还主导政治、日常生活等。所以,加拿大的经济命脉掌握在1%左右的人手中,他们与常人分隔开来生活,自成一个世界。这种情况大概适用于大多数国家,特别是资本主义发达的国家。[11]

我们再回过头来看中国土改前的情况,相互对比,就知道孔子思想与现代思想是怎样的格格不入,也就更能珍惜孔子均平社会思想的难能可贵。马克思提出共产主义学说,认为将来的理想社会重回史前共产主义社会,不同的是伴有物质的极大丰富。近年来人类学研究的进展让我们认识到,保持原始生活方式的南非昆桑人才是生活在物质的极大丰富中,他们地广人稀,食物伸手可得,他们大部分时间用来游逛、相互访问、谈天等,他们营养良好,身体健康。许多证据表明,史前营狩猎采集的人类生活正是这样:三万年前的成年男子平均身高177厘米,女子165厘米;而美国男子在1960年的平均身高为175厘米,女子153厘米。无数证据表明,三万前的人类知道控制生育。[12]科技发展导致的物质丰富永远赶不上欲望的增长,不能抵偿财富的聚敛,结果是人群中贫困反而增加。史前原初社会的物质丰富指的是物质资源人人有份;现代社会的物质丰富是垄断物质资源后将其转化成的私人财富,其结果是穷人的活路控制在富有的私人手中。当代的社会问题使人们才重新对史前的均平社会感兴趣。

近年来人类学的迅速发展,也展示了人类文化历史可以多途径、多方向,那种沿一个方向线性进化的思想已逐渐被淘汰。在游群、部落、酋邦、国家、帝国五个级别中,有的民族由游群直接组成酋邦,而酋邦解体成部落;欧洲罗马帝国解体为中世纪的封建割据，这种解体过程实际上是文化的进步。[13]上面提到的阿帕坦尼斯人，只有村庄组织，与周围阶级社会相比，他们超前的自由平等，文化上同样复杂，被称为无头领的非原始社会。无论如何，战国时期中央集权制的出现并非中国历史的唯一选择，而这一过程正与孔子的均平社会思想背道而驰，成为地下大千世界的秦始皇陵可为见证。

五、战国时期中央极权制与白起式大规模杀人可以避免

如果战国时期人们都按着孔子思想行事，仍大力推行均平社会思想，就会有效制止财富的聚敛与权力的集中，保持夏商周三代原初社会式超级大国的政治与社会生活模式，使权力逐级平衡。

这样一来，由于中国继续保持原初社会式超级大国模式，人口增长与荒地消失速度会大大放缓。一般说来，卡尔内罗（Robert L. Carneiro，1927—　）提出人类文明发展的自然屏障学说中的地域限制因子在中国历史上迟早会出现。如果出现如此缓慢，儒家人物，尤其沿孔孟思路的儒家学者就很可能认识到这一问题，而设计出相应的社会机制取代农民自由迁移对当权者的选择作用。一个简单有效的措施就是保证、甚至政府拨款协助农民自由迁移，用以形成农民对地方政府的选择。当然这一举措也可能最终发展成西方式的选举制度。这样一个举措会推进不同地方政府与不同地方社会文化生活的形成，也就是最终形成不同的二级社会，由于中国大一统的局面为西方所不具有，又由于夏商周三代为原初社会式超级大国模式，中国可能出现不同于西方的二级社会发展途径：不是由战争与阶级分化来推进物质与文化进步，而是由人性，也就是业余爱好与游戏人生，来发展物质与文化文明。笔者相信，当今世界面对这一可能途径：不是战争与竞争推进经济发展，而是人类热爱生活与享受生活本身推动物质文明与精神文明的同步发展。

请读者参阅本书第十章。

参考文献：

[1]　You-Sheng Li (2005): A New Interpretation of Chinese Taoist Philosophy. London, Canada: Taoist Recovery Centre, 2005.

[2]　柚声(2008)：审视东西方文化差异的一个新视角。见本网站《学灯》第7期，http://www.confucius2000.com.

[3]　James Peoples, Garrick Bailey (1994): Humanity: An Introduction to Cultural Anthropol-

ogy. Minneapolis/St. Paul: West Publishing Company. p302.

[4] James Woodburn (1982): Egalitarian Societies. Man, 17:431 - 451.

[5] Christopher Pyfe (2003): The Development of African States. In Goran Burenhult eds, Great Civilizations. San Francisco: Fog City Press, 2003. p209 - 214.

[6] 崔丽编校(2003):四书。北京:民族出版社。第 245 页。

[7] Christoph Von Frer-Feurer-Haimendorf(1962):The Apa Tanis and Their Neighbours: A Primitive Civilization of the Eastern Himalayas. London Routledge & K. Paul.

[8] 王玉哲(2004):中华远古史。上海:上海人民出版社。

[9] Robert L. Carneiro (1970): A Theory of the Origin of the State. Science 169: 733 - 738.

[10] 武力(2003):中国土地改革。中国经济史论坛。

[11] 加拿大伦敦市恢波尔(Wheable)成人教育中心社会学教材,2003。

[12] Marvin Harris (1977): Cannibals and Kings. New York: Random House. p4 - 25.

[13] D. M. Bondarenko, L. E. Grinin, A. V. Korotayev (2002): Alternative Pathways of Social Evolution. IN: Social Evolution & History, Vol. 1 No. 1, July 2002, p54 - 79. Volgogrand, Russia: Uchitel Publishing House.

第四章

从大一统的包容思想与原初社会的影响看孔子

摘　　要：子贡问："有一言而可以终身行之者乎？"孔子回答说："其恕乎？己所不欲，勿施于人。"孔子与人为善而又不以己度人，和不同的人相处，容纳与自己意见截然相反的人存在，缺乏敌我的概念，主张无可无不可，体现了原初社会的整体性：原初社会中缺乏政治与思想体系的分化，没有强加于人的能力，人人要容纳与自己相反的人。这不妨碍孔子同时具有崇高的理想与道德标准。面对战国时期政治与思想分化，各种学派的竞争，不同阶级的较量，孟子与荀子失去了孔子这种大一统的包容思想，他们批判其他学派而求生存，把憎恨敌对势力作为生存的前提，与孔子形成鲜明的对照。如果说，孔子树立的君子形象还有自得其乐的美学意味的话，孟子、荀子逐渐引入二级社会宗教自我麻醉的成分。就用字频率分析，从孔子，孟子，到荀子，与人的距离逐渐拉大，与宗教的天距离越来越近。

精彩摘句：在原初社会中，人人有责任从整个社会考虑问题，所以孔子一直把自己作为社会的一员而代表整个社会来说话的，孔子竭力避免仅仅代表与自己思想相同的一部分人，更不用说代表一个阶级或阶层了。二级社会面临无数可能方向，在现今二级社会之中，人们永远只代表自己的思想与方向，同时与他人争取二级社会层面上的活动空间。

心理学通俗读物的作者们常常把工作同事分出一个类型,称作森林斗士。这些斗士们把所有的其他人都分成两类:朋友与敌人。他们在工作的同时还要不断地团结朋友打击敌人,认为这是在办公室派别斗争中生存的需要。笔者曾将春秋战国时期的中国与近代欧洲相比较,在社会结构急剧变化之后逐渐走向战争的不断升级,以致不同的国家之间要么是敌国,要么是盟友。让人赞叹不已的是,生在春秋末年的孔子却显示出大一统的包容所有人的胸怀,他眼里既没有敌人,又没有敌国。耶稣说:“要爱你的敌人。”耶稣代表的是与世俗权力相对立的宗教,而孔子热衷政治,官职曾高达大司寇摄丞相事。孟子在《万章下》中将古之圣人分为四种,认为孔子是最后一种集大成的圣之时者。换句话说,孔子又是一个与时俱进而又囊括整个时代的思想家。本章将探讨孔子这种难能可贵的包容精神,并与孟子、荀子相对比,以展示不断升级的战争在孔子去世后社会文化变革中的作用。

一、孔子大一统的包容思想

子贡问:“有一言而可以终身行之者乎?”孔子回答说:“其恕乎？己所不欲,勿施于人。”(论语,15:23)用这句话来对待人,就看不到任何敌人;用这句话来对待不同的国家,就看不到任何敌国。所以这几句话可以统领孔子大一统的包容思想的方方面面。孔子这一思想也可以用孔子学说的核心概念“仁”来表达,仁者爱人,即爱一切人。孔子不愿意说爱周围的任何人可称为“仁”,还说:“若圣与仁,则吾岂敢!”即孔子认为自己也远没有达到仁的要求。孔子显然将仁恕思想神圣化了,使之成为一个很难达到的远大理想。孔子把他的仁恕精神作为一种修养,既不强加于人,更不以自己的高标准苛求别人。

(一)孔子是从整个社会、整个人类出发来考虑问题的,即所谓大一统的包容思想,但孔子并没有把自己的学说推向统领一切的理论高度

此前的老子提出了道的概念,道是外在于人而统领一切的一个概念;犹太、基督等宗教提出统领一切的上帝概念。西方学者就觉得孔子讲的不过是一些格言式人生道理,谈不上是哲学,更没有系统的理论。实际上,孔子尽量就具体情况而谈,不愿用推理进入理论性很强的未知领域。拿今天分析哲学的观点来看,各种哲学理论体系不过是以语言为基础的一种概念推演的体系,未必把握多少真理。二级社会正是由于不同方向、不同的价值体系,而陷于冲突与战争的。孔子极力避免二级社会的五花八门,而刻意追求原初社会的大

一统。

孔子说："君子于其所不知，盖阙如也。"即让不知区域留作空白，不要用推理与揣测来填补。作为一个重视道德与礼仪而后又演化成中国历史上三教之一的儒家学说创始人，对神的有无这样一个根本性问题，孔子拒绝回答，而用"敬鬼神而远之""不知生焉知死"等话绕过去，结果给他的学生留下许多不置可否的灰色区域。如"子罕言利与命与仁"，"夫子之言性与天道，不可得而闻已矣"，"子曰：'余欲无言。'又曰：'天何言哉？'""子绝四：毋意，毋必，毋固，毋我"。（论语，9:1，5:13，17:19，9:4）其中"毋意，毋必，毋固，毋我"通常解释为：不臆测，不武断，不固执，不唯我独是。这说明孔子是有深刻的考虑而后采取这种态度的，即所谓"述而不作"，避免创新。有人把仁学当成孔子的创新，但《论语》中，"人"与"仁"通用，孟子就直接点明"仁者人也"，所以孔子的仁学就是人学，或人类学，不过仅仅是原初社会的人类学罢了。所以孟子说，孔子是时代集大成者。孔子有包容一切的胸怀，同时避免建立包容一切的学说，因为他要给别人的存在与发展留下空间。

（二）孔子安贫乐道，没有丝毫的功利思想

"饭疏食，饮水，曲肱而枕之，乐亦在其中矣！"（7:15）粗饭淡水，以臂作枕头，而自得其乐。孔子与庄子都有远离功利而修心养性、清高自乐的倾向，如孔子有"益者三乐，损者三乐"，并以儒家提倡的礼当成一种娱乐活动。（16:5）孔子也如此看待他的宏道与做官，并不是为了功利。所以他一再强调"道不同，不相为谋"（15:39），做官不屈从于君主，主张"以道事君不可则止"，不能按自己的原则行事，就立即辞官。（11:23）孟子总结了孔子做官的三种情况："孔子有见行可之仕，有际可之仕，有公养之仕。（译文：孔子有时是因为可以推行他的道而去做官的，有时是因为受到君主的礼遇而去做官的，有时是因为君主养贤而去做官的。）"其中没有一样是为了钱，或迫于时势与权势的压力。（孟子·万章下）通过做官来推行自己的主张本身可以是功利的，但就孔子本人来说却无功利的含义，即《吕氏春秋·贵生》所谓"帝王之功，圣人之余事也"。孔子主张是一种无功利的美学秩序。所以，孔子的思想是非常现代的，近代西方鼓吹的自由个人，孔子当之无愧。但孔子并没有庄子的愤世嫉俗与现代西方自由个人对社会与时势的肆意抨击。相反，孔子有贤人避世的思想，他说："贤者避世，其次避地，其次避色，其次避言。"（14:39）即孔子宁可回避，也不攻击他人。上引言中的"世、地、色、言"四字分别代表：世界，某个地区，以

及别人的脸色与言辞。

(三) 无论政治还是生活价值取向,孔子都有一套成熟的主张,但他却以宽容的态度对待与自己主张相反的人

在孔子的大一统的包容思想内没有对立面的概念,没有敌人的概念,而是把自己与自己的主张当成社会的一个成分,与其他人、其他事物一起组成社会。现代社会承认私有制,那些否认私有制而将别人的财产视为自有,遇到阻力就用暴力抢劫的,现代社会将这些人当成社会的敌人,甚至处决他们。两千年前的孔子却不这样,他极力反对刑杀。他说:"善人为邦百年,亦可以胜残去杀矣。诚哉是言也!"鲁国执政者季氏要以有道杀无道,孔子说,"子为政焉用杀"。季氏担心盗贼太多,孔子说:"苟子之不欲,虽赏之不窃。"(论语,13:13,12:19,18)如果为政者不贪财,就是奖赏偷盗,人们也不会偷盗; 主持政治根本用不着杀戮与残酷刑罚。

一次,子贡说自己不强加于人,也不愿为别人强加于自己。他说:"我不欲人之加诸我也,吾亦欲无加诸人也。"(论语,5:12)子贡喜欢做买卖,交易双方一般说来是平等自愿的,容易做到不强加于人。但在复杂的社会情况下,很难保证没有强加于人的情况发生,所以孔子回答说,"非尔所及也",即(绝对不强加于人)不是你子贡个人所能做到的。孔子也以同样的心理考虑盗贼与无道之人,认为他们也有不为他们所控制的社会条件。孔子说,"不教而杀谓之虐"。意思是孔子叫人尽量不要杀人,但这并不等于说孔子同意刑杀。同样,现在已经废除死刑的国家有时会严厉谴责世界上某个特别残酷的死刑例子,但这并不等于这个国家同意其他死刑。

(四) 孔子想通过诸侯的支持来推行自己的主张,但并不期望他们与自己有相同的人生价值观

鲁国叛乱的家臣公山弗扰以及晋国一个叛乱家臣都曾请孔子去帮助他们,孔子曾考虑去。他的学生们反对,尤其是子路。孔子回答说:"不曰坚乎,磨而不磷;不曰白乎,涅而不缁。吾岂匏瓜也哉? 焉能系而不食? (译文:不是说,真正坚硬的就无法磨损,真正洁白的就无法染黑。我难道只是一只葫芦吗? 怎么会只能悬挂,不能食用?)"(论语,17:5,17:7)孔子说,即使他与这些人同事,自己的洁白也不会被他们的污黑所染。这从侧面提示,当时的政府容纳不同思想的人,一朝天子一朝臣是后来政治发展与分化的结果,并不适用于孔子时代。这里特别指出,家臣们叛乱,既与孔子的礼仪秩序冲突,又为当时的士人们所瞧不起，所以心直口快的子路极力反对。从孔子两度想去，并有言辞为自己的想法作解说，孔子并非囿于礼仪常规与众人的看法，而是另有自己的见解。读者可参阅本书第一章有关章节。

（五）孔子在大一统的包容思想指导下，与人相处而避免冲突的策略之一就是不党不争与中庸之道

孔子说："中庸之为德也，其至矣乎！民鲜久矣。"（论语，6:29）做事论事持中而不偏，是对领导的要求，但孔子认为古时的人民也这样，只是到了孔子时代，人民才有所缺乏。与现代世界流行的党派政治截然相反，孔子主张不党不争。孔子说："君子无所争。必也射乎，揖让而升，下而饮，其争也君子。"又说："君子矜而不争，群而不党。"（论语，3:7，15:21）孔子显然把不党不争当成君子的一种高贵品格，所以君子根本没有要与人争论的内在需要，更谈不上党派之争了，唯一与人争的是比赛射箭等让君子展示自己礼仪修养的活动。

（六）孔子不党不争的包容思想还体现在他的教学实践上。孔子号称弟子三千、贤者七十，但孔子并不像现代学校那样按一个固定的教学思想与标准来在应征者中挑选学生

孔子说："自束修以上，我未尝无诲焉。"（论语，7:7）换句话说，孔子的这所学校大门敞开，来者无拒。从樊迟来找孔子学农学圃来看，三千人中肯定有不少抱有相反的期望而投错门的，当然部分投错门的弟子可以从孔子那里学到他们预先没有想到的知识与技能。孔子同时有很高的理想与道德标准，主张"以道事君不可则止"，并没有半点迁就他人的意思。《论语》《孟子》《荀子》《史记》等书的记载中，孔子没有开除任何学生，也没有孔子与学生发生冲突而闹翻的情况。现代学校，精挑细选来的几百个人，还不断有开除、记过等处分，和老师闹翻者就更多了。相比较之下，我们就更能珍惜孔子大一统包容思想的难能可贵。

孔子对不同背景、抱有不同期望的学生有一特殊的措施——因材施教，就是按学生的实际情况给予不同指导。当子路与冉有问同一问题时，"闻斯行诸?"即听到应该做的事就去做行吗？孔子给了不同的回答，因为他们二人性格不同：即"求也退，故进之；由也兼人，故退之。"即对前一个鼓励，对后一个则告诫他要小心从事。（论语，11:22）

孔子对学生的批评当然也遵循这一原则，对不同的人给予不同的批评，至少方式不同。如上面提到樊迟来找孔子学农学圃一事，孔子等樊迟离开以后才说他是小人。同样,说宰我不仁也在其离开之后。

不过,孔子对熟人的当面批评却是刻薄之至。一次,孔子竟然用拐杖敲着一位老友的小腿说:“幼而不孙弟,长而无述焉,老而不死,是为贼。(译文:你幼年时不知道尊敬别人,长大成人后既无德性又无成就,年老了还不赶快死掉,你这个贼一样的坏东西!)”(论语,14:46)同样,孔子对他的某些学生批评得也十分苛刻,尤其对子路,说明子路豁达的性格能经受得起,也说明他们师生之间的融洽。如他说子路“野哉由也”;“由也好勇过我,无所取材”;“暴虎冯河(注:徒手打虎,赤脚渡河),死而无悔者”;等等。(论语,13:3,5:7,7:10)

《论语·先进》有如下记载:“子路使子羔为费宰。子曰:‘贼夫人之子。’子路曰:‘有民人焉,有社稷焉,何必读书,然后为学?’子曰:‘是故恶夫佞者。’(译文:子路让子羔去做费城行政长官。孔子说:这是害人子弟。子路说:有平民百姓,有社稷神坛,难道一定要读书才能算作学习吗?孔子说:这正是我为什么痛恨花言巧语、强词狡辩的人的原因。)”(论语,11:24)孔子与子路师生之间的相互讥讽跃然纸上。孔子骂冉求说:“非吾徒也,小子鸣鼓而攻之可也。”孔子骂宰我“朽木不可雕也,粪土之墙不可圬也”。(论语,11:16,5:10)孔子评价他的学生说:“柴也愚,参也鲁,师也辟,由也谚。”对四个人的评价分别是:愚笨、迟钝、偏激、粗鲁。(论语,11:17)这些被孔子辱骂过的学生在《论语·先进》第二节中又多被列为孔子弟子中的少数佼佼者,可见今天读来似乎偏激的批评表明他们关系的紧密。这是原初社会的风格。

二、原初社会与二级社会的概念以及其在中国历史上的应用

今天看来,孔子上述思想有些难以理解,如不党不争等。孔子思想中用现代思想更难解释的还有以下四条:

1) 孔子主张德教反对法治;

2) 主张诸侯君主要以身作则,即所谓榜样型政治,而非管理型政治;

3) 主张社会的上层精英与庶民分隔开来,即所谓“上知下愚”,“民可使由之,不可使知之”,“庶民不议”等等(论语,17:3,8:9,16:2);

4) 去掉诉讼与刑杀。

孔子大一统的包容思想以及上面四条都可以用本书导论部分提出的原初社会系统来解释。原初社会的整体性首先在于情感上的整体性,情感表达所形成的诗歌艺术与早期的礼仪宗教文化,也因而没有分化出不同阶级的艺术

冲突,甚至没有世俗与宗教的分别。包括艺术礼仪宗教在内的情感层次上的整体性,足以维持原初社会的稳定以及其社会功能的行使,也就是说,原初社会建筑在人性之上,没有建立一个外在于人的客观思想体系的需要。在孔子时期,老子的道家思想体系还在发展的早期阶段,因为老子把史前原初社会作为理想社会,道家思想实际上是对上述中国古代原初社会体系的一个概括与哲学式提升,还没有发展成二级社会的思想体系。

我们可以把道家与儒家学说理解成一种生活方式,也就是西方所谓生活哲学(philosophy of life)。儒家与道家哲学虽然在春秋战国时期建立起来,但他们所代表的生活方式远在夏商周三代时期就已经存在了,只是没有人将它们概括提高到哲学高度。为方便起见,这里把这种生活方式以及其代表人物仍称为道家与儒家。笔者曾指出:"中国古代的社会可能经常偏离原初社会与准原初社会形式而不断导致暴力冲突,当权者不得不提出德治的人本主义方针进行纠正。在这些暴力冲突面前,儒道不同而互补:儒家企图用贤人政治力图控制社会秩序,减少动乱;道学家们从原初社会角度,主张返璞归真,回到古代原初社会的模式。儒、道两家努力的结果是一样的,就是使中国停留在原初社会与准原初社会阶段,防止动乱中出现二级社会。春秋时期第一个出现的哲学体系是老子,支持这一阶段的流行哲学为道学而非儒学的估计。"[1]

我这里没有提法家,法家的社会作用比较复杂。荀子说:"杀人者死,伤人者刑,是百王之所同也,未有知其所由来者也。"(荀子·正论)人类学研究表明没有国家建制的人群中也不容忍杀人,杀人者或被驱逐,或被处死。这种防止杀人的举措在原初社会也是存在的,这并不否定孔子"好人为政百年而胜残去杀"的可能性。二级社会的法律同时可以建造一种强大的社会力量,这种社会力量具有强加于人的能力,即强权阶级的出现。中国法家学者们没有专门论述原初社会之法与二级社会之法的分别。

三、从中国古代原初社会体系来看孔子大一统的包容思想

我们再回过头来解释孔子的大一统包容思想:在原初社会中,人人有责任从整个社会考虑问题,所以孔子一直是把自己作为社会的一员而代表整个社会来说话的,孔子竭力避免仅仅代表与自己思想相同的一部分人,更不用说代表一个阶级或阶层了。二级社会面临无数可能方向,在现今二级社会之中,人们永远只代表自己的思想与方向,同时与他人争取二级社会层面上的活动

空间。

本章第一节列举了孔子在六方面显现出来的大一统包容思想,这里按同一顺序,就这六方面做出解释:

(一) 孔子大一统的包容思想是与原初社会基于人性这一事实相适应的

原初社会基于人性,人与人之间有情感的交流,在情感或深层意识层面是一个整体。所以原初社会无须统一的意识形态与相应的社会结构。这也决定了原初社会的人要与不同思想的人相处,容纳不同的人,就像今天人们说的:“他纵然不好,但我们是一家子,又能怎么样?”

与老子一样,孔子似乎对原初社会与二级社会的本质不同有所认识,即孔子可能认识到统一的意识形态是二级社会的事,与自己理想的原初社会系统不兼容。有一次,孔子问子贡是否认为孔子自己是博学强记的人,子贡不置可否,孔子说:“非也! 予一以贯之。”曾子解释说,“一以贯之”的“一”是“忠恕而已”。(论语,15:2,4:15)所谓“忠恕”也就是孔子“仁”的学说。孔子并没有给“仁”和“忠恕”作明确界定,更没有列出可用作指导与考察的标准,而仅仅是人类深层意识的一种心态与感受而已。拿今天的话来说,就是凭良心看着办。孔子显然把这种原初社会处事态度理想化了,作为统领一切知识与行为的唯一准则。放在今天的二级社会中,孔子应该把他的“仁”和“忠恕”首先给出准确的定义,然后进行理论分析,以求理清读者可能出现的混淆,最好给出实践考察标准与出现争论时的社会界定程序。孔子刻意避免二级社会这一套思路。

(二) 一般说来,原初社会生活更与动物社会接近

动物在生理要求满足后的业余时间里,追求放松与自我娱乐;而业余时间也是原初社会人类用于艺术与思想的时间,所以艺术以自我表达为主,思想缺乏功利主义倾向,而是闪耀着自我怡悦的美学色彩。孔子虽然热心政治,献身于拯救人类与恢复社会秩序的伟大事业,但孔子没有放弃原初社会人们闲散业余的独特视角。孔子并不屈从任何权贵,随时做好了“贤者避世”的准备。孔子另有修心养性以及礼乐艺术的一套作为人生娱乐的来源,也就是现代人所说的精神寄托。这与生活在二级社会的现代人是截然不同的。当然,现代人也可以像孔子那样生活,但大多数人不是这样,尤其像孔子那样在社会上成功的名人。他们追求所谓个人的自我实现(self actulization)。二级社会本身

有无数可能的方向,生活在当代二级社会大舞台的个人所面临的人生道路,更是处在林林总总的大千世界里。他们把这种自我实现作为人生的寄托与幸福的来源。假设孔子生活在今天,那么他应付人生的本领在中小学教育中已经学到,用不着修心养性的道德追求,而是把全部身心投入他的事业之中,建立以"仁"为核心的儒家学说,周围都是弟子与赞美他的人,听到的是弟子们的光辉业绩,看到的是自己学说为社会所承认而带来的巨大社会变化,孔子会感到无比幸福与满意,体会自我最终圆满实现的美好。在他那里,这样就不再是从业余角度看待工作,而是把业余也融于工作与事业之中了。此外,原初社会为遗传限定,变化很慢,所以孔子追述尧舜禹,以西周为榜样,没有任何开启新时代的意思。而现代建立新学说的名人都希望自己成为二级社会发展长河中一个耀眼的路标而名留青史。

(三)在原初社会中没有阶级分化,没有利益冲突导致的阶级斗争,社会不面临不同方向的选择

结果是,原初社会中没有对立面的概念,没有敌人的概念。这里有必要指出,中国夏商周三代时形成了相当于联合国的超级大国,在维持和平上起了绝对的作用。在世界上其他地区,战争是文明的催生剂,从一开始就离不开敌我的概念。孔子生活的时代,冲突较多,但中国长期和平环境下形成的文化传统还在。所以孔子缺乏对立面的概念,缺乏敌人与敌国的概念,甚至与相反的人同事,即所谓黑与白在一起,白的也不会被染黑。

(四)原初社会与二级社会中的个人都有时需要服从社会,但前者服从的是情感社会的整体性,而后者服从的是现社会法律与既定方向对个人的要求

孔子主张"道不同而不相与谋",但又愿意与相反的人共事,说黑与白可以在一起而各自独立。在二级社会中,道不同的人是敌对势力,因为他们试图将同一个社会或国家引向不同的方向,二者之中只有一个胜利者,另一个要失败。黑与白意味着方向相反,是敌对势力,在历史上常是暴力冲突的来源,而在孔子看来黑白是可以和平相处的。

(五)一般说来,不党不争与中庸是原初社会的概念,面对面的一两百个人,党派斗争总是有害无益的

原初社会中人们出现不同意见时,如果领导人与多数人采取中庸态度,就有利于社会的稳定,可以避免不必要的分裂。当今世界,党派政治成为主流,中庸偶尔被正面提到,其目的是用以反对那些企图从根本上改变社会的极端主义(radicalism),与原初社会在众多可能与对立之中取中不同。如果认真实行孔子学说,而不是加以修正而为我所用的话,孔子学说的原意在今天的政治中正是一种极端主义倾向。

在今天的激烈政治斗争中,中间派是很难走通的。笔者于上世纪八十年代初生活在英国,当时有人企图建立中间党派,大受知识分子的欢迎,也适应人们对两党争斗的厌倦情绪,一时间似乎很有希望。有好几个白人,如此兴奋,专门来为我介绍说:这些带头人是少有的一帮好人。后来结果还是以失败告终。

(六)孔子弟子三千,贤人七十,入学时又来者不拒,历史记载又没有开除学生、断绝关系等闹翻脸的事,今天看来真是一个奇迹,也正是孔子大一统包容思想的具体体现

孔子与他的弟子们就事论事,并不像今天人们一样进行联想与推理,没有统领一切的法律与抽象原则的存在。孔子骂冉求说:"非吾徒也,小子鸣鼓而攻之可也。"(论语,11:16)但这是就冉求帮助季氏聚敛一事而说,并不推论到其他方面。如果孔子弟子们真的按孔子所说,集合起来,敲着鼓,对冉求进行一次攻击的话,那么他们过后仍在一起学习与生活,和好如初,并没有什么两样。

《论语》所反映出来的孔子与亲朋、学生的亲密关系,以及他们言谈的无拘无束,给读者留下了深刻印象。试想,一副学究式的孔子竟然用拐杖敲打着老友的小腿骂道:你这个老不死的东西,"是为贼!"这使我联想到数年前在报纸上读到的一篇整版的长文,文章内容是一位中年妇女回忆她那均是著名作家的父母的家庭生活,其中提到:夫妻二人坐在大厅的两个斜对角上,用盘子相互攻击,盘子在空中飞来飞去,没有一个击中对方。又一次,两个人中,一个把一盆盆花草从屋里搬到院外,另一个又把它们一盆盆从院子搬进屋里,两个人在门口处擦肩而过,扭着脸不相互看一眼,可又相互让路,从不发生碰撞。这种生活的趣事并不是每个时代都有的,欧洲中世纪虔诚的基督徒就未必如此,三纲五常约束下的中国人就更不会。历史记载,清朝宣宗道光皇帝,一次在宫内院子里碰到自己已婚的妹妹,就问她的丈夫如何。妹妹回答说,已经一年多没有见过面了。这样一年都不见一次面的夫妻即使见面,也决不会扔盘子来相互攻击。

以下用原初社会系统解释本章第二节"原初社会与二级社会的概念以及其在中国历史上的应用"中开头提到的四条。

（一）孔子主张德治而反对法制是适应原初社会的社会要求

虽然原初社会也会有制止杀人等行为的传统办法，但不会建立外在于人的一套法律系统，而这样的法律正是二级社会的特点。上面提到，在这些暴力冲突面前，儒道不同而互补：儒家企图用贤人政治力图控制社会秩序，减少动乱，即儒家用德治来防止动乱与分裂。道德的说教在今天的法制社会秩序中起辅助作用，在建立于人性基础的原初社会中也起辅助作用。真正意义上法制系统有利于强权阶级的建立，成为一个阶级统治另一个阶级的工具，是以军事强权或生产数据控制权为基础的。在孔子时代，农民还具有向荒野或邻国迁移的能力，军事权力处在逐级平衡制控之中，统治阶级无力控制生产，仅仅收税，然后保证给人民一个和平安定的环境，也就是上面提到孔子讲到的礼、义、信的一套。孔子以夏商周三代以来的传统社会为理想，所以反对法制。

（二）在面对面的原初社会中，领导要起示范式的榜样作用，以言语说教为辅助

孔子极力推崇领导的榜样作用。孔子说："政者，正也。子帅以正，孰敢不正？"又说："其身正，不令而行；其身不正，虽令不从。"（论语，12:17，13:6）这讲的都是原初社会的情况，在原初社会中没有绝对权威，领导发布命令而不以身作则，那还有谁执行命令。如果领导做出榜样，在面对面的小社会内，用不着下命令，人们也跟着做了。在二级社会中，领导的命令有法律与军队作后盾，违反命令的人要受到处罚，甚至被杀，与领导的个人行为无关。

美国心理学家朱利安·杰尼斯在 1976 年提出双相脑人学说（Julian Jaynes，1920—1997，bicameralism）。[2]杰尼斯认为史前社会的运转基于面对面的言语说教，所以在社会扩大后，人们不能直接看到领导人而听到他们的命令，所以他们开始发生幻听，听到神的声音，而达到社会的统一行动。

（三）像孔子所说"其身正，不令而行"的社会运作限于简单易懂的原初社会范围，即本书导论二部分列出三代社会模式后说的：上述社会模式中准原初社会层次上的运作遵循道家无为而治学说，行政管理与军事行动以接近于零为理想

除税收外，原初社会的行政管理限于救济那些生存受到威胁者。与当今联合国相似，军事行动限于维持和平。准原初社会层次活动过多，会导致典型

二级社会的出现,引发夏商周三代时期整个社会系统的不稳定。老子主张上下分隔开来,政府存在不为人民所知,孔子有类似的思想。上面提到的"上知下愚","使由之而不使知之","庶民不议",等等(论语,17:3,8:9,16:2),都体现了这一思想。孔子又说:"君子有三畏:畏天命,畏大人,畏圣人之言。小人不知天命而不畏也,狎大人,侮圣人之言。"(论语,16:8)笔者认为,孔子这里所说的君子与小人代表本书导论二部分列出三代时期社会模式的上下两层,隔离的结果使下层老百姓对准原初社会的管理体系一无所知,上层社会中也只有像孔子对社会运转机制深有所悟的人才有"三畏"。季氏家八佾舞于厅,阳虎与公山弗扰叛乱,都说明他们也无"三畏"。另一方面,这些人的无"三畏"与越轨行为也没有带来社会的动乱,说明稳定社会的主要力量还是人性与社会力量的均衡。

(四) 垄断暴力是现代国家最基本的原则之一,只有国家才有实施暴力的权力,包括军队、警察与监狱系统

孔子极力反对刑杀与残暴,而刑杀与残暴的制裁是二级社会秩序维持不可缺少的手段。孔子讲的"胜残去杀"的社会只能是以人性为运转支柱的原初社会。

如果读者也与笔者一样感到以上逐条解释有些散乱的话,我们应该提醒自己:这是黑白相处、各行其道而又不相与谋的本来面貌;也是把原初社会美学秩序强行描绘为文字的内在问题。这跟秦汉以后儒家官方地位下的大一统完全是两码事。出于这些考虑,作者才仅仅罗列孔子大一统包容思想的方方面面,然后逐一解释,没有寻求任何外在联系把它们人为地联络在一起。

四、战国时期孟子与荀子失去了孔子大一统的包容思想

中国在战国时期进入二级社会。春秋时期五霸还有代替周王朝维持和平的意思,比如曾两次召开弭兵会议。战国七雄虽然共存了两百余年,近二十个小国也长期存在,战争的频率与规模却不断增加,各国之间的关系迅速无政府化,春秋时期战争双方的克制荡然无存。战争有利于集权,中央集权制出现,伴有西周以来各种道德礼仪制度的抛弃,代之以欺诈与残酷,出现严重的反人道主义倾向。面对这一现实,孟子、荀子都批判其他学派而求生存,把憎恨敌对势力作为生存的前提,与孔子形成鲜明的对照。孔子提出"仁"的学说,是爱人的意思。孟子在他书中开头一篇《梁惠王章句》中说"仁者无敌",显然把孔

子学说当成击败敌人的武器了。荀子著有《非十二子》一篇,连同儒家传人的子思与孟子一起进行攻击。限于篇幅,本章不准备详细讨论孟子与荀子如何应对二级社会的出现,仅作一个大概的说明,用以展示战国时期社会思想脱离人性而向马克思所说的鸦片式宗教靠拢的社会走向。

孟子与荀子同属儒家传人,有先后不同,从《论语》《孟子》与《荀子》用字频率的逐渐演化,可见儒家学说为适应二级社会的出现发生了方方面面的变化,而这些变化都是逐渐的。作者用计算机统计用字频率,与肉眼计数可能不尽相同,诸如小标题的统计与否等,但不影响本章结果。以下是《论语》《孟子》与《荀子》三本书的用字频率:“法”字频率逐渐上升,顺次为:0.0125%,0.031%,0.24%;“仁”字频率逐渐下降,顺次为:0.68%,0.45%,0.18%;“义”字频率逐渐上升,顺次为:0.15%,0.31%,0.41%;“性”字频率逐渐上升,顺次为:0.0125%,0.10%,0.16%。

以上这些用字频率的变化与春秋末年到战国末年之间的社会思想变化一致。“法”字频率上升了二十倍之多,说明以法制为基础的二级社会出现。孔子学说以“仁”为核心,而仁者爱人,富有友好的情感色彩,富有主观色彩。二级社会是建筑在理性之上,所以“仁”字频率下降,富有理念成分的“义”字频率上升。“性”字是把人性当作客观事物来对待,外自于人而观察人的意思,所以“性”字频率增加了十余倍。原初社会基于人性,事出自然,没有把人性当成一个议题来论证的必要。把人性单独提出来讨论,也反映社会反人性倾向的存在。当时出现的迫使人性异化的反人性倾向,使学者们感到有讨论人性问题的必要。

天/人比值,即“天”字与“人”字频率的比值,在《论语》》《孟子》与《荀子》三部书中顺次为:0.2237,0.4787,0.4799,即人们讲“天”多了,讲“人”少了。孔子讲天命;荀子却讲天人之分,说天不过是自然界,要以人制天。这似乎远离天而向人靠近,但这种远离天的人成了君主集权的奴隶。这时的“法”出自君主专制,代表君王的意志,就人道主义来说,与孔子时代相比,是一个明显的退步。这也与上面所讲从主观色彩的“仁”变成工具意义上的“性”相一致。人类趋利避害的天性被用来建立物质奖惩制度,以建立社会强权。与这一变化相一致的是社会环境的恶化,从友爱走向敌意,友/敌比值在上三书中逐渐下降,顺次为:无穷大,1.59,0.72。处在原初社会的孔子没有敌人的概念,所以《论语》没用一个“敌”字,友/敌比值是无穷大。二级社会有无数可能方向,不同方向的争斗使敌我概念必不可少。马克思说,宗教是毒害人民的鸦片。

在医院里,鸦片类药物严格限制使用,只有在得了绝症的病人疼痛难忍时,才被准许使用。同样道理,战国时期的人民痛苦不堪,看不到生路,他们就用起宗教这副麻醉药来了。司马迁描写屈原的困苦时说:“人穷则反本,故劳苦倦极,未尝不呼天也。”荀子一生奔波而不如意,他的经历又与周围的人一样。荀子曾到秦国会见秦昭王与范雎,却不得任用。范雎正在策划前无古人后无来者的大规模杀人运动,所谓攻人战略,即把别国男人杀光的策略,目的是防止战败国还有机会重新变强。我们设想,荀子尽管大声疾呼“以人制天”,可在他著述时已劳苦倦极,写“人”字时可能多了些自强的精神,写“天”字时却得到几分安慰,而这正是自己迫切需要的,不知不觉地也就多写“天”字,少用“人”字了。荀子也明白,在高度专制的时代,以人制天是君王的事,与自己还有点远。这里必须强调指出,荀子用“天”字多、用“人”字少是反映整个时代的心理变化趋势的,因为荀子不是孤立的人,而是社会的人。

孟子忠于孔子的人道主义精神,对当时的中央集权与各国强兵争霸的局面十分反感。他设想了仁政统一天下理论,而仁政推崇恻隐之心,这虽然还是前述原初社会体系的翻版,但在当时的二级社会面前,这实际上是一个全新的政治设计,为中国规划了仁爱美好的未来。战争意味着生死关头,谁敢采用他的这种主张?孟子因而被视为迂腐。孟子于是把孔子的仁学导向所谓心学,把原初社会朴实的仁爱变成二级社会一个以义为核心的客观哲学体系,孟子这一心学为宋朝新儒学运动所继承。孟子有时也讲气,所谓大丈夫浩然之气。对“义”孟子有一段著名论述:“鱼,我所欲也;熊掌,亦我所欲也,二者不可得兼,舍鱼而取熊掌者也。生,亦我所欲也;义,亦我所欲也,二者不可得兼,舍生而取义者也。”孟子的义是外在于人的,所以比人生还重要,与孔子的仁义思想显然不同。这与基督教设想一个外在于人的上帝一样,人与上帝相比是无足轻重的。总之,孟子适应二级社会的需要将孔子朴实的仁爱学说神秘化了,宗教化了,也就是向唯心方向推进。

这里必须指出,孟子的舍生取义与孔子的杀身成仁有本质的区别。杀身成仁,即杀身成人,是面对当时出现的反人性倾向的一种愤慨。孟子的舍生取义表达了二级社会里的一种高贵志向。

如果说,荀子用了很多“天”字而不自觉,孟子则是自觉地实践自己的心学以取得心灵安慰,也就是注重二级社会宗教的自我麻醉作用,用超越现实的精神追求来缓解残酷的社会现实所带来的痛苦。孟子以自命不凡作为自己的精神支柱,他说:“夫天未欲平治天下也,如欲平治天下,当今之世,舍我其谁也。”

(孟子·公孙丑下)

这里插入几句有关当代的话,作为例证。有人将现代西方民主发达国家作了详细的对比研究,发现美国人均产值(GDP)最高,但同时穷富差别最大,美国人也表现出异乎寻常的宗教热情。近年来,美国国内一个方兴未艾的运动是寻求上帝创世说与达尔文进化说并列地教给中小学学生。该文结论部分说,美国的高效率来自穷富差别产生的压力,人们因而痛苦不堪,也就特别需要宗教的麻醉作用。[3]

清末思想家谭嗣同说:"二千年来之政,秦政也,皆大盗也;二千年之学,荀学也,皆乡愿也。惟大盗利用乡愿,惟乡愿工媚大盗。"(仁学·卷上)孔子大一统的包容思想是适应原初社会系统的现实,但他处处旗帜鲜明,包容人而并不苟同于人。战国时期的政治形势与孔子仁爱学说背道而驰,但迫于战争中求存的愿望,无可厚非。如何将适应战争时代的君主集权制演绎成两千年的常规,孰功孰过,笔者在这里无意涉及。孟子大义凛然的愤世嫉俗,没有一点向现实低头的意思,并坚定地相信自己的仁政是天下的未来,所谓"舍我其谁也"。这说明孟子认识到二级社会有不同方向,自己的学说过于理想化,仅仅是中国可能的方向之一,所以他推测天也可能不愿平治天下。荀子的后王学说,厚今薄古,并没有给中国人民指出一个美好的未来,而是误把战争年代的残酷社会现实当成唯一的社会存在,把孔子美好的仁爱学说与残酷的社会现实统一起来。荀子采取了与现实妥协的思路。

荀子说:"道者何也? 曰:君道也。""至道大形,隆礼至法则国有常,尚贤使能则民知方,纂论公察则民不疑,赏克罚偷则民不怠,兼听齐明则天下归之。"(荀子·君道)荀子这里把孟子以仁政统一天下变成用功利主义赏罚与礼法来统一天下,并放在儒家的光环之下。他说:"大儒者,天下三公也。小儒者,诸侯大夫士也。众人者,工农商贾也。"就是把现有政权披上儒家的外衣。(荀子·儒效)

在《荀子·解蔽》中,荀子大批他那个时代的孟子、墨子、宋子、慎子、申子、惠子、庄子等人,说他们都蔽于一点而不知其余。批了这么多人的荀子学说不免眼光狭隘而实用,不能继承孔子大一统的包容思想。荀子在《解蔽》开头说:"凡人之患,蔽于一曲,而暗于大理。治则复经,两疑则惑矣。天下无二道,圣人无两心。今诸侯异政,百家异说,则必或是或非,或治或乱。"这说明荀子不知道人类二级社会有无数不同方向的选择,更缺乏不同学说、不同社会方向平衡共存的思想,所以荀子缺乏美好理想社会的构想。荀子说:"离居不相待则穷,群居而无分则争。”(荀子·富国)说明荀子用高低贵贱组织社会是为了富国强兵,并没有孔子的文化娱乐、精神安宁、社会均平、友好气氛等多方面考虑。荀子这些局限为后来汉武帝等人扩充君权带来方便,所以汉代是把荀子当成大儒来推崇的。

参考文献:

[1] 李柚声(2009):换个角度看人生,看世界:21世纪中华道学。北京:线装书局。第284 – 303页。

[2] Julian Jaynes(1976): The Origin of Consciousness in the Breakdown of the Bicameral Mind. Boston: Houghton-Mifflin.

[3] Gregory S. Paul(2009): The Big Religion Questions Finally Solved. Free Inquiry, December/January 2009 Issue, p24 – 36.

第五章

从无政府主义思想倾向看孔孟

摘　　要:本章从国家定义与国家出现的历史条件论证,中国战国前三代时期王朝和联合国及欧洲罗马教廷相似,并不是真正意义上的国家。祖述尧舜、宪章文武的孔孟有很强的无政府主义思想倾向,并有个人至上的自由主义行为。中国古代这种无政府的社会秩序得以实现乃基于原初社会式超级大国:上下分隔与地方势力之间的平衡使中国人进入文明后仍生活在原初社会层次。笔者引用《易经》说明原初社会中个人中心的无政府主义倾向。这一原初社会式超级大国的社会生活方式可以用儒道互补来概括,故老庄与孔孟都有无政府主义倾向。本文列举分析了孔孟的种种无政府主义思想与行为,并对比了孟子、庄子与古希腊第欧根尼截然不同的无政府主义行为。结论是:西方开始于典型国家的二级社会,此后历史发展向原初社会回归;中国相反,由无政府社会开始,逐渐向集权与典型国家演进。作者以诗歌中"我"字的出现频率代表主体表达度,用以检验马克思主义的国家专政说,发现东西方历史走向相反:西方历史呈现主体表达度的增高,而中国三千年主体表达度降低的程度与递减的持续性给人留下深刻印象,唐朝以后诗歌主客体"我"字比率与自杀诗人屈原诗中的"我"字比率相近,令人揣想古人的摧心剖肝之痛。

精彩摘句:由于老庄与孔孟的无政府主义思想倾向,国家的建立与制度的完善都落后于西方。相反,在人性、正义、均平、全民利益等方面却走在西方前面,如选拔政府官员的科举制度,不考国家管理技能,却考老庄、孔孟的人性、仁义等学说。中国历史几乎是一个长期大一统的历史;西方仅罗马帝国几百年的地中海统一,尚与波斯及印度对峙。

按马克思主义学说,国家政治是一个阶级统治与剥削另一个阶级,即军队、警察与监狱维持的专政系统。孔子则认为,政者正也,政治是领导人行为端正;孟子讲仁政,而仁是恻隐之心。行为端正与恻隐之心领导的社会只能是无政府,反映了中国战国前无政府状态的现实。无政府主义思想是孔孟哲学体系的重要内容,很大程度上是他们政治理论的主体思想,不过以道德礼仪说教的面目出现。道德礼仪不能代替专政,只能帮助社会维持现有秩序;况且孔孟道德由他们自己裁定,并无客观标准与社会裁定程序。

一、现代无政府主义的概念

"无政府"一词的通俗含义系指社会陷于混乱的无政府状态。这在人类历史上并不少见,常常导致军阀混战。但无政府与社会混乱却无本质联系。在人类历史上政府出现才五六千年的时间,在此以前的一二十万年之间,我们现在称为智人的人类社会并没有陷于混乱。无可辩驳的证据表明,人类进入文明以来,在政府领导下,战争的频率与级别都较以前无政府时大幅度增加。既然文明前的人类可以过无政府的生活,文明人类同样可以无政府而生活。历史上有不少这样例子,如冰岛无政府社会延续了三百余年(930—1262)。一般来说,延续七百余年的古印度文明(公元前2600—公元前1900年)也是无政府社会。

现代无政府主义包含了众多哲学体系和社会运动实践。首先由高德文(William Godwin 1756—1836)与蒲鲁东(Pierre-Joseph Proudhon,1809—1865)提出。其基本立场是反对包括政府在内的一切统治和权威,提倡个体之间的自助关系,关注个体的自由和平等;它的政治诉求是消除政府以及社会上或经济上的任何独裁统治关系。对无政府主义者而言,"无政府"一词并不代表混乱、虚无,或道德沦丧,而是一种由自由的个体们自愿结合,互助、自治的和谐社会。至于无政府社会如何组织、如何运作、如何由现代社会转化成无政府社会等,无政府主义者之间分歧甚大,派别甚多。我初步浏览的印象是:他们中没有任何人想到老子、孔子式的无政府社会,他们没有认识到中国古代社会的无政府主义实质。

老子主张的小国寡民，实际是一种无政府社会，所以现代西方无政府主义者常常引老子为无政府主义的鼻祖，但很少谈到孔孟的无政府主义思想倾向。将儒家与无政府主义联系起来也并不从笔者始，如近代无政府主义社会活动家吴稚晖就把儒家大同学说引为无政府主义的蓝图。关于这个专题的论著甚少，导致有人误以为老子生活在孔子之后，便将人类无政府主义鼻祖的称呼从老子拿来给孔子。[1]

二、儒道互补与无政府主义

《庄子·在宥》说："闻在宥天下，不闻治天下也。在之也者，恐天下之淫其性也；宥之也者，恐天下之迁其德也。天下不淫其性，不迁其德，有治天下者哉！昔尧之治天下也，使天下欣欣焉人乐其性，是不恬也；桀之治天下也，使天下瘁瘁焉人苦其性，是不愉也。夫不恬不愉，非德也。非德也而可长久者，天下无之。"大意是说：我听说天下顺其自然，我从来没有听说过由人来治理天下。天下顺其自然，就不会改变天下原有的德性，也就用不着人为治理了。尧治天下，人们很高兴，是心不宁静；桀治天下，人们不愉快。不宁静，不愉快，就不是天下原有的德性。没有德性而会长久，天下从来没有过这样的事。

自尧到庄子有两千余年时间，庄子认为这两千余年的管理行为是即将过去的暂时现象，天下最终是要回到全面无政府状态的。自庄子到现在又两千余年过去了，现代无政府主义者们开始重复庄子的这些话：世界要回到无政府状态。《庄子》一书引用孔子甚勤，把孔子当成老前辈，《庄子》书中的孔子表现出道家思想倾向，孔子年轻时曾向老子请教，老年时喜好充满道家思想的《易经》。所以道家与儒家有互补互通的一面。如果老庄主张无政府主义，孔孟也不会支持政府的，事实正是这样。

《道德经》中阴阳相辅相成的思想，涵盖一切事物，即可以用一个事物内部这种相辅相成而又相互制约的内在矛盾来定义事物。这也适用于人类社会。笔者曾用儒道互补来描绘古代中国社会的生活方式。笔者认为，自汉朝汉武帝开始，一直到清朝结束，是以儒家为主，道家在野，与儒家思想互补。广大农村流行的是道家思想，所以鲁迅先生在 1918 年 8 月 20 日写的《致许寿裳》中提到：中国的根底全在道教，此说近颇流行。以此读史，有多种问题可迎刃而解。道家与儒家创始人老子与孔子都代表整个社会来说话，他们又都厚古薄今,所以夏商周三代时期的生活方式仍可以用儒道互补来概括,只是这时的儒道还没有提高到哲学高度。笔者曾推测,夏商周三代时期以道家为主,儒家为辅。[2]夏商周三代时期,社会面临暴乱、分裂等危机情况时,儒家人物就会出来用道德与礼仪呼吁秩序,以求稳定社会;占统治地位的道家人物则强调古朴纯真。由于他们的共同努力,当时的中国才得以化险为夷,转危为安,从而堵塞了二级社会国家出现的道路。结论:早期儒家思想是为了维护无政府主义的社会现实而使其得以持续存在。

三、夏商周三代时期并无真正意义上的国家与政府

中国历史上最先出现的儒道两个哲学体系为什么都以无政府社会为理想呢？这是因为夏商周三代时期并无真正意义上的国家与政府,儒道两家仅仅概括与描绘古代中国社会现实而已。中国在战国时期才出现真正意义上的国家。韦伯(Max Weber, 1864—1920)给国家下了一个言简意赅的定义,被引以为经典。他说,在领土内垄断暴力合法使用权者为国家。[3]在领土内未经国家允许而使用暴力便构成犯罪。战国以前的王朝很像当今的联合国,他们对不听号令的地方势力都用一个办法,即派盟国兵团与该地方势力开战。他们如果战败了,只是丢面子而已,照样当自己的王朝与联合国,得胜的地方势力仍是他们的属下。所以,夏商周三代与当今联合国一样,小的冲突不断。《易经》剥卦上九爻说,"硕果不食,君子得舆,小人剥卢",即越富有,越不得享受,被穷人吃大户了。从吃大户推断,《易经》时代也同样无政府。夏商周三代王朝并没有垄断暴力使用权。

中国夏商周三代时也不具备国家出现的历史条件:夏商周三代王朝的出现并不是阶级斗争不可调和的产物,夏王朝是治理黄河协作的结果。夏王朝继承了黄帝的传统,而黄帝与当今联合国一样,是为了制止诸侯征战与蹂躏百姓。[4]

除了马克思的阶级斗争产生国家学说外,另一个流行的国家起源说认为:为了应付国际间的征战与竞争,一个民族要建立与周围不同的文化传统作为凝聚力,再成立国家以求生存。而中国夏商周三代时期并不是这样,当时并没有与他们竞争的国家和势力,恰恰相反,他们误认为自己是整个人类的代表。《吕氏春秋·贵公》记载说:

荆人有遗弓者,而不肯索,曰:荆人遗之,荆人得之,又何索焉？孔子闻之

曰:去其荆而可矣。老聃闻之曰:去其人而可矣。故老聃则至公矣。天地大矣,生而弗子,成而弗有,万物皆被其泽、得其利,而莫知其所由始,此三皇、五帝之德也。

(译文:一位楚国人丢失了他的弓,又不愿去找回来,说:一个楚国人丢了一只弓,另一个楚国人得到了这只弓,我又为什么一定去把它找回来呢? 孔子听到这个故事后说:把“楚国”两个字去掉就可以了。老子听到这个故事后说:把“人”字也去掉就可以了。孔子心怀整个人类,而老子心怀人类与自然界,所以老子是最大公无私的了。天与地都很大,生成万物而不把万物当成自己的儿子,创造了万物而不把万物占为己有; 万物都受天地的润泽,从天地那里得到好处,却不知道怎么来的,这都是三皇、五帝的恩德啊!)

孔子学说以“仁”为核心,仁者人也,即为全人类着想,所以孔子建议丢失弓的人忘掉他的楚国而拥抱所有的人。老子着眼宇宙世界,认为人不过是其中的一部分,所以老子建议楚国人忘掉人而拥抱大自然。《吕氏春秋》认为老子的这种思想传自三皇五帝,即中国古代传统。无论是老子着眼宇宙万物,还是孔子着眼全人类,其结果只能是与当今联合国相似的夏商周三代王朝,不会有什么真正意义上的国家与政府,当时的经济地理现实也正是这样。

根据王玉哲考证,马克思与恩格斯晚年改变了他们把中国古代社会归为原始社会的看法,认为亚洲农村公社的农民仍是奴隶,不是奴隶主的奴隶,而是专制君王的奴隶。[5]卡尔·魏特夫(Karl A. Wittfogel, 1896—1988)进一步发展马克思亚细亚生产方式的理论,提出了东方专制主义的理论(oriental despotism)。魏特夫跟马克思一样相信政治不能代替经济,能够将农村公社社员变成奴隶的独裁君王一定要有一个经济基础来赋予他这种能力。他认为中国这一社会转变伴有劳佣地租向租赋地租的转变,这一变化出现在春秋末战国初。[6]正是在战国时期,国家军事力量发展到足以控制疆域与垄断所有土地的程度,也正是这时,国家开始向农民分配土地,土地走向私有化。孔子在《论语》中多次提到的用德政吸引远处农民来归附,即农民有自由迁移的能力。尽管商鞅还制定政策吸引中原各国农民来秦国开荒,但战国时大部分农民失去了这一自由迁移的能力。[6]结论是:战国前的中国既没有领土权的概念,又没有控制农民的实际权力,而是像当今联合国一样,协调各地方势力均衡合作而已。

国内学者也有与笔者持同样看法的,只是未加深入讨论,没有形成孔孟无政府主义的结论。如徐柏青说:“孔子的政治思想,其内容可以用有为而进,无为而治加以概括,具体地说就是通过为国以礼、为政以德、任人举贤、简政宽民等行政方略达到无为而治的最高境界。孔子的无为与庄子的无为有本质上的区别。庄子的无为有严重的无政府主义倾向,而孔子的无为则是通过有为的政治方式而达到无为而治。"[7]

这与笔者的看法一致,儒家在三代时期,是通过呼吁道德与礼仪以制止社会的混乱,维持社会的无政府状态。孔孟正代表这种儒家努力的继续,只不过社会发生了质的变化,他们的目标难以达到了。即使这样,作为他们目标的无为而治与庄子不采取任何积极措施的无为而治并无本质的区别,二者全是无政府。另外,在战争频仍与你争我夺的情况下,要求无为而治并不是一件轻而易举的事,需要终生为之奔波的。正由于此,孔孟都有退隐思想,只不过未像庄子那样真的退隐罢了。

四、两级社会的概念与夏商周三代时期原初社会式超级大国

孔子以西周政治为自己学说的样板,认为那时是儒家德政得以实现的时代。《史记》与古本《竹书纪年》都记载说:成康时期,四十年刑错而不用。即西周早期曾四十年没有使用任何刑罚。孔子无疑知道并相信这一记载,两千多年后的我们就更没有任何理由怀疑这一记载。四十年没有使用任何刑罚是无政府的直接证据。

夏商周三代王朝与当今联合国的一个重要不同是:夏商周三代王朝治下的是邦国与邦国之间的少数民族,都没有国家建制,而联合国下面是一百多个制度健全的国家。联合国存在才六十多年,而夏商周三代近两千年。在没有国家建制的情况下,是什么力量维持他们的统一与社会稳定呢?商周时代地域辽阔,人口不少于数百万。笔者在数年前提出两级社会的概念,将地球上的所有社会,包括动物社会,分成遗传编码的原初社会与人造的二级社会,发现:中华文明开始于原初社会,而西方文明开始于二级社会,中国于战国时期进入二级社会。

请读者参阅本书导论二第四节的社会模式。在这样一个社会模式下,各级均生活在自己的原初社会内,其社会生活的指导原则仍是原初社会的平等互惠与情感直觉,即像史前社会一样发挥人性稳定社会的强大力量。读者也可参阅笔者前文。[4,8]

五、从《易经》看原初社会式超级大国的无政府状态

据麦锦恒先生,孔、孟、荀都拥护周道[9],孔子更是以西周为样板,而《易经》正是西周初年作品,展现难得的西周无政府社会生活画卷。因为笔者著有专文论述这一问题[10],这里仅拣其要者罗列于下:

(一) 以天性自然为指导

国家有宪法与宗旨,即二级社会的方向与目的。原初社会没有这样的功利思想可谈,其业余时间像动物一样用于休闲与愉悦,即广义上的美学追求:包括各种艺术的美,道德的美,社会和谐的美,以及自然的美。《易经》原经文虽然偶尔用"德"一字,但是与天道、自然一起来谈德,即视道德为天性。《易经》原经文没有使用任何仁、义、礼等字眼,没有任何文字表明当时有统领社会的任何思想体系。

(二) 无政府与局部冲突

第二次世界大战后的冷战时代是二次世界大战的后遗症,不能视为正常。苏联解体被视为冷战时代的结束,此后的局部暴力冲突仍时有发生。以此推理,夏商周三代时期原初社会式超级大国也会有局部冲突。原初社会式的暴力冲突与同一种属的动物冲突一样,按固定仪式进行,多用威慑的方式结束冲突。像张艺谋电影《英雄》显示的那样:双方闭目对立而在脑子里进行战斗来解决争端。《易经》中孚卦六三爻说:"得敌,或鼓,或罢,或泣,或歌。"与敌人遭遇后,有人击鼓,有人退却,有人哭泣,有人唱歌。只有原初社会的战争才会有如此混乱的场面,这样的战争才可能像原初社会冲突一样,在不导致人员伤亡的前提下解决争端。

(三) 无政府与群龙无首

《易经》处处表现出原初社会式超级大国并非中央集权政府,它不是各地方势力的上司,所以正当的描绘是:群龙无首。《易经》中不仅有"群龙无首"与"天德不为首"的话,并且以上地下天的象征代表"泰",即平安泰和的意思;用上天下地的象征代表"否",即祸乱险恶的意思。自然界的天虽然在大地上面,如果天受之泰然,就会出现问题,只有上天亲自到大地下面才能达到天地之间的正常沟通。邹衍曾推测:世界上一共有九块为海洋环绕而不相通的陆地,中国位在其中一块陆地上。他几乎说得准确无误:地球上大部分面积是

水,天在水上是地球上的常规,但《易经》第六卦正是上天下水的形象,却是讼卦,是诉讼上法庭的意思。其解释是:天在水上就等于把二者分开的,所以导致诉讼。

(四) 无政府与均平社会

古代无政府社会几无例外地全部是均平社会,近代才有无政府资本主义社会的学说。古印度文明或被认为是无政府社会,他们商业发达,财富积累,但却是均平社会。喜马拉雅山南麓长期与外界隔绝的部落就是这样,如阿帕塔尼斯(Apa Tanis)与有猎头之风的纳加斯(Nagas),尽管前者和平,后者常以掠夺平原农民为生,但二者都为均平社会。《易经》描述的是均平社会。第十五卦说,君子以裒多益寡,称物平施。这里的君子是地方官的意思,他们的任务就是以富补贫,根据财物的多少来平均分配。上面讲到“硕果不食,君子得舆,小人剥卢”与这里讲的是同一问题的两方面。穷人吃大户与富有者散财是出于同一社会要求。

(五) 男女平等

《易经》显示了的男女平等思想,在男人主导中国数千年历史的背景下,这种思想实在可贵。大过卦爻辞中提到老夫娶幼妻无不利后,马上又说:老妇得幼夫无咎无誉。作者的思维很像现代女权主义者,世上有一个 chairman(男性主席)的词,就立即创造 chairwoman(女性主席)的词与其对应。《易经》的作者显然在想:单提老夫幼妻就不平衡了,一定要用老妇幼夫与其对应才符合男女平等的现实。家人卦说,女正位于内,男正位于外。古代夫妻关系没有现代法律保证,相对自由,其结果是儿女们与母亲关系紧密。古代原初社会中男女平等,但可能以年老的祖母为社会凝聚中心,而与其他氏族的交往等事务由男人主持。即女正位于内,男正位于外。

(六) 孔子所说君君臣臣、父父子子

上面所述足以说明君臣关系的维持要靠君不断讨好臣子。父父子子的关系又如何呢?周初的《易经》显然容纳更多的平等思想。第十八卦是蛊卦,蛊则饬也,就是匡正祸乱的意思。这一卦的六爻中,四个爻是匡正父亲的祸乱,一个是匡正母亲的祸乱,最后一个爻说,不事王侯,高尚其事,不事王侯,志可则也。这一卦正是这种原初社会的无政府主义思想的直接表达。他们要在匡正父母的同时,以不服务于王侯为高尚。

六、孔孟的无政府主义思想

从以上所述我们可以看出：孔子对三代时期无政府的社会现实不但没有批判，反而引以为社会的样板，他的所作所为不过是像以往儒家一样，用道德与礼仪呼吁无政府的社会秩序而已。唯一的区别在于，孔子已经进入所谓轴心时代，人类思维已经第一次到达哲学高度，孔子也不例外，他更深刻、更系统、更全面地表达儒家思想，从而建立了儒家哲学。也正由于此，孔子说自己述而不作。

（一）孔子与老子一样以古代原初社会为理想社会，即大同世界

孔子大同学说见于《礼记》，而《礼记》夹杂了后人作品。从另一方面看，大同学说更好地概括了孔子的政治理想，即使是后人所为，也是总结孔子思想而已。孟子虽无大同之说，但他在政治理想化的道路上走得比孔子还远。孔子尚未谴责五霸，甚至称赞管仲与齐桓公（论语，14：18），而孟子说五霸是三王的罪人。（告子下）孟子把孔子仁学说发展成仁政说，而把仁解释成恻隐之心，建议用这种仁政统一天下。

（二）孔子真的想建立一个没有刑罚与诉讼的社会，并在成康时代可能得以实现

上一章曾经列举了《论语》的种种论述说明，两千年前的孔子极力反对刑杀，也真心想取消一切诉讼。为论述的完整，择其要者重复于下：

孔子说："善人为邦百年，亦可以胜残去杀矣。诚哉是言也！"即孔子的理想社会不光没有杀戮，也没有残酷的刑罚。鲁国执政者季氏要以有道杀无道，孔子说："为政焉用杀？"（论语，13：13，12：19）

另外，"己所不欲，勿施于人"，也有了反对刑杀的意思：自己不愿被杀，也就不要杀死别人。孔子还要去掉诉讼，他说："听讼吾犹人也，必也使无讼乎！"（论语，12：13）一个没有刑罚与诉讼的社会不可能有真正意义上的国家与政府。

孟子将孔子这套以原初社会为基础的理想社会发展为二级社会以民为主的政治哲学，即坚持人民大众的立场，以适应阶级分化的现实。他主张民为贵，国王与国家（君、社稷）并不重要。反对暴君，支持革命，具有强烈的革命色彩。无政府主义与革命并不冲突。

上文已经提到西周成康时期有四十年没有使用任何刑罚——《史记》与古

本《竹书纪年》都记载说,成康时期,四十年“刑错而不用”,说明孔子的理想在西周时期一度曾经是现实。

(三)孔子的德政本质就是无政府主义

孔子说:“为政以德,譬如北辰,居其所而众星共之”。又说:“道之以政,齐之以刑,民免而无耻;道之以德,齐之以礼,有耻且格。”(论语,2:1,2:3)如果以德为社会衡量标准来建立国家,德应有严格的定义并分为若干层次,要有固定的社会程序来界定一个人行为隶属德之哪个层次,并作为赏罚的依据。这样的德政才能建立二级社会的政权。孔子的德政核心是以仁为基础,孔子多次解释仁,并无确切的定义。因为《论语》中,仁与人可以互换,孟子说仁就是人,所以孔子德政的核心是强调人性而已。因为孔子看到社会的混乱局面,他强调人性中仁爱之心的一面,不过说:你们要知道,你们自己都是有一颗心的人啊!

孟子对梁惠王说:“王何必曰利,亦有仁义而已矣!”像马克思所揭示的那样,国家建立的关键在于一定的经济基础来维持剥削阶级的利益,也就是孟子反对的利。政治尚且不能代替作为经济基础的这种利,何况德政与仁义。孔子的德政社会、孟子的仁义社会只能是无政府的社会。

(四)孔子的榜样政治仅适用于原初社会的圈子

孔子主张用榜样政治代替管理型政治是中国战国前主要社会生活层次为原初社会的有力证据。曾官至鲁国代理宰相的孔子极力主张榜样政治,说统治者管好自己就可以了。他说:“政者,正也。子帅而正,孰敢不正?”“其身正,不令而行;其身不正,虽令不从。”(论语,12:17,13:6)这些话讲的都是榜样政治,说如果政府领导以身作则,就没有人为非作歹了,也就用不着发布什么命令了;如果领导不能以身作则,即使发布命令,人民也不执行。

孔子又说:“苟正其身矣,于从政乎何有?不能正其身,如正人何?(译文:如果领导能端正自己的行为,就用不着管理型的政治了。如果领导不能端正自己的行为,又如何能端正别人的行为呢?)”(论语,13:13)有的译本将“于从政乎何有”翻译成:从政还有什么难的。这反映有了二级社会经验的人对孔子的话难以置信,其实孔子是讲榜样树起来后就用不着任何管理了。

值得一提的是,孔子的榜样政治是双向的,就是领导给社会成员做榜样,社会成员也给领导做榜样。所以当有人问孔子为什么不去从政时,孔子回答说:“《书》云:孝乎为孝,友于兄弟,施于有政。是亦为政,奚其为政?(译文:

《尚书》中说：孝就是孝顺父母，友爱兄弟，从而影响那些从政的人。这就是从政了啊，为什么一定要去当官才算是从政呢？）”（论语，2:21）即孔子认为自己在家中树立榜样来影响从政的人本身就是从政。国家管理能用一个普通人的家庭和谐来代替，这样的所谓国家只能是无政府社会。

孟子同样讲榜样政治，他说：“君仁，莫不仁；君义，莫不义；君正，莫不正。一正君而国定矣。”又说：其身正而天下归之。”（孟子·离娄上）

（五）孔子的君子形象与现代无政府主义中的自由意志论者相近

卢梭（1712—1778）有句名言：“人生而自由，却无往不在枷锁之中。”这句话后来被认为是无政府主义的宣言。二级社会犹如一只没有固定方向的海上航船，船上的人不可能人人都有选择方向的自由。像马克思所揭示的人类社会发展规律那样：奴隶社会、封建社会、资本主义社会等社会阶段即非任何人的自由选择。二级社会一旦选定后，其发展前途如何，并不在人的掌握之中。总之，二级社会成员有服从外在于人的要求的义务，这种要求或为法律，或为权力，或为上帝。由于中国古代社会形式的特殊，孔子对这一点没有清楚的认识。他所描绘的君子形象虽然是道德的楷模，却有无政府主义自由意志论的倾向。

孔子的君子形象更接近美学追求：既无用语言可以准确表达的客观标准，也无须二级社会认可而发放君子证书，更无功利目的可求来测定君子的社会效果。孔子不厌其烦地讲六言六蔽、五美四恶、三友三畏、九思等（论语，17:8，20:7，16:4－10，17:6），这里不一一列举。这么多的要求与细节，与其说是儒家君子小圈子内的自我要求，不如说是一种自我标榜、自乐其乐的一种生活艺术，他们在这样讲的同时扩大了与一般群众的距离。孔孟讲君子与小人相对，从而扩大了所谓小人的范围。孔子称自己的弟子樊迟为小人，原因是他问了农圃的事。孔子甚至说言必信、行必果者为小人，说当时从政的人都是小人：“噫！斗筲之人，何足筭也！”（论语，13:20）这样乱给人扣帽子，足以说明孔子是一个极端自由主义者，其言论限于美学价值，仅用于原初社会，所以不讲言必信、行必果。他的观点与现代无政府主义中以直观感觉（instinct）为基础的自由意志论者接近。

孟子将孔子不讲言必信、行必果的思想进一步发展成二级社会一种特立的学说，即在二级社会人性异化面前坚持原初社会基于人性的立场，强调内心的真诚，蔑视社会上的人为标准。孟子说：“大人者，不失其赤子之心者也。”又说:“大人者,言不必信,行不必果,惟义所在。”(孟子·离娄下)可见孔孟的自由意志不受二级社会的任何法律条文与行为规范的约束,不讲究社会效果,只讲究人性的自然美。如果孟子这种纯美学式的“大人”不顾效果而导致社会灾难,孟子如何处理,我们不得而知。清朝末年出现的《老残游记》专门讨论清官危害比赃官大的问题:清官自以为是,不顾效果,而赃官自觉理亏,处处小心。

(六)孔子的个人行为近于自由主义者

孔子强调个人意志,并不尊重任何政权,没有个人服从外在于人的权力的思想,这种权力包括法律、社会存在本身的要求以及神的意志等。孔子强调“道不同,不相为谋”,“以道事君,不可则止”(论语,15:39,11:23),又瞧不起当代从政的人,说他们是“斗筲之人”,所以虽然孔子终生热衷政治,但只有在以礼仪著称的鲁国短时间从过政,却还以“道不同”而出走。

孔子生活在春秋末年,这一时期原初社会式超级大国的架子还在,农民自由迁移,君主权力受很大约束。又由于几千年留下来的强大的文化传统,孔子学说被视为正统,他周游列国,到处碰壁,但名声却越来越高。可以想象,各国君主会尽量迁就他的,尤其是具有浓重周礼传统的鲁国更是这样。孔子坚持他的自由意志与理想,不与现实妥协,才导致他从政的破灭。

孔子一方面坚持自由意志的理想政治蓝图,另一方面在行动上又表现出大胆、实用,甚至不顾个人道德准则。孔子说:“如有王者,必卅而后仁。”(论语,13:12)这说明他认识到自己的理想不是短时所能实现的,同时提示孔子并不把当时的周王当成王看待,所以他恢复周礼并不通过大周王朝来实现,周游列国并不朝见天子。那么孔子认为谁是真正的王者呢?答案是他自己。正是这样高的理想与志向才使孔子表现出大胆实用的一面,公山弗扰在费城叛乱,请孔子去,子路不高兴,孔子却说:“夫召我者,而岂徒哉?如有用我者,吾其为东周乎!”孔子这里显然是要效法汤武革命,自己建立一个新的周王朝。(论语,17:5)同样是下属叛乱,孔子周游列国时答应了卫国蒲地叛乱人员的条件而不遵守,反而促使卫国国君派兵讨伐。可见除了实用外,孔子并没有客观的道德标准。笔者依从传统,在这一段文字中使用“叛乱”一词,实际上无政府社会是无所谓“叛乱”的。

作为鲁国主要大臣的孔子因为鲁公接受齐国送来的美女与马匹而不高兴。以今天我们的理解,孔子可以就此事提出意见与批评,但最终以鲁公决定收留齐国礼物与否为准,作为臣子的孔子有接受鲁公最后决定的义务。可是据《史记》记载,孔子竟连招呼也不打一个,即带领学生们离开鲁国。鲁国当政者不得不派人借送行的名义打听孔子不高兴的原因。从这一事件可以看出,孔子的行为有严重的自由主义色彩。

孔子对待这些叛乱的态度却表现出他极可贵的一面——原初社会大一统的包容思想,这是后来的孟子与荀子所不具备的。[11]晋国一个叛乱家臣请孔子时,孔子回答弟子的责难说:"不曰坚乎,磨而不磷;不曰白乎,涅而不缁。"(论语,17:7)孔子说,即使与这些人同事,自己的洁白也不会被他们的污黑所染。这从侧面表明,当时的政府容纳黑白相反的不同人。子路等青年人容易接受新思潮,孔子坚持老传统。

孟子缺乏孔子那种大一统的包容思想[11],但其个人行为更加自由化。根据黄仁宇的观点,孟子不像孔子那样注意礼仪的约束,自由度更大:齐宣王有病,他也称病;他见梁惠王,出来便说:"望之不似人君。"[12]

(七)孔子的无政府主义以原初社会的小集体为单位,所以主张上下隔离

孔子主张社会的上层精英与庶民分隔开来,即所谓"上知下愚","民使由之而不使知之","庶民不议",等等(论语,17:3,8:9,16:2),常被误认为是主张国家阶级分化。孔子的这种分隔制不能视为不平等的统治阶级思想,农民自由迁移权即农民有选择邦国的自由,其实质与西方民主选举相近。西方的民主选举是在竞选者中挑一个,而中国古代农民选择邦国,并不淘汰任何人,是一个相互选择的过程,各得其所,所以孔子才说"兴灭国,继绝世,举逸民,天下之民归心焉"(论语,20:4)。这显示了原初社会与二级社会的本质区别,前者包容一切,享受生活;后者选择淘汰,像马克思所揭示的那样,人成了社会异化力量的奴隶。

孟子时代阶级对立已经出现,剥削阶级的地位由土地与军事的垄断权保证,所以孟子站在人民大众的立场上坚决反对统治阶级。孟子除了像孔子一样厚古薄今外,并没有提出一个保证人民大众利益的可行的二级社会体制,他却支持下级革命诛杀暴君,支持大臣弃君与废君另立的权力,他的这些言论有威慑统治阶级而使其行为谨慎的效果。而如果被统治者真要人人按孟子所说行事,其结果只能是无政府的社会混乱。

七、孔孟无政府主义思想的历史影响

如果把有无政府看成二级社会与原初社会的区别的话,亚里士多德"人乃

政治动物”的话最能说明东西方历史走向的不同。西方二级社会从一开始走的就是将人民的业余时间组织起来追求物质文明的道路,也就是追求利的道路。这里所讲的业余时间是基本生理需要达到满足后剩余的时间。亚里士多德的“动物”一词显然是就人的物质欲望而言;老庄眼中的动物是人类的榜样,动物业余时间全部用来放松与休息,人也要这样,即重视广义的美学追求:包括休息、放松、欣赏周围的世界以及集体与个人的娱乐行为,提高来看则包括艺术、宗教、哲学,也包括道德与义理。孔孟强调道德与义理的同时也同样强调自我怡悦与美。

以人性为基础的老庄与孔孟学说对人类来说有强大的感召力,物质文明道路的相互制约与实力平衡思想在中国极不发达。战国时期秦国文化落后,却得以异军独起,以物质利益组织社会,富国强兵,六国受到威胁,但并没有放弃老庄与孔孟的人性基础上的大一统学说,某种程度上还做仁义王天下的梦想。他们从来没有看到:没有成熟的制度,仁义只能败在强权脚下。如果他们定出仁义的标准与评判制度,对违反者天下共讨之;如果他们也同时走秦国道路,像西方那样,因为大家追求相同,只能平衡与利益均摊,逐渐发展二级社会的行为规则与社会建构,中国历史将会是另一个样子。

受老庄与孔孟的无政府主义思想倾向影响,中国国家的建立与制度的完善都落后于西方。相反,在人性、正义、均平、全民利益等方面中国却走在西方前面,如选拔政府官员的科举制度,不考国家管理技能,却考老庄、孔孟的人性与仁义等学说。中国历史几乎是一个长期大一统的历史;西方仅罗马帝国有几百年的地中海统一,而且尚与古代波斯及古代印度对峙。

老庄与孔孟都基于农民社区生活,所以中国历史上农民生活变化不大,却逐渐消减地方势力,把农民直接放在皇帝一人手下。宋朝有北方少数民族国家的威胁,因而集权加剧,诸侯等地方势力最终垮台。虽然西方国家的政府也是近代才急剧增大,功能与职责大大扩展,但中国历史上政府之小与管理人口之多仍令西方学者惊奇不已。费正清说,在别处从未有过这么少人统治这么多人达这么长时期的例子出现。他又说,虽然造就了自给自足、长存不废的中国文明,却未组织成有心追求进步的政府领导之下的单一民族的国家。费氏提供登记官员数目为:唐朝,一万八千;宋朝,两万;清朝,两万。费氏惊叹说:一百多年前一个人口超过四亿的国家里正规官吏不到两万。[13]这就是孔孟无政府主义的历史影响。实际说来,中国历史上的政府与某些现代无政府主义者的主张大致一致,他们主张政府最小化,政府功能限于保护人民与社会稳定。孔孟理想中的政府正是这样。

柔维(William T. Rowe)认为,如果把远远超出家庭层次的以雇用劳力为手段的大规模社会生产称为资本主义的话,中国在明朝末年已经出现资本主义,且系土生土长的,并非自西方进口。西方资本主义与现代国家的出现同步,而中国现代国家的出现至少较资本主义的出现落后三个世纪。中国各地出现的商业城镇与郊区长期依靠行业会等自发组织协调与管理,缺乏政府干预。柔维将这种东西方的不同归结于不同文化所致,孔孟倾向于小政府运作。[14]

八、孟子(约公元前372—公元前289)、庄子(约公元前369—公元前286)与第欧根尼(Diognenes,约公元前400—公元前325)

第欧根尼是西方最早的有无政府主义思想倾向的人,巧得很,他与孟子、庄子属于同一时代的人。他们都生活在二级社会建立之后,面对阶级分化与人性异化,他们都以特立独行、自视清高、蔑视权贵的方式表达对社会的不满。孟子以自我道德标榜著称,庄子以自乐其乐的隐逸生涯著称,第欧根尼则以他的异端行为著称。

孟子生活在二级社会已经牢固建立的战国时期,这一时期社会权力的威力与残酷性都已暴露无遗。孟子代表在二级社会中继续追求孔子理想的人,他把儒家思想向心学方向引导以便给信仰者提供一个高大的精神依托,即二级社会宗教功能。他把孔子的政治思想提高一步以适应二级社会的现实,以与当时的不同学派划清界限。他在道德上的自我标榜,可谓前无古人,后无来者。下面选几段,配上译文,读起来犹如面临一幢无比宏伟的建筑,一幅无比壮观的图画,以满足与读者共赏这种二级社会超级偶像的需要。

孟子说:“我善养吾浩然之气。”“其为气也,至大至刚,以直养而无害,则塞于天地之间。其为气也,配义与道;无是,馁也。是集义所生者,非义袭而取之也。行有不慊于心,则馁矣。”(译文:孟子说:我善于培养我的浩然之气。这种气,浩大到宇宙间再没有比它再大的,刚强到世界上再没有比它更刚强的,我用我的正直的人品来培养它,呵护它,使它不受到任何损害,我这种气就会充满整个天地宇宙之间的每一个角落。这种气,必须有义与道的配合,否则就会萎缩。这种气,是集结了天下所有的正义才生成的,并非一两个正义之举所能得到的。人生在世,做了一点点不对的事,有了一点点惭愧之心,这种气就

会立刻萎缩下来。)”(孟子·公孙丑上)

孟子又说,“得为大丈夫”,则“居天下之广居,立天下之正位,行天下之大道。得志与民由之,不得志独行其道。富贵不能淫,贫贱不能移,威武不能屈。此之谓大丈夫。”(译文:要成为大丈夫,就要住在天地之间最广阔的住宅里,站立在天下地上的最中正的位置上。得志时,与民众一起分享;不得志时,则特立独行,而不偏离道。富贵的引诱不能使我有丝毫的腐化堕落,贫贱的苦难不能使我的志向有丝毫的偏移,威武的强权不能使我有丝毫的屈服之意,这才能称得上大丈夫。)(孟子·滕文公下)

孟子对自己学说的核心概念“义”作了著名的解说,因为上一章已经引用过,这里翻译为现代汉语:“鱼,我喜欢吃;熊掌,我也喜欢吃,如果二者只能得到一个,我放弃鱼而要熊掌。生命,我需要;义,我也需要,如果二者只能得到一个,我放弃生命而取义。”(孟子·告子上)把一种信念看得比生命还重要,这是二级社会的特征。

把自己看得这样高的人对权贵蔑视是必然结果。一天,孟子正要去会见齐王,不想齐王派使者来说:“齐王原计划来拜访先生您的,可惜他感冒了,怕风,不能外出。您如果屈驾来宫,齐王将临朝接见您。”孟子一听不高兴地说:“不巧得很,我也有病,不能去。”第二天,齐王派使者带医生来看望孟子的病,但孟子已经外出。孟子的家人只能说:“孟子昨天有病,今天好些,他已经在去见大王的路上了。”然后派很多人外出找孟子,让他立即进宫会见齐王。孟子却藏在一位朋友家中过夜,以免被家人拉去见齐王。孟子的朋友不满孟子的行为,说:“内则父子,外则君臣,人之大伦也。父子主恩,君臣主敬。丑见王之敬子也,未见所以敬王也。”意思说,家庭之内有父子的恩爱关系,家庭之外有君臣互敬关系,我看到了齐王对您孟子的尊敬,却没有看到您孟子对齐王的回敬。

孟子反驳说:“恶!是何言也!齐人无以仁义与王言者,岂以仁义为不美也?其心曰是何足与言仁义也云尔,则不敬莫大乎是。我非尧舜之道,不敢以陈于王前,故齐人莫如我敬王也。(译文:罪恶啊!你讲的都是些什么话?这么多的齐国人中,竟没有一个人在齐王面前讲说仁义。他们难道认为仁义不好吗?他们是认为齐王不值得听讲仁义的话,他们这种态度才是最大的不敬。我自认为没有得到尧舜之道,所以不敢到齐王面前,所以在齐国人中只有我孟子一人最尊敬齐王了。)”(孟子·公孙丑下)

从这个故事可以知道,整个齐国只有孟子一人在齐王面前讲空洞而不着边际的仁义,还自以为是,让齐王的使者、医生以及他自己的家人都忙得团团转,这些在孟子不过是为了显示自己威武不能屈的大丈夫之气而已。作为当时的显学,仁义的说教人人皆知,齐王之所以愿意听孟子重复说教,不过慑于他的名声罢了。仅就这一件事分析,造成的仅仅是社会效益的损失,起因全在孟子。孟子还说过,不嗜杀人者可以统一天下。其实不嗜杀人者大有人在,可惜怕被杀而先动手的人更多。庄子说:"窃钩者诛,窃国者为诸侯,诸侯之门,而仁义存焉。"(庄子·却箧)孟子的当务之急是,建立仁义道德的客观标准,但他却无心于此,所以孟子学说被视为迂腐。

庄子远离世俗社会,心情比孟子平静得多。据说楚王派人请他去楚国为官,他正在钓鱼,头也没抬就回绝了他们。到魏王宫里作客,他穿着破烂,鞋子坏了,用麻绳拴上。他也曾在妻子死后唱歌,要弟子等自己死后把尸体扔到荒野。他的这些行为在常人看来似乎过分,但这是庄子的真心信仰,本无可厚非。一个人在秦王面前得了赏赐,到庄子面前炫耀,却被讽刺说:那可能是为秦王舔痔疮得到的。可见道家人物仍有原初社会的宽容之风,所以后来才发展到慢火炼丹,但求长生。

孟子的思想体系虽然可称为二级社会哲学,但与庄子一样完全基于原初社会。第欧根尼才是真正的二级社会思想家。第欧根尼年轻时在特尔斐神殿问卜,得到神的回答是:他要把金属钱币毁熔。据他理解,神并非要他毁熔真正的货币,而是要他毁熔当代政治的货币,即人间的虚伪。他于是周游四方,挑战当时的习俗与价值观,认为这才是人类道德的伪造货币。一次,他大白天手提灯笼在大街上行走,说他在寻找真诚的人。他在市场里当众手淫,说他希望如此揉肚子能终止饥饿。他到处批判人类的愚蠢、虚荣、自我欺骗等等,认为人类的绝大部分行为是虚伪与造作。这显示第欧根尼有两点为当时的中国人所没有:一是,他的想法来自外在于人的世界——神的世界;二是,对人类持全面否定的观点,攻击对象是普通的人民大众。这全是二级社会的思想特点。

与道家一样,第欧根尼看到地球上人类生活幽默的一面。当他被海盗逮捕并卖作奴隶时,他说他希望被卖给一个需要主人的人。一天,第欧根尼坐在太阳地里休息,旁边是他的全部家产:一个作屋子用的木桶,一条作拐杖用的木棍,一个饭碗。

亚历山大大帝走过来,见到这位行为奇特的哲学家,他不胜喜悦,问第欧根尼有什么事他可以帮忙。第欧根尼立即回答说:"有件事正需要您帮忙:请您向旁边挪一挪,您挡住了我的阳光。"事后亚历山大大帝不胜感慨地说:如果我不是亚历山大大帝的话,我愿意成为第欧根尼。

当自己要死时,第欧根尼留下遗嘱说,愿意死后被扔到城外让野兽饱餐一顿。当被问到他死后是否介意被动物咬食时,他说:“我不在乎,只要给我条木棍,我用来把它们赶走。”

总之,孟子、庄子、第欧根尼三人都倾向于无政府社会,认为人类幸福与一个人的物质条件毫无关系。孟子追求自我道德的完美化,一种伦理宗教。庄子与第欧根尼认为人生幸福与道德来自返璞归真,与社会的虚伪不相容。他们中只有第欧根尼使用怪诞行为来当众挖苦腐败无能的当权者,他这种做法在当时的中国则会无效。相反,孟子、庄子行为的社会效果只是麻痹人民斗志,有利于反方向即物质强权的最终统一中国。第欧根尼行为却可能某种程度地影响整个社会的走向,因为典型的二级社会是各种社会取向之间的较量。只有亚历山大大帝表示愿意做第欧根尼,齐王与楚王全没有要做孟子、庄子的意思:中国没有建立独立个人的二级社会活动空间。

亚历山大大帝与齐王、楚王的这种不同态度也同时代表东西方文化的差异。很大程度上,我们可以说亚历山大相当于周朝天子或者秦汉后的皇帝,即他的位置明显在齐王、楚王之上。以今天人的眼光来看,第欧根尼的个人生活确实有比亚历山大大帝个人生活优越的一面,因为古希腊与当今社会一样,由自由个人组成。齐王、楚王缺乏这种独立个人的思想,甚至可能把当国王看作一种原初社会式的美学秩序需要。同样,中国历史从社会公德角度评价孟子、庄子,并不把他们放在独立个人的角度来考察。

第欧根尼被尊为犬儒学派的创始人,犬儒(cynical)原指像狗一样生活,西方现代学者仍认为这是批判社会最有效的办法之一。中国的道家却真心羡慕动物,认为动物纯真,是人类的榜样。我们也可以说:庄子是一条史前天然的狗,孟子是一条家养的狗,而第欧根尼是一只符号化的狗,是在二级社会表达个人意见的一种政治符号而已。

九、东西方历史上主体意识表达度的衡量[15]

孟子、庄子与第欧根尼的不同进一步展示:西方文明开始于二级社会,而中华文明开始于原初社会。两千多年后的文化大融合与地球村现象使我们过上大致相仿的社会生活。考虑到原初社会与二级社会的天渊之别,东西方只能走彼此截然相反的历史发展道路才能导致今天的相仿:西方向原初社会回归,即二级社会做适合人性的调整;中国向二级社会演化。这里用历史上主体表达度的变化,证实这一相反过程的存在。

表达度(expressivity)原是一个遗传学术语,讲的是一个基因在一个生物个体中表达的程度。这里用来代表遗传所决定的主体意识在一个人生活中表达的程度,简称主体表达度。笔者曾专门论证主体意识可发生在原初社会,东西方主体意识的发生与发展的进化途径不同。[16]代表主体的语言单词“我”与主体意识的表达直接相关。本章用诗歌中“我”字频率来代表主体表达度。诗歌是传达情感的文体,直接描绘作者主体的思想活动。诗歌中“我”字频率受很多无法控制因素的影响,诸如诗歌主题与内容等,但只要我们检察足够数目的诗人与足够数目的诗作,有意义的历史走向就会出现。

(一) 二级社会对主体意识表达的抑制

二级社会不是人类天生具有的社会,人造二级社会服务其目的,并不介意人类主体意识的表达与否。原初社会犹如今天的家里,说话随便自然,不受拘束。在二级社会中,人们说话要遵从社会说话的规范,内容要与说话的场合一致。总之,相对于原初社会来说,主体表达度在二级社会应有显著降低。

中国《诗经》分为风、小雅、大雅、颂四部分。一般说来,风为农村民歌,小雅作者为小官员,大雅来自朝廷高级官员,颂来自朝廷高级官员与国王本人。从风到小雅,再到大雅,最后到颂,是一个逐步远离原初社会而向二级社会迈进的过程。作者统计发现其“我”字频率(包括吾、朕、余)分别为:2.5%,2.2%,0.91%与0.11%;其“人”/“神”二字频率比值分别为:7.3,1.3,0.42,0.18。

中国历史上有人才北上、政治南下之说,说南方文化程度高,北方游牧民族尚属部落组织,不断南侵,接受中原文化后逐渐南迁。所以南方接近二级社会,北方接近原初社会。作者检察了南北朝、南北宋,以及汉朝灭亡后北方的魏与南方的晋,这三对中无一例外,都是北方主体表达度高于南方。以上足以说明二级社会对主体意识表达有严重的压抑作用。[15]

(二) 西方历史上的主体表达度

作者检察了古希腊、古罗马以及近代英文诗歌(1343—1932),全都从中间分为前后两部分,古希腊与古罗马诗歌用的是英文翻译,这样有利于比较。三者主体表达度都是前低后高。结果如下:

时代	诗歌“我”字频率	统计学显著程度
古希腊	0.91% vs. 1.92%	$P<0.005$

古罗马	0.29%	vs. 1.07%	P<0.005
英文诗	1.13%	vs. 1.44%	P<0.005

古希腊、古罗马、现代英语世界虽然有相互的联系,但实为三个不同文化的建构。古罗马帝国无疑是一个更加压抑的文化建构,其主体表达度最低。[15]

(三) 中国历史主体表达度演变

中国历史上诗歌中"我"字(我、朕、余、吾)频率表

时代	总字数	主体我	属格我	客体我	总数;百分比
以《诗经》为代表的春秋时期	31140	190	221	185	596;1.9%
以屈原为代表的战国时期	12107	90	46	50	186;1.5%
六朝	24491	76	91	58	225;0.92%
唐	22690	34	24	12	70;0.31%
宋	5875	10	5	2	17;0.29%
元	3104	1	2	3	6;0.19%
明	3911	3	6	1	10;0.26%
清	9489	12	7	5	24;0.13%

注:上表中具体年代分别为:《诗经》,公元前1122—公元前476;屈原,公元前352—公元前278;六朝,公元前206—589;唐,618—907;宋,960—1279;元,1271—1368;明,1368—1644;清,1644—1911。

从上表中可以看出一个清楚的主体表达度降低的趋势,最低者见于元与清两朝,显然与异族统治下汉族知识分子受压抑有关。唐朝诗歌转化为近体诗,崇尚格律,伴有主体表达度的显著降低,或解释成格律的限制,或解释成社会环境的恶化,可能二者兼有之,并互为因果。与欧洲相比,唐朝以后中国主体表达度与古罗马早期相当,而诗经时代与古希腊晚期相当。不同语言相比很难,标准无法统一,这里使用"相当"一词。

战国时期留下的诗歌很少,屈原为例外,屈原诗歌实为异军突起,前后没有类似诗人。屈原以自杀结束,现代西方心理学研究显示,自杀诗人用主体

"我"字多而用客体"我"字少。这一近代西方诗学现象显然也适用于中国古代的屈原。屈原作品实在是以"我"为中心的幻想曲,他在上天入地的幻想中独来独往,从来不会想到要带个朋友在路上聊聊天的。主客体"我"字比率在屈原、《诗经》、六朝、唐以后各朝分别为:1.8(90/50),1.03(190/185),1.3(76/58),2.6(60/23)。屈原与《诗经》相比,唐朝以后与《诗经》相比,这一比率的差别都具有统计学显著差别的意义($P<0.01$)。就是说,唐以后主体表达度不仅显著降低,其主客体"我"字比率也变得与自杀诗人相近。其原因何在,值得进一步研究。

作为对以上发现的进一步证实,笔者检查了近代欧洲两个政治走向相反的国家:荷兰与德国。本书导论二部分提到欧洲风景画首先出现在两个临海国家——荷兰与英国,说他们摆脱欧洲军事强权的威胁,得以向古代原初社会的闲适心态回归。现代资本主义以及相伴随的现代民主走向,也以这两个国家为开路先锋,而且荷兰发展在先,英国是后来者,不过英国以后来者居上。德国地处欧洲内陆,像中国春秋时期那样开始于众多的诸侯国,在不断战乱中走向统一与集权。正像预期的那样,荷兰诗歌主体表达度呈逐渐升高的趋势:从0.81%(10/1236),1.07%(9/840),到1.82%(29/1593),而德国诗歌主体表达度正好相反,不断降低,从1.97%(61/3093),1.08%(43/3984),0.88%(21/2397),0.64%(18/2497),到0.49%(19/3852)。[21]中国诗歌主体表达度在两千余年中降低七成之多,而德国诗歌主体表达度在八百年中降低为原来的四分之,即开始是结束时的七倍与四倍,其降低速度大致相仿。

(四)初步解释

我这里试图对上述主体表达度变化予以解释。马克思把人类文明史解释成阶级压迫史、人性异化史。现代学者艾柯哈尔德(William Eckhardt)研究发现:五千年世界文明史是一个战争不断升级史,发现文明、帝国与战争互为因果,并且导致社会不平等的扩大。[17]马克思认为将来会重回史前共产主义社会,不同的是伴有物质的极大丰富。近年来人类学研究的进展认识到南非原始民族昆桑人才生活在物质的极大丰富中,他们那里地广人稀,食物伸手可得,他们大部分时间用来游逛、相互访问、谈天等,他们营养良好,身体健康。许多证据表明,史前营狩猎采集的人类生活正是这样。如导论二第六节提到:三万年前的成年男子平均身高177厘米,女子165厘米;而美国男子在1960年平均高度为175厘米,女子153厘米。无数证据表明,三万年前的人类知道控制生育。[18]

东西方经历了不同的历史发展过程。西方文明开始于残酷的二级社会,剥削、战争与财富积累,而后寻求改善,有基督教式人道主义出现。近代发展人权与民主等,所以资本主义社会被中国人视为无政府主义。中国古代开始于原初社会,社会生活环境可能长期不错。周初四十年不用刑罚;孟子说,武王伐纣只用了三千人,一般认为,灭商之战仅仅打了一天,因商朝士兵纷纷倒戈,除商纣王自杀外,不排除没有任何伤亡的可能。这与当代西方和平转移权力的选举制度差别并不大。美国有两个总统被暗杀,一次选举导致内战爆发。而与灭商时代相近的古希腊特洛伊战争打了十年,破城后将男人全部杀死,将妇女与儿童运回卖给奴隶贩子。

人类学研究发现,农业发明与中东国家建立都导致人类寿命缩短。孔子在《论语》中曾三次提到要用德政吸引远处的农民来归附。孔子有一次说农民会背着婴儿赶来;有一次他又说,儒家提倡三年孝期是因为人类幼年三年不脱离父母怀抱。另外周厉王曾企图控制山林与河流,遭到农民强力反对。这都从侧面提示当时农民流动性很大,大量荒地的存在允许某种程度的狩猎采集生涯,也表明了三代时期农民妇女可能长年携带孩子行走,即打猎高蛋白饮食与哺乳抑制怀孕的自然机制尚在。笔者曾在贵州生活多年,那里的妇女当时还长年携带孩子,绑在后背上。我们可以设想,夏商周三代地广人稀,没有出现过文明社会人口急剧增长的情况,原初社会式超级大国保持相对的和平,没有产生后来人口大幅度升降的现象。战争有刺激人口增长与减少的双重作用:秦汉之后大规模的战乱与灾荒常导致人口的突然下降,如历史记载汉武帝与武则天时人口减半。据陈平称,这样人口死亡过半的大破坏在中国两千年中至少发生过十次,而欧洲仅发生一次。西汉六千万人口,到三国初年仅剩下百分之二。[19]文明代价如此之高,马克思揭示的国家专政史如此之惨烈,人民如何夜半不眠而血泪交加,历史上并无确切记载。主体表达度的研究不过透露一点信息而已。

上面提到,唐以后主体表达度显著降低,其主客体“我”字比率也变得与自杀诗人相近。汉唐之间,有所谓魏晋风度的革命性变化,象征一个文人化的过程,即文人主体意识的成熟,形成知识分子特有的意识形态与文化传统,与农民大众分隔开来。此后,诗歌成为文人的特权,受农村民歌影响的程度大大降低。但这也可以用马克思主义阶级理论解释,即阶级分化与成熟的过程,最终形成一个文人阶级特有的阶级意识形态。这同样支持本节中国由无政府走向国家专制的历史过程,不过唐以后的诗歌就较少代表农民罢了,也即农民思想在诗歌中的表达权被剥夺,这种剥夺本身也是国家专制的出现过程。

本书第六章、第八章要专题讨论东西方宗教与诗歌艺术的不同,这里不便重复。[20]宗教与艺术在二级社会中都有安抚饱受创伤的心灵的作用。但宗教与艺术对主体表达度的影响却很复杂。宗教与艺术都有促使人们脱离世俗社会的作用,从而减少主体意识在二级社会层面闯荡驰骋的动力,即减少主体表达;但他们又可以自得其乐地组成自己的小天地,即本书第十一章提到的“插上门做皇帝”,又可以提高主体表达度。与西方相比,中国的宗教与诗歌艺术更倾向于个人活动,而非西方教堂集体礼拜与诗歌舞台化。西方近代以前诗歌与舞台表演关系更紧密,如莎士比亚被认为是伟大诗人。结论:即使在宗教与诗歌艺术方面,西方更多二级社会层面的活动空间;中国更多修心养性的功夫,最后既不插上门做皇帝,也不到二级社会去驰骋。这一社会倾向不利于中国人在宗教、诗歌艺术领域的主体表达。

我们不能否认,儒家仁义学说在秦汉之后有减少人民痛苦方面的功效,但没有能制止汉武帝、武则天的好大喜功,导致了全国性的大灾难。正由于这样残酷的社会现实,秦汉之后才有对儒家仁义学说的社会需求,才需要宗教的鸦片作用。回过头来看老庄的返璞归真,孔子终生奔波以复周礼,以及两千年来人们对秦始皇的几乎一致的谴责,就感到他们不无道理了。

参考文献:

[1] Roderick T. Long(2003):Austro-Libertarian Themes in Early Confucianism. *Journal of Libertarian Studies*: Volume 17, no. 3 (Summer 2003), p35-62.

[2] 柚声(2010):两级社会的概念与儒道互补的中国主流文化。《学灯》总第15期(http://www.confucius2000.com)。

[3] Weber, Max. The Theory of Social and Economic Organization (1964). p.154.

[4] 柚声(2008):审视东西文化差异的一个新视角。《学灯》总第6期(http://www.confucius2000.com)。

[5] 王玉哲(2004):中华远古史。上海:上海人民出版社。

[6] Gordon Marshall (1994): The Concise Oxford Dictionary of Sociology: Oriental Despotism. Oxford: Oxford University Press. p373.

[7] 徐柏青(1999):有为而进　无为而治——略论孔子的政治思想。江汉石油学院学报(社科版)。1999年1卷4期。

[8] 柚声(2009):战国前遗传编码的原初社会在中国历史上的影响。《学灯》总第9期,

(http://www.confucius2000.com)。

[9] 麦锦恒(2006):孔、孟、荀的政治思想。(http://www.confucianism.com.cn/html/zhexue/825148.html)。

[10] 柚声(2010):《易经》总体思想与先秦儒家道家的关系。《学灯》总第16期,(http://www.confucius2000.com)。

[11] 柚声(2010):论孔子大一统的包容思想与原初社会的影响。《学灯》总第14期,(http://www.confucius2000.com)。

[12] 黄仁宇(1989):赫逊河畔谈中国历史:孔孟。台北:时报。

[13] 费正清(1995):费正清论中国。薛绚译,台北:正中书局。(作者自序与第105页)

[14] William T. Rowe (1990): Modern Chinese Social History in Comparative Perspective. In Paul S. Ropp eds, Heritage of China, University of California Press. p242 – 262.

[15] You-Sheng Li (2010): The Ancient Chinese Super State of Primary Societies: Taoist Philosophy for the 21st Century. Bloomington, USA: Author House. p222 – 230.

[16] You-Sheng Li (2008): Julian Jaynes' Theory of the Bicameral Mind and a Different Pathway Leading to Subjective Consciousness in China. (http://taoism21cen.com)

[17] William Eckhardt (1995): A Dialectical Evolutionary Theory of Civilizations, Empires, and Wars. In: Civilizations World Systems Studying World-historical Change, ed by S. K. Sanderson. Walnut Creek, USA: AltaMira Press. p75 – 108.

[18] Marvin Harris (1977): Cannibals and Kings. New York: Random House. p4 – 25.

[19] 陈平(1979):单一小农经济结构是我国长期动乱贫穷的病根。光明日报,1979年11月16日三版。

[20] 柚声(2009):从孔子与柏拉图对诗歌艺术的不同态度看两级社会的不同艺术思想。《学灯》第11期(http://www.confucius2000.com)。

[21] 全部采用英文译文,以诗人出生年计算,德国诗人被分成五个时期,分别为:公元1137—1100年,1100—1800年,1800—1900年,1900—1940年,与1940—1975年。荷兰诗人分为三个时期:公元1581—1750年,1750—1900年,与1900—1967年.所有诗歌选自网站:http://www.brindin.com/.(2012年)

第六章

从孔子对鬼神的态度看中国宗教文化的原始性

摘　　要：孔子对鬼神的态度与他前面的老子及后边的墨子不同，老子是对中华古代传统宗教文化的一种哲学式提升，墨子是对这一传统的背离，只有孔子是中国宗教文化的直接传承。由于作为中国主流文化的儒道两家哲学同以原初社会为理想社会，中国宗教文化保留了诸多原初社会宗教的特点。这包括：缺乏宗教神灵的统一理论；神灵未形成体系；神灵与人类处在同一层次，缺乏明显高于人类的品格；主要神灵如天、地、日、月等都没有发展到人形神阶段。在世界上六个原生文明中，就连文明程度较低的地区也都有固定的神灵信仰。中国宗教文化的原始性实属例外，与远离文明的澳洲、北美洲相近。由于儒家学说居官方地位，中国广大农村的宗教文化长期停留在泛灵论阶段，家族组织相对完整的中国农村准原初社会足以使任何二级社会宗教难以扎根。从广大农村小区生活看，墨家宗教文化在秦汉后消亡。在老庄思想影响下建立的道教，和佛教一样，向农村小区提供宗教服务，没有像古希腊与中世纪欧洲那样使宗教信仰成为社会生活的直接组织者。笔者以二十世纪五十年代在北方农村的亲身经历印证上述结论。

精彩摘句：与中国古代原初社会式的超级大国相对，其他文明都以战争为主要特点。如果把雅利安人征服印度后产生吠陀文明考虑在内,两河流域、埃及、印度、墨西哥、秘鲁地区文明都以战争为特点。战争文明的早期阶段需要一个威力无边的神作为社会凝聚力的来源,也需要一个可怕的地狱留给那些挑战神权威的人。以神为中心的庞大的祭坛式建筑也成了这些战争文明的标志,在浓厚的宗教气氛中,任凭二级社会机器摆布的人类所能做的只有膜拜与赞叹。

我的故乡河北献县是清朝著名学者官僚纪晓岚的家乡,农民中流传他的故事说:一次他年轻无名时行路遇雨,又雷电不断,他就找到一个地方避雨,突然一只狐狸跑来,雷电立即停下来。这故事是说,那雷电正在追逐这只狐狸,要击死它。狐狸与其他动物一样,有人没有的灵性,它知道纪晓岚将来要成为重要人物,雷电不敢击这样一个人物的,所以来找他庇护。按西方传统,这样的雷电背后有一位像宙斯那样的雷神驱使。但中国农民认为雷电像自己一样有思想、有意志,无须他人驱使。另外,这个故事把狐狸、雷电与一个未来的重要人物放在一起,把他们归到另一世界去。这正是原初社会宗教信仰泛灵论的特点。

一、儒、道、墨对鬼神的态度与墨家的宗教观

最先出现的三个中国哲学体系,道家、儒家与墨家对鬼神态度截然不同。道家否认鬼神存在,墨家崇拜鬼神,儒家折中。道家以哲学概念,道,统领人类与鬼神世界,代替了宗教信仰的人格神。平心而论,老子、孔子与墨子三人均不相信鬼神的存在,他们的知识与阅历使他们远远超越了迷信的误区。墨子说:“我有天志,譬若轮人之有规,匠人之有矩。轮匠执其规矩以度天下之方圆,曰:中者是也,不中者非也。(译文:我们知道了上天的意志,就好像制车轮的轮人有了圆规,木匠有了方尺。轮人和木匠拿着圆规和方尺来量度天下的方和圆,说:符合的就是对的,不符合的就是错的。)”他把相当于西方上帝的天说成轮匠的工具。至于天志,他说:“然则天欲其生而恶其死,欲其富而恶其贫,欲其治而恶其乱。”这不过是人人都可以接受的公共意志而已。墨子进一步提出“三表”的检验标准:“于何本之?上本之于古者圣王之事。于何原之?下原察百姓耳目之实。于何用之?废以为刑政,观其中国家百姓人民之利。此所谓言有三表也。(译文:要向上从哪儿去推究其标准呢?以古时圣王事迹为标准。从哪儿去查清过程呢?要向下考察百姓耳闻目睹的实情。从哪儿去考验实践呢?把它放到政坛中去实行,观察它是否符合国家百姓人民的利益。

这就是立论的三项标准。)”(墨子·天志上,非命上)墨子并不把他的天志鬼神观局限于神界的说教,他提出以天子为首的中央集权系统执行这一公共意志,不过天子是选择出来的:“选择天下贤良、圣知、辨慧之人,立为天子,使从事乎一同天下之义。(译文:选择天下贤良、富有知识、口才好而又智慧的人,推举他为天子,使他从事于统一天下的意见。)”(墨子·尚同中)

这里插一句:墨子这种“统一天下的意见”与古希腊民主选举的多数派意见掌权不同,后者承认二级社会的多方向、多可能的现实,前者不承认。

墨子这种用人的意愿与需要来解释天志鬼神的做法是中国的老传统,并非墨子的创造。如《左传》说:“夫民,神之主也。”又说:“国将兴,听于民;国将亡,听于神。”但墨子却认识到前人没有认识到的东西:即战国时期中国社会已经发生了质的变化,出现不同的学派与不同的社会方向,出现了局部利益的冲突。所以墨子看到要兴天下之利、除天下之害,首先要有一个统一的认识与统一的行动。这个尚同的基础不能建立在具体的个人身上,人是不可信任的。所以墨子引入外在于人的天志鬼神,天子要由选择确定,而后有三表的检查方法。墨子显然认识到这里的天志鬼神要由人来解释,天子的选择要由人来进行,三表的检查结果也要由人来判断,而人是不可信任的。为了防止这些弊病,墨子将人心的公正、尽责和宗教仪式的隆重与虔诚结合起来,就像西方法庭上要手按《圣经》向上帝宣誓不说瞎话一样。

墨子说:“故古者圣王,明天鬼之所欲,而避天鬼之所憎,以求兴天下之利,除天下之害。”显然墨子是将天灾与天志鬼神联系起来,其用意在于加强对天地鬼神的敬畏之心,所以他接着说:“其事鬼神也,酒醴粢盛不敢不蠲洁,牺牲不敢不腯肥,硅璧币帛不敢不中度量,春秋祭祀不敢失时几,听狱不敢不中,分财不敢不均,居处不敢怠慢。”(译文:所以古代的圣王知道上天鬼神喜欢什么,从而能避免上天鬼神所憎恶的东西,以求兴天下之利,除天下之害。他们对鬼神的奉祀,酒饭不敢不清洁丰盛,牺牲不敢不肥壮硕大,珪璧币帛大小不敢不合乎标准,春秋二季的祭祀不敢错过时间,审理狱讼不敢不公正,分配财物不敢不均匀,待人处事不敢怠慢礼节。)(墨子·尚同中)墨子这里把祭祀的虔诚与办事的公正和负责放在一起讲,并强调万民之亲可得的效果,只字未提鬼神对祭祀满意与否。

从形式上看,墨家的宗教文化与西方并无区别,借重严肃的宗教仪式将现有社会秩序神圣化,使宗教成为社会生活秩序的支柱。不同的是,墨家既不对天志鬼神的存在作严格的逻辑与哲学的论证,也不强调信仰本身的神圣性,更不把坚定统一的信仰作为天下尚同的基础。这样看来,墨家也无法摆脱中国古代神道设教的思想影响,仍有把宗教当成工具的倾向。

二、孔子对鬼神的态度系对三代传统宗教文化的继承

《论语》所载孔子对鬼神的言论虽然不多,但已足够描化出他的态度与立场。这就是:① 敬鬼神而远之;② 不知生,焉知死? 未能事人,焉能事鬼? 子不语怪力乱神;③ 祭如在,祭神如神在;我不与祭,如不祭;非其鬼而祭之,谄也。(译文:① 对鬼神恭敬而保持一定距离;② 一个人连活着的事都弄不清楚,还能弄清楚死后的事吗? 一个人连活人的事也办不好,还能去服侍鬼吗? 孔子不谈怪异的事情,不谈神秘的力量,不谈神经混乱,也不谈鬼神。③ 孔子祭祀祖先,就像祖先在那里一样。孔子祭祀神,就像神在那里一样。(孔子说)"如果我不亲自参加,祭祀与不祭祀是一样的。不是自己家的鬼而去祭祀它,是一种献媚行为。)(论语,6:22,11:11,7:20,3:12,2:24)。另外,帛书《要》提到孔子说过:"君子德行焉求福,故祭祀而寡也;仁义焉求吉,故卜筮而希也。(译文:君子注重道德行为,怎么能求神赐福呢? 所以君子较少祭祀。君子注重仁义,怎么会祈求吉祥呢? 所以君子很少占卜。)"

孔子对鬼神采取实用主义的态度,而实用考虑限于个人与社会以及儒家道德礼仪传统。从孔子这种极端实用的态度推断,孔子本人并不相信人格鬼神的存在,但不否定鬼神的用处。因为社会上很多人相信鬼神,孔子推崇"敬鬼神而远之"的态度,即尊重别人的传统与信念而尽量不参与。祭神如神在,说明孔子对祭祀礼仪的投入与虔诚。虔诚是孔子道德实践的内容,投入是孔子对祭祀礼仪的美学追求,即与任何其他人生社会价值无关的独立美学价值,也就是孔子以礼为乐的思想。即孔子宗教文化行为与他未露于言表的无神论毫无冲突。

拿今天的科学态度来看子不语怪力乱神:① 孔子不讲迷信的事,或出于对迷信人的尊重,或认为迷信属于争论不清的灰色区域;② 孔子对超乎寻常的所谓精神力量不感兴趣,不予理会;③ 孔子拒绝进入今天所谓的伪科学领域,即不能证伪的科学,孔子不予理会。

《列子》仲尼篇记载说,亢仓子能视听而不用耳目,他说:"我体合于心,心合于气,气合于神,神合于无。其有介然之有,唯然之音,虽远在八荒之外,近在眉睫之内,来干我者,我必知之。乃不知是我七孔四支之所觉,心腹六藏之

所知,其自知而已矣。(译文:我形体与心智结合,心智与元气结合,元气与精神结合,精神与虚无结合。如果有极其微小的存在物,非常轻微的声音,即使在四面八方遥远荒凉的大地之外,或者近在眉睫之间,凡是来侵犯我的,我必定知道。我不知道是我七窍四肢所感觉到的,还是我的心腹内脏所察觉到的,反正我自然而然地知道就是了。)”鲁侯过后告诉孔子,孔子笑而不答。亢仓子所讲可谓人之第六感觉,或为佛教的智慧之眼,不能为科学所证实。

孔子这种对鬼神的实用态度是对夏商周三代时期宗教文化的直接继承。《尚书》开头说,“帝尧曰放勋,钦、明、文、思、安安,允恭克让,光被四表,格于上下。克明俊德,以亲九族。九族既睦,平章百姓。百姓昭明,协和万邦。黎民于变时雍。(译文:尧帝的名字叫放勋,他恭敬节俭,明朝四方,治理天下,思虑通达,宽容温和,他对人恭敬,能够让贤,光辉普照四方,到达天上地下。他能发挥才智美德,使家族亲密和睦。家族和睦之后,又辨明百官的职责。百官的职责辨明了,又使各部落协调和顺,天下黎民百姓也从此友好和睦了。)”即管理一个庞大的国家,协和万帮,达到太平盛世的水准,也全靠个人道德的力量,没有一丝一毫的借助天命鬼神的想法。即所谓“垂衣裳而天下治”,靠的是无为而治的德性,而非天命鬼神。《尚书·皋陶谟》接着说:“天聪明,自我民聪明,天明畏自我民明威。(译文:上天通过我们的人民来听到与看到,上天通过我们人民来施行奖惩。)”即把天命鬼神与人等同起来,并且认为人民比天命鬼神重要。这一思想成为中国远古时代的传统说教,一再重复。周武王所作《泰誓》说:“天矜于民,民之所欲,天必从之。”而“矜”有崇尚敬重的含义,即天崇尚敬重人民,天一定满足人民的要求。周武王进一步指出:“天视自我民视,天听自我民听。”这种思想传到《左传》就被说成“夫民,神之主也”,即人是神的主人。《国语·周语》引用《泰誓》“民之所欲,天必从之”的话,说明民为第一重要,并且说:“夫人性,凌上者也,不可盖也……民可近也,而不可上也。(译文:人的本性,都想超过上面的人,所以是无法凌驾的……百姓可以亲近,却不能凌驾于他们之上。)”民之上不能再有神、天、上帝之类,即民为神主的另一表述。当然民之上也不会有什么真正的统治阶级,即夏商周三代接近无政府社会。

从这些话我们可以清楚地看出,中国古代形式上的统治阶级已经清楚地认识到:国家的稳定在于统治阶级得到人民的拥护,祭祀鬼神不能代替人民的拥护。但这不否认祭祀行为与虔诚,即孔子式的祭神如神在。有了这些认识与历史背景,我们才会理解中国古代特有的上帝概念。《泰誓》讲“天视自我民视,天听自我民听”的同时,用“上帝”一词竟达三四次之多。商朝甲骨文中有“上帝”一词,使用频繁,就连孔子也讲到天与天命。这些仍在上述中国古代传统的天命鬼神思想框架之内。郭沫若先生认为孔子所说的天是指自然之天。他在《先秦天道观之进展》中说:孔子所说的天其实只是自然,所谓命是自然之数或自然之必然性。墨子对于孔子的鬼神观进行抨击说:“儒以天为不明,以鬼为不神,天鬼不说,此足以丧天下。”(注:说,同悦)(墨子·公孟)

西方基督教传入中国后,翻译者用“上帝”一词翻译犹太、基督教的神(God)。英文将基督教上帝翻译为大写的前面没有冠词的God。英语把基督教上帝当专用名词对待,即将之看成上帝的名字了。基督教上帝另有一个名字,叫耶和华,而“耶和华”三字的语义自古以来争论不休。埃及文字最早发明字母,但埃及文字母仅有辅音,并且和中文形声字一样,与其他象形文字混合使用。借用埃及字母,犹太人最初的字母文字仅仅有辅音。犹太教古文献中“上帝”用四个辅音字母代替,“y、h、w、h”,没有发音。这和犹太教信仰上帝与人类处在完全不同的层次,有如字母与文章的关系,强调上帝没有形象,所谓上帝是不可能用眼、耳、触觉感觉到的,能用眼、耳、触觉感受到的不再是上帝。就像道家的道没有名字一样,“道”“大一”“无”“独”等概念不过是人类说话时暂用的代替词。最流行的解释是,四字母“y、h、w、h”同样系代替词,说明上帝没有名字。叫上帝名字与画上帝形象被认为是亵神行为,而亵神的人是可以被乱石打死的。英文翻译时将这四个字母“y、h、w、h”翻译成“耶和华”。严格说,“y、h、w、h”“耶和华”“上帝”全是说话时的替代语,人类语言不能描绘上帝。

由西方上帝名字的讨论可知,西方宗教信仰有严格的教义,一词一字都不可随便。人们对神圣与世俗有严格的区分,混淆神圣与世俗的界限,即要受到惩处,甚至被处死。周武王在《泰誓》中却把天、上帝、民三者作为对等体来讲,并从实用角度出发把民看成是最重要的。总之,由《尚书》《左传》《国语》等古代文献所描绘的中华文明的宗教文化与孔子的宗教思想一脉相承,并且极为相似。《圣经》规定第七天奉神,对于在此日劳动者要用乱石打死。中国始终缺乏类似严格的宗教禁忌概念。公元前136年汉朝将儒家定为官方哲学,并在此后延续了两千年时间。结果中国的宗教文化既没有沿先秦道家的无神论方向,也没有沿墨家尊天明鬼的道路发展,而是走了儒家的折中路线:敬鬼神而远之。中国官僚阶层敬鬼神而远之,中国官僚仅仅到县一级,对广大农村小区的泛灵论也是敬而远之。佛、道两教对政府影响甚微,也没有进入广大农村小区生活层次。严格地讲,佛、道两教都是无神论。笔者认为,佛、道两教没能像基督教那样发展成基层社会生活的组织者,儒家的官方地位以及中国农村准原初社会的存在是重要原因。在现代化的进程中,中国无须像欧洲那样进行在规模与残酷性上仅次于两次世界大战的宗教革命来松解宗教文化的束缚。

三、两级社会的概念与世界的多层次运作

上面提到老子的道及犹太教的上帝与人类处在不同的层次,我们无从理解与描绘道与上帝。这有如单个的汉字与文章属于不同层次的事物,文章的含义衍生于汉字的排列与组合,系汉字之外的另一世界。人类如果仅仅是一群汉字的话,我们无从理解与描绘文章的含义。

本书将人类社会分成原初社会与二级社会这样一个在本质上完全不同的两个相互隔离的层次,再把它们放在宇宙进化的广阔视野中,只有这样才有助于我们理解宗教与神的概念,从而有助于我们理解老子、墨子的宗教思想为何与孔子不同,以及东西方宗教文化为何不同。本书导论部分已经详细论述:中国古文明基于遗传编码的原初社会,而西方从一开始就走了人造二级社会的道路。

请读者参阅本书导论二部分的宇宙进化表。从该进化表可以看出,二级社会是宇宙进化中诸多层次中的一个,不同层次之间有不可逾越、不可沟通的一面,即神、道与人类处于不同层次,人类对神、道等只能臆测,不能真正理解与描绘。如果人类生就是原初社会动物,二级社会对人类有类神世界效应,刺激人类对二级社会宗教的需要,对神的幻想。

四、二级社会与宗教信仰

关于宗教的定义以及宗教的涵盖面,学术界并无统一的意见,对于人类宗教史的分期意见颇多,难以统一。路柏包科(John Lubbock,1834—1913)将人类宗教史分为无神论、拜物教、膜拜自然、图腾、萨满、人形神教、单一神教等期。泰勒(Edward Burnett Tylor,1832—1917)将人类宗教史分为泛灵论、拜物教、魔鬼信仰、多神教与单一神教诸期。泛灵论也包括祖先崇拜在内。[1]笔者曾论证丧葬仪式与祖先崇拜代表主体意识的出现,主体意识对死亡存有理解上难以逾越的障碍。[2]为本文论述方便起见,这里将上述分期简化为泛灵论、

多神教、单一神教三期。多神教即为人形神教,泛灵论包括拜物教、图腾、萨满等人形神教之前的诸宗教形式。

马克思主义认为宗教系阶级社会的现象,泰勒(Steve Taylor)将宗教说成六千年前人类堕落的结果,而这一堕落指的是现代文明的开始,即男权社会与武力争夺的开始。[3]马克思所说的阶级社会与泰勒的人类堕落大致相当。

本书提出的二级社会这一全新概念,与阶级社会未必一致。阶级社会是从社会角度看问题,两级社会的概念从宇宙角度看问题,更接近事物本质,涵盖生物、社会、文化、心理、心灵诸方面,对理解人类宗教史更有帮助。老子在《道德经》第29章里说:“天下神器,不可为也,为者败之,执者失之。”老子讲天下神器不可为、不可执,是说二级社会的不可人为操纵性。原初社会的主人是人不是神,二级社会的主人是神不是人,原初社会与二级社会之间不可逾越。这里“神”一词可理解为自然与造化,像马克思主义展示的那样,二级社会的演变过程有其客观规律可寻,与历史人物的意愿关系不大:他们至多是自己命运的主人,远非二级社会的主人。

泰勒(Steve Taylor)将六千年文明史叫作人类堕落,他用一本书来描绘堕落与未堕落人(文明前人类与现代散在世界各地的部落民族)本质的不同。[3]因为他着重心理方面的分析,与马克思主义看问题角度不同,他描绘的堕落与未堕落人类和本文的二级社会与原初社会大致相当。他说未堕落人类的宗教信仰是泛灵论,即万物有灵,未堕落人类能感受这种万物之灵,堕落人类失去了这种能力,不得不发明宗教与人形神的概念来弥补这一空缺。这与本文思想不谋而合,只是角度不同而已。本文讲原初社会心理与情感的整体性,儿童时期这种整体性涵盖周围事物,即与周围事物有心理与情感的沟通,即天人合一的思想。二级社会的整体性有赖于目标与认识的统一。二级社会的这种统一在理论上是不可能的:如果每个人都能摆脱现有文化的束缚而成为真正的自由人,亿万人就会有亿万种二级社会的设想,难以统一,神与专政是必然结果。

老子提出道的概念,认为道是宇宙的本源。今天的我们可以把老子的道作纯唯物主义的理解。老子本人提出道,有他原初社会的全面视角,即包括生物、社会、文化、智慧、精神心灵与宇宙诸层次。如果道包括心灵内容,道家学说实际上是原初社会泛灵论的哲学化。道存在于一切事物之中,存在于人身上的道与其他事物中的道是一样的,即人与周围事物有心灵的联系。这一思想的另一哲学表述就是庄子首先提出的天人合一思想。

为什么中国传统思想与西方学者提出的史前泛灵论相类似呢？因为中国夏商周三代时期社会大致停留在原初社会层次，到战国时期才进入二级社会，所以春秋末年的老子与孔子这两家哲学仍以原初社会为基础。墨子提出不同的宗教思想是因为战国时期中国社会发生了质的变化，这包括：统治阶级的家族被打破，诸侯国军事实力达到控制疆域而垄断所有土地的程度，农民失去自由迁移的能力，这些变化使控制经济来源而控制大量人口成为可能，结果导致孔孟所鄙视的小人怀利成为社会权力结构的基础。用物质的奖惩与生活权力的剥夺建造起权力网，有将既定意图强加于人的能力。这就是十足的人造二级社会了。有趣的是：受孔子思想影响，中国宗教文化长期停留在原始阶段，有明显的泛灵论思想倾向。一个民族最古老的宗教传统往往是基于该民族的神话传说，如荷马史诗记载的古希腊神话。中国古代神话传说停留在无数零碎片段的阶段，这就是《山海经》。中国这一特点是非常少见的。笔者推测，这与中国的原初社会传统有关。

五、中国宗教文化的原始性

英国著名修女凯琳·阿穆斯特朗(Karen Armstrong)在她的《上帝史》一书中写道："当人们编造他们的神话，膜拜他们的神灵时，他们并非寻求自然现象的文字解释。这些象征性的故事与史前岩画是古人企图表达他们内心的惊奇，企图将充满周围世界的神秘与他们自身生活联系起来；今天的诗人、艺术家、音乐家常常为同样欲望所驱动。"[4]

原初社会的宗教文化与二级社会的宗教文化有本质的不同，中国古代宗教文化更具原初社会宗教文化的特点。或者说，艺术、宗教、哲学同起源于人类面对内心与外在世界时的惊奇之心，只不过表达的方向与方式不同，却同样达到超越现实的完美境界。原初社会的宗教文化和艺术一样停留在这种表达与自我超越的层次，宗教文化在原初社会的整合功能，也可理解为原初社会深层意识层面整体性的一种表达。二级社会的宗教担当许多不同功能，从个人到社会的方方面面衍生出许多意义来，同时创造出一个高于人的神的世界。

老子与庄子对原初社会人神同位的现象都有论述。老子在《道德经》第60章中说："非其鬼不神，其神不伤人……圣人亦不伤人。"庄子在《缮性》一篇中说："阴阳和静，鬼神不扰。"这可理解为人神同位，即神不高于人。老子接着又说："夫两不相伤，故德交归焉。"这可以理解为人类和周围事物有情感的联结,即原初社会在心理与情感的深层意识层面上的整体性涵盖周围事物。二级社会的理性思维使我们失去了与周围事物情感的联结。

由于中国文明早期没有出现典型的二级社会,中国的宗教文化很大程度上停留在原初社会阶段,有很大的原始性,这是中国古代缺乏典型二级社会的有力佐证。不像基督教相信一个监管人间一切事物的上帝;也不像佛教教给人如何摆脱人生的苦难;更不像集体宗教仪式教人们如何找回原初社会的深层意识层面的整体感;等等——那是二级社会的宗教特点。中国古代的宗教信仰文化缺乏这些特点,如大多数中国人至今缺乏像基督教每星期作礼拜的那种集体宗教仪式。中国至今尚流行的祖先崇拜更是史前图腾文化的遗存。

中国夏商周三代的人们祭拜天、地、山、河流、云、雨、风、雪、日、月、星辰等;两千年后的清朝都城北京四个方向分别建有天坛、地坛、日坛、月坛来祭拜天、地、日、月,这都是泛灵论的体现。中国流传久远的祭拜山神、土地、城隍,不过是人们对自己所居住地的一种尊重,把它们当成和自己一样来对待。据说欧洲人初到美洲时叫印第安人早春时期掘土挖地,印第安人回答说:“土地正在怀孕,怎么好惊动她呢?”这和中国人敬拜土地属于同一理念。中国大多数人都佛、道不分,无非认为一切神灵都值得敬重;而到寺庙祭拜大多是个体行为,缺乏西方集体宗教仪式,说明中国人受泛灵论影响,在深层意识中,与周围社会与自然环境的情感联结还没有完全消失。庄子认为,屎尿之中也有道,就是说道家学说也继承了这种传统,没有把世界分成二级社会那种高低不同的层次。

与中国古代原初社会式的超级大国相对,其他文明都以战争为主要特点。如果把雅利安人征服印度后产生吠陀文明考虑在内,两河流域、埃及、印度、墨西哥、秘鲁地区文明都以战争为特点。战争文明的早期阶段需要一个威力无边的神作为社会凝聚力的来源,也需要一个可怕的地狱留给那些挑战神之权威的人。以神为中心的庞大的祭坛式建筑也成了这些战争文明的标志,在浓厚的宗教气氛中,任凭二级社会机器摆布的人类所能做的只有膜拜与赞叹。

六、中国古代宗教传统与北美相似

宗教或被定义成不同的解释系统,对人生经验的不同解释将会赋予人生不同的意义与价值。可以想见,由于取材与侧重面的不同,人们对宗教的研究五花八门,很难作有意义的比较,结果是同一作者对不同地区的描述更有比较的价值。

笔者有一本宗教百科全书，书前列出29个主要条目(major articles)，按地区列出的有澳洲宗教、美洲宗教、希腊宗教等，有以原始宗教传统代表一个地区的，如印度教代表印度地区最古老的宗教传统，犹太教代表以色列宗教传统，这也包括日本的神道。唯一的例外是中国，在没有描述中国最古老宗教传统的情况下，直接列出儒、道两家。提示：① 儒、道两家是对古传统的继承与提升；② 中国古代宗教文化原始到不值一提。[1]

中国人除了儒释道三教外还有自己的传统，一种泛神论倾向，缺乏其他文化传统那样更加确定的神话传说。犹太教的上帝创世说、古希腊宙斯等神话传说，这种世代相传而成为一个文化传统重要内容的固定神话传说似乎是世界的通例，就连非洲与南美洲土著人都有类似传说。按这本宗教百科全书29个主要条目，只有澳洲与北美洲和中国类似。澳洲土著人营采集狩猎，没有农业。一般认为，美洲土著人来自亚洲，通过白令海峡向南迁移，即文化向南迁移为主，形成中美与秘鲁文明。结果是广大的北美地区离文明地区较远，受文明影响较少，保持了更多的原亚洲居民的远古文化习惯。[1]这里仅仅以北美宗教文化作例子说明。

北美土著人经常宣称：他们的传统生活方式不包括宗教。他们发现将“宗教”一词翻译成他们的传统语言几乎是不可能的。西方所说的超自然权威超越了视感形象与人类推理，而在多数北美土著人当中，既无这样一个概念，也没有这一概念的反概念。他们也设想出现实世界以外的其他世界，但这些世界之间是可通的：天与地、地与地下世界之间都可以双向来往。所以说，没有北美土著人宗教(native American religion)这一说，只能罗列以下描述：

① 北美土著人宗教文化活动有固定的地方，地点很重要(笔者这里用“宗教文化”一词代替宗教，以示对北美土著人否认宗教的尊重)。② 对某些知识加以限制，因为这些知识如此有力与危险，接触这些知识的人要预先接受指导与洗礼。③ 参加比信仰更重要。④ 中心是亲族义务，即如何对待亲族与他人。⑤ 慷慨既是宗教文化的，也是社会的。⑥ 一个小区的传说包括人与其他非人力量的接触，也包括家族史、技能指导与引人发笑的幽默。⑦ 死亡是一个转折。⑧ 即使正式的仪式也包含娱乐成分，目的是使人们快乐与轻松，但也可以用来嘲笑某人，以促使他的改正。⑨ 取得重要成就与在人生重要阶段要和亲人与小区共享，这是北美土著生活中的重要组成部分。[1]

七、上世纪五十年代中国农民的宗教观念:泛灵论

中国农村长期停留在准原初社会阶段。因为世世代代住在一个村庄,家族组织相对完整,这种面对面交往与亲族关系至少是造成贫富差距不大的重要原因。二十世纪四十年代末、五十年代初中国大陆进行土改时,笔者的北方农村家乡大约有300人,这些人均为李姓的同族人,没有地主与无地雇农,但有富农与贫农。中国农民向来以自产自消费为主,近于自然生活,即政府没有像古希腊及近代欧洲那样直接进入农民小区生活。农民常被称为天然无政府主义者,对头上的政府毫不关心。既然政府在农民小区生活中不扮演任何角色,农民以自己小区生活经验为基础所想象出来的神界也不会有不同人形神掌管生活中不同事物的现象。

笔者家乡在二十世纪五十年代,家家户户顶礼膜拜的传统神有天地神、土地神、财神与灶神。重要节日,如农历年、正月十五、八月十五等,家家都到这四个神灵前奉香火,间或供奉食品与焚烧纸钱。有灾有病时,农民通常膜拜灶神,请求保佑,灾病消除后要还愿,即供奉食品、香火等,并当面叩谢。农民对这四个神背后的故事一无所知,他们是些什么神,有什么威力,农民似乎并不想知道。我后来看到一些书籍有零碎介绍,我怀疑那是文人们的附会,农民听后也不往心里记。根据病的严重程度与家庭资源,当地农民有时还拜大仙与收魂等,这些都属于地方巫术。

中国农民还有祖宗崇拜,我家乡的农民每年数次到坟地祭拜先祖。一般来说,他们仅仅知道祖父、曾祖父一代,再远的就不知道了,他们的祭拜也只不过是形式化的祭拜,并不知道那坟墓里具体是什么人。我家乡农民有灾有病时并不求助祖先。上面提到祖宗崇拜与主体意识理解死亡的根本障碍有关,与一般意义上的宗教不得混为一谈,但可以归为泛灵论的一种,即把死人看成是有灵性的。人类在五万年前就有丧葬仪式,说明当时人类有主体意识,但不能说当时人有真正的宗教。

当地还有佛教与道教寺观,一般不识字的农民对那些神佛故事一无所知,但这并不妨碍他们求神拜佛的虔诚。我的家乡隶属于一个三四千人的小镇,镇上最大的庙为道教的奶奶庙,后来用作小学校址,但尚有一道士住在那里。尽管年年举行庙会,香火旺盛,但并没有人清楚那奶奶神到底是谁。近几年,等我父亲成了全镇最年长的一两个人之一之后,有人问我父亲这个问题,我才

替我父亲从网上查出奶奶庙的由来。而向我父亲询问的人正是有点知识的人,而非普通农民。

我的故乡河北献县是清朝著名学者官僚纪晓岚的家乡,农民中流传他的故事说:一次,年轻无名的他行路遇雨,又雷电不断,他就找到一个地方避雨,突然一只狐狸跑来,雷电立即停下来。这故事是说,那雷电正在追逐这只狐狸,要击死它。狐狸与其他动物一样有人所没有的灵性,它知道纪晓岚将来要成为重要人物,雷电是不敢击这样一个人物的,所以来找他庇护。按西方传统,这样的雷电背后有一位像宙斯那样的雷神驱使。但中国农民认为雷电像自己一样有思想、有意志,无须他人驱使。另外,这个故事把狐狸、雷电与一个未来的重要人物放在一起,把他们归到另一世界去。这正是原初社会宗教信仰泛灵论的特点。二级社会政府里有不同官员掌管不同生活方面的事务,这一官吏系统在人脑的投射即成为掌管雷电、风雨的专职神概念。中国农民对政府如何运转毫不关心,又有准原初社会式家族生活,这就使得其宗教信仰得以停留在泛灵论阶段。

笔者二十世纪五十年代生活在农村,除偶尔听到农民提到佛、道的字眼外,笔者在多年中没有听到任何话语表明他们对佛、道二教有丝毫的认识,这与笔者家族300人中无一人加入任何宗教的情况相一致。相反,他们对上述纪晓岚避雷击的神异故事却常年不断地传述,并根据村民自己的经历不断附会出新的灵异故事。如果有人把他们所有的灵异故事收集起来,一定是一部《山海经》式的无数传说片段,因为原初社会没有将灵异传说系统化的内在需要。连年战争与无神论主张导致村庄寺庙的消失。农民对那些寺庙没有丝毫的留恋,他们的生活不因那些寺庙的消失而缺失什么,而村里却一度流传着那些破坏寺庙神像者一一惨死的故事。一个故事说,某农民不小心碰坏了佛像的一个手指,他后来劳动时自己砍伤手指流血死在野地里。农民们不知道这样的传说与佛教慈悲为怀的教义相违背。确切地说,他们把寺庙与神像本身看成具有灵性的事物,却对它们所代表的宗教一无所知。

灾病时求神问鬼绝大多数由成年妇女主导,而农村妇女几乎终生生活在家族之内,对家族之外的事一无所知。我祖母是一位天生具有自由思想倾向的妇女,因为当时不准女孩上学,她曾天天站在学校外从窗子向里望而学会两三百个汉字,虽然这样的识字量不足以读书,但她却成为自学成材的业余书画家,而且还能作诗。她曾多年以拜神礼仪求拜预先做好的棺木将来与她为伴,求拜自己的纺线车替她多多纺线,说明她有自发的泛灵论思想。但遇有灾病

等事时,她无例外地向灶神求助,灵验与否并不影响她对灶神下一次求拜时的诚心。对她来说,渡过生活中的一切难关,一个灶神就足够了,其他寺庙神灵等并非必须。多年来我观察到的家乡唯一一次集体宗教文化活动是数十人组成的祈雨行列,行列中有包括龙王与象征干旱的旱王八形象,除了泛灵论外这不能用任何宗教信仰传统来概括。在道家影响下形成的道教浮在上面,并没有进入广大农村的小区生活层次。农民葬礼既请和尚又请道士,说明农民把他们看成泛灵论的一种了,其实并不在意他们的教义如何。

总之,直到上世纪五十年代,中国农村准原初社会式家族邻里小区大致完整。这使上层文人发明的人形神故事在农民心中难以生根。至于农村广泛流传的《天河配》故事,对农民来说,有将上天拉到人间的心理作用。笔者家乡所在村三百人的同族人尚有族长,还有一个学校与土地庙残址作为族人活动的场所,而坟地树木等财政收入可支付每年活动的经费。我还记得族人聚餐时,先要敬奉族内孤寡老人。这些小区活动的指导思想除家族亲情与平等互惠外无须任何二级社会思想体系的介入,也不需要任何二级社会的宗教,这也与上述原初社会定义相一致。族人中有两三个识字的人,我很怀疑他们对儒、道有任何理解,因为他们从未在我面前说过表明他们对儒、道有任何理解的话。另一方面,人性与亲情足以维持一个小区的和谐,仁义与道德的玄理就显得多余了,他们即使通晓儒道,也没有在我面前诉说的必要了。这两三个人充当学校老师,并没有改变族人普遍文盲的状况:这些男人在家族学校里读几年书,他们自己经常说:不过会写自己名字而已。他们或者像我认识两三百字的祖母一样,所识的字数不足以读书,或者能勉强读书,但从来没有读过什么书。上小学时,我曾多次在煤油灯下给农民们阅读《水浒》《三国演义》等书,我发现他们大都认得几个字。中国农村这一延续数千年的小区生活,后来为农业集体化组织所代替,二十世纪八十年代农业个体化后,小区生活成为空缺,至少我的家乡是这样。这给基督教的传播造成了机会,因为基督教以宗教信仰组织小区生活。

笔者认为,中国农村在二十世纪五十年代末的合作化与大跃进运动中进入二级社会。八十年代农业重新个体化,但这时教育的普及以及电视等媒体仍足以使农民生活在二级社会层次。现在他们需要的是佛教、基督教等二级社会宗教,而非原初社会的泛灵论。

八、与西方宗教文化的比较

西方人到中国看宗教寺庙觉得有点像迪斯尼乐园，红绿张扬，彩色缤纷，似乎在拼命招揽信徒，但与西方相比，他们并不成功，多数中国人没有固定的宗教信仰。民国时代，一位西方学者为住在广东的西方人士提供信息与指导时提到他的调查结果：佛教徒，14000 人；基督徒，6500 人；伊斯兰教徒，2500 人；儒教徒，1500 人；道教徒，1000 人；无神论者，1099000 人，即无神论者是所有教徒加在一起的四十倍之多。[5,6] 专门研究中国宗教的巴瑞特（T. H. Barret）教授在一次国际学术会议上介绍中国宗教之前，一再说明他所面临的不可解决的困难。但如果认为上述广东的无神论者真正没有宗教信仰就完全错了，巴瑞特说，三千年前商王生病后占卜，马可·波罗在十三世纪的中国世纪看到同样的情形：人们生病后的第一件事是去找巫婆、巫汉。在二十世纪三十年代，第一个进入中国西南地区的美国人类学家看到了同样的事——当地人靠萨满教解决生病问题。欧洲历史上曾长期打击异教徒，主要打击对象正是边远山区的巫婆之类。巴瑞特说中国宗教绝大部分没有表述成语言与文字，作为学者，他只能研究与了解那些表述出来的部分，尽管它是冰山的一角。[6] 总之，中国民众长期停留在泛灵论阶段，没有向人形神信仰迈进。

与西方、阿拉伯国家甚至印度相比，中国人的宗教信仰接近无政府状态。政府对宗教的态度接近孔子敬鬼神而远之的不介入，而知识分子阶层却用诗书琴画与宋明理学代替宗教，寻求心灵的安慰。中国宗教的无政府状态是否鸦片效力较差，并无结论。其实中国诗歌与西方有本质的不同（参见本书第八章），尤其唐朝之后的诗歌，脱离世俗的山川田园意韵，与宋明理学合在一起，也有止痛效果。但与宗教的鸦片作用相比，孰高孰低，不得而知。

与二十世纪五十年代中国农民相信泛神论相比，西方文明起源于典型的二级社会，政府及其组织结构是人们生活的必要常识，他们也想象天地自然界有同样一帮神在管理，各司其职，并有各自的性格与经历。人类最早的文明之一开始于两河流域，系城市文明。根据著名人类学家雅各布森的观点，两河流域宗教的发展分作三个阶段，每一个阶段对应一种他认为可以体现该阶段特征的隐喻（metaphor）。第一个阶段从时间上大致是在公元前四千纪，这一阶段崇拜活动的重心是自然的力量和其他对经济生活至关重要的具体自然现象，体现生命和丰富的复生神是这个阶段的典型角色。第二个阶段在时间上大致断代在公元前三千纪,这一阶段统治者的概念和面对敌人时对安全的渴望最具特色,所谓尼普尔神仙大会中的统治者大神是这一阶段万神殿中代表性的角色。第三个阶段则大致断代在公元前二千纪,这一阶段个人命运的重要性最终得到和群体经济及安全同等的重视,保护神是这一阶段的典型神祇。[7,8]这三个阶段的神都是人形神,第一阶段开始于公元前4000年,复生神是一个女性神,曾入地狱而复出,故为复生神。她最初是两河流域最早城市乌鲁克的地方神,这种人形神跟城市政府进入市民生活直接相关。历史上的中国政府从来没有进入农民小区生活,也几乎没有进入市民生活,仅仅进入了官僚士绅家庭生活,而这些人深深受儒家影响,其态度为敬鬼神而远之。尽管如此,城隍的出现有人形神的端倪,如苏州祭春申君,杭州祭文天祥等,即把当地历史上的重要官僚祭为城隍。《聊斋志异》甚至有城隍空缺要通过科举考试选择下一届城隍的故事。这显然是官僚士绅生活影响的结果。相比之下,就连《西游记》中的土地神也显得苍白无力,缺乏个性,在泛灵论影响下的农民面前,土地永远是滋养万物的大地形象,任何人形神的发明都是多余的,难以在农民心目中扎根。

参考文献:

[1] Wendy Doniger(1999): Merriam-Webster's Encyclopedia of World Religions. Springfield, USA: Merriam-Webster.

[2] You-Sheng Li (2005): A New Interpretation of Chinese Taoist Philosophy. London, Canada: Taoist Recovery Centre.

[3] Steve Taylor (2005): The Fall: The Evidence for a Golden Age, 6000 Years of Insanity, and the Dawning of a New Era. Winchester UK: O Books.

[4] Karen Armstrong (1994): A History of God. New York: Alfred A. Knopf, 1994, p5.

[5] Holmes Welch (1968): The Buddhist Revival in China. Cambridge USA: Harvard University Press, p210.

[6] T. H. Barret (1990): Religious Traditions in Chinese Civilization: Buddhism and Taoism. In Paul S. Ropp eds, Heritage of China, Berkeley: University of California Press.

[7] 王献华(2008):雅各布森论历史学者与苏美尔多神。《学灯》第8期(http://www.confucius2000.com)。

[8] T. Jacobsen (1976): The Treasures of Darkness: A History of Mesopotamian Religion, New Haven: Yale University Press, 1976.

下辑

从古希腊哲人与中国古代史看孔子

第七章

从东西哲人对比看孔子与苏格拉底

摘　　要：本章在把孔子、孟子、荀子与古希腊的苏格拉底、柏拉图、亚里士多德作了全面比较之后，将孔子与苏格拉底的生平与思想作了对比。着重讨论了孔子与苏格拉底的不同人生态度、不同语言表达、对宗教的不同态度，以及天人合一思想的不同含义。东西方哲人的不同与他们所处的不同社会直接相关。

精彩摘句：轴心时代的希腊以悲剧开始与轴心时代的中国以悲剧结尾的不同。正由于此，古希腊悲剧得以延续，二十世纪世俗化才最终将它赶下舞台；而屈原的哭嚎成为千古绝音。

一、比较孔子、孟子、荀子与苏格拉底、柏拉图、亚里士多德

（一）东西方的不同社会环境

在西方哲学界有一句常常挂在嘴边的话，那就是华特海德（A. N. Whitehead）说的："所有哲学不过是柏拉图（哲学）的一个注脚。"[1]这样庄重而又略嫌独断的宣称使我想起雅斯贝尔的轴心时代说：在公元前八百年到公元前二百年之间是人类文明史的轴心时代，那是一个自由思想的时代，一个为未来奠定哲学基础的时代，一个为未来划定思维框架的时代。那个时代出现在中西方大地上的著名哲人们在今天社会生活中的重要性，不比两千多年前他们活着时的重要性差些。对比中西方那个时代的

哲人们,有助于我们理解中西方社会环境的不同,即原初社会与二级社会的本质差异。

人们常将苏格拉底(公元前469—公元前399)、柏拉图(公元前427—公元前327)、亚里士多德(公元前384—公元前322)与孔子(公元前551—公元前479)、孟子(公元前372—公元前289)、荀子(公元前286—公元前238)相比较,他们同生在这个所谓轴心时代,同为东西方哲学的奠基者。古希腊这三位哲人为师徒关系,中国这三位哲人虽非直接师从关系,但为同一学派,前后传承,仍有可比性。

苏格拉底与孔子可以分别被看作东西方历史上第一个以哲学家的眼光和智慧来审视社会与人生的人。西方苏格拉底之前的哲学家大多考虑物质世界的问题,如世界是什么构成的。中国孔子之前还有老子,老子是以历史学家的眼光审视世界的人,与孔子有较大的不同。柏拉图、亚里士多德与孟子、荀子分别继承苏格拉底与孔子的衣钵。在时间的维度上,东西方这六位哲人有一个前后相似的演变过程就不足为奇了。我这里用纯朴、理想、现实三个词来分别描绘苏格拉底、孔子,柏拉图、孟子,以及亚里士多德、荀子。这一中西类似的变化不仅仅是他们前后的传承变化,而是代表整个社会在各自的轴心时代的生活态度的演变。如果说,一个社会也像一个人一样有它的主体意识的话,这是中西时代社会主体意识的时代变化。

这里"时代主体意识"一词指社会主流意识形态走向,即社会主流文化也像一个人一样,随着时间的推进有一个前后演变的过程。上面六位哲人中间的柏拉图与孟子各以他们高度理想化的哲学著称,而最后的亚里士多德与荀子则以他们的现实眼光给人留下深刻的印象。

西方世界起源于古代地中海文明,有互相竞争的二级社会的社会环境,无论是社会本身,还是人们的哲学思考的演变,西方都大大快于中国,二者分别用了一百年与三百年左右的时间。孟子、荀子时代相近,而孔子、孟子时代距离远,与西方三位哲人是直接师徒关系的等距离相比,表明中国到战国时代才真正进入二级社会的事实,之后社会思想演变加快。孔子与孟子之间有近两百年,孟子或为孔子的孙子子思的学生的学生,从《大学》《中庸》来看,孟子无疑继承了曾参与子思的思想。这样看来,造就一位可与孔子、苏格拉底媲美的既有继承又有相当发展的另一个哲人,古希腊用了一代人,而中国用了三代人的努力,这与孔子时代原初社会尚未完全解体有关。

孔子、孟子之间有墨子(公元前480—公元前420),而墨子为另一学派,代表中国由春秋进入战国时代同时由原初社会进入二级社会的事实,而正是这一社会改变才使来自原初社会的人类面临不同二级社会方向的选择。墨子开始学儒学,而后脱离儒家而自创学派,这是二级社会多方向、多选择的现实迫使原初社会大一统的学术局面面临分裂的见证。

由这东西方六位哲人的人生经历来看,古希腊哲人的社会安全大大不如中国。苏格拉底被处死后,作为苏格拉底的忠实信徒,柏拉图不得不化装出逃。有一次柏拉图还被人卖作奴隶,后来由友人赎回。中国三位哲人则没有类似的经历。相对于古希腊,中国社会对哲人的容纳还表现在他们能更多地参与政治,孔子与荀子直接参政,孟子也常常为诸侯的座上客。

古希腊开始于二级社会的竞争与战火,而后寻求社会环境的改善,而中国开始于原初社会式超级大国,在战国时期原初社会解体进入二级社会,社会环境由友好逐渐变得险恶:古希腊与中国同为轴心时代,但人的社会生活环境恰好沿相反方向演变。古希腊被处死的是开山鼻祖苏格拉底,中国被处死的是荀子的学生,荀子一生曾两次到其他邦国躲避。与古希腊哲人的危险来自普通市民不同,中国哲人的危险性来自统治者。中国三位哲人中参与政治最深的是开山鼻祖孔子,而古希腊参与政治最深的是三位哲人中的最后一位——亚里士多德:他曾是大名鼎鼎的亚历山大大帝的老师。这代表了哲人参政环境的变化。

(二)从轴心时代东西方诗歌风格的变化来看东西方哲人的不同命运

轴心时代是一个为未来奠定哲学基础与划定思维框架的时代,也是一个社会经历脱胎换骨的大变革的时代。诗歌风格的变化更代表文人以至普通人生活环境的变化:古希腊诗歌由荷马史诗、古典悲剧而逐渐演化为喜剧,古希腊悲剧、喜剧台词为诗歌形式;中国诗歌由《诗经》式情调乐观的民歌而结束于屈原式的悲愤呼号。也就是说:古希腊由悲到喜,而中国是由喜到悲,二者走向相反。

荷马史诗、古希腊悲剧通常以出身高贵的贵族人物为主人公,在观众面前树立高大的英雄形象。尼采在他的《悲剧的诞生》中说:“等到诗人们把普通人搬上舞台,真实地表现生活,就是喜剧了。”[2]古希腊诗人们从描写贵族转移到刻画普通人的生活,也正是在这个时期,苏格拉底成了阿里斯托芬的喜剧《云》中的人物形象。中国正好相反,从《诗经》抒发普通人的情感,到屈原、宋玉等则专注于贵族知识分子情感的抒发。中国《诗经》时代,贵族人物也作诗,但他们依照民歌形式写作,较屈原、宋玉的诗作要简短得多。

尼采在《悲剧的诞生》中指出:“古希腊悲剧是对人生悲剧性的征服,从自觉的深沉痛苦中,创造了肯定自我价值的悲剧之美。”他还说:“悲剧的乐观主义,则是不顾痛苦的代价寻求经验的深度与广度。”[2]苏格拉底被五百人陪审团以微弱的多数判为有罪而后定为死刑,但其死刑迟迟不执行,并且看管松懈,当局显然示意苏格拉底逃跑到其他邦国躲避,而苏格拉底则坚持服刑以显示他对自己邦国以及自己参与制定的法律的忠诚。亚历山大大帝死后,雅典准备起诉亚里士多德,使他面临与苏格拉底同样的命运。亚里士多德说:“我不能让雅典人面对哲学犯两次错误。”今天的读者会从这种自我嘲讽中体会到亚里士多德的幽默与现实态度。苏格拉底与亚里士多德面对同样命运时的截然不同的态度也反映了古希腊市民生活观由崇尚英雄的悲剧感到嘲讽式的喜剧感的变化。虽然苏格拉底时期的希腊已有喜剧,但由喜剧的诞生到影响市民的人生态度有一个过程。苏格拉底对死刑的态度更具悲剧色彩:他在法庭前慷慨陈词,在友人陪同下英勇就义。

亚里士多德后来被流放到一个海岛上,直到死去。这个海岛是亚里士多德母亲家族的驻地。亚里士多德这种即使流放也要选一个使自己安度晚年的地方的做法,与孔子晚年选择回国不无相似之处。孔子去世两百年后的屈原既无亚里士多德的幽默人生观,又无孔子面对现实生活的实用态度。古希腊悲剧尚不失优雅高贵的气质,而屈原颇有些声嘶力竭式哭嚎的色彩:这反映了轴心时代的希腊以悲剧开始与轴心时代的中国以悲剧结尾的不同。正由于此,古希腊悲剧得以延续,直到二十世纪世俗化最终将它赶下舞台;而屈原的哭嚎成为千古绝音。

笔者对比中西战争文化发现:西方文明史是在战争不断升级的压力下,社会与文化不断阶梯式上升的历史;中国将西方这一历史压缩在为时两百多年的战国时期,而战国前后各有两千年的稳定期。[3]或者正由于此,我们可以说,“前不见古人,后不见来者,念天地之悠悠,独怆然而涕下”者,古今中外,唯有屈原一人而已。

(三) 从李宗吾的厚黑学理论看荀子时代知识分子社会生活的窒息气氛

李宗吾(1879—1943)的厚黑学理论认为:皮厚心黑是社会成功的窍门。虽然他的学说受到很多批评,但多年来广泛传播,据说以厚黑学命名的相关中文书籍多达200种以上。李宗吾说出了自古以来人们没有说出的话,并且击中要害才有这样的效果。其实,厚黑学正是二级社会反人性的集中表达:孔孟说人有仁爱之心,有羞耻之心,这是人的本性。在二级社会中人的本性不足以使社会正常运转,而广大人民一时不能丢掉人性,又有儒家文人的大力提倡,给皮厚心黑者以可乘之机,这也是儒家漠视两级社会差别的历史负担的集中表现。

柏拉图对二级社会的不可人为操纵性有足够的认识,所以他强调理性,反对感情用事。柏拉图的这种认识在西方有广泛的社会基础,所以古希腊没有给皮厚心黑的人留下方便之门。古希腊也没有中国老庄、孔孟那样对人性的认识,没有对人类固有情感这样普及整个社会的肯定。也正由于此,中国思想家们囿于中国长期原初社会的思想影响,对二级社会的非人本质没有足够的认识,也就不知不觉中给皮厚心黑者敞开了大门,尽管这种皮厚心黑者出现在上层,仅仅影响当权者和依附他们的知识阶层。

秦国以两国国王会见为官方理由邀请楚怀王,楚怀王赴秦后秦国将他扣押长达三年之久,直到他客死秦国,然后才将他的灵柩送回楚国。据说楚国人沿途痛哭,像是死了亲人一样。这可称为历史上第一个广泛传播、影响深远的皮厚事件,对这种明目张胆的毫无羞耻之心的反人性事件,当时的社会舆论并没有上下哗然,而是默然接受这一事实。屈原正是看到中国社会险恶的前景而又看不到一点希望,才替中国为数众多的良心知识分子作最后一次哭嚎的。

荀子在世时,秦相范雎提出了战争要以杀人为目标的战略,以防对方有恢复战斗力的机会。秦将白起在公元前260年活埋赵国四十万降兵,这是中国历史上第一个足以震动整个中国而又影响深远的心黑事件。笔者将近代欧洲与春秋战国时期中国相比较发现,秦国的这一做法相当于纳粹时期德国的做法,但战国时期的中国既没有秦国攻击距离之外的英国式的安全国作旁观评判者,又没有美国式的疆域外强国存在,中国只能成为以皮厚心黑起家的秦国的囊中物。[8,9]试想:一面是儒家的仁爱学说成为时代的显学,一面是被称为虎狼之国的秦国的节节胜利。这一结果对后世产生了深远影响,也成为两千年后李宗吾厚黑学得以流行的历史根源。

这一皮厚心黑得势的局面对中国古代有良知的知识分子具有可怕的窒息作用:同样一个树木花草的美好世界,突然没了氧气,人要么在默默中窒息死亡,要么任凭良心与灵魂的丢失。而当时具有类似宗教鸦片止痛作用的宋明理学与诗书琴画还没有发展起来。在这一可怕局面中首当其冲的是主张羞耻与仁爱之心的儒家知识分子,他们所面临的也正是荀子与他的学生韩非、李斯所面临的人生问题。这一窒息局面,既不允许他们作苏格拉底式流芳千古的死前陈词,也不允许他们面对强权显示亚里士多德式的嘲讽与幽默。他们怀揣苏格拉底式的悲壮与正义,腹藏亚里士多德式的智慧与才思,在中国历史中无声地忍受。[10]

孔子一生中仅化装逃跑一次,还作了苏格拉底式的慷慨陈词以蔑视社会权力。荀子从齐国到楚国,从楚国到赵国,两次逃亡,没有留下一句孔子式的话。李斯死前对临刑的儿子说:"我想与你一起牵黄狗出城门去追逐狡兔,可能吗?"这让人想到莫谈国事的千斤铁牌压出来的屁,既不允许臭,也不允许香。韩非冤死狱中,不留一句话,史书却记载说,秦始皇后悔而又没有来得及救韩非,意即韩非冤死而不得怨及明主。

笔者罗列这些于此,以同读者共同体会窒息致死的味道,让我们一起坚信:屈原已经替他们表达他们心中的悲痛,纵然没有苏格拉底式的悲壮与亚里士多德式的幽默,但有屈原代表他们,发出前无古人、后无来者而又感天动地的悲号。因为后无来者,就用不着荀子与他的弟子们说什么话了。当我读李斯的传记与韩非的著作时,感受到的是他们在窒息中咀嚼自己灵魂时的挣扎。

笔者相信,如果李宗吾生活在战国时代,当时刚刚进入二级社会,社会结构与意识形态尚未定型。盛行的厚黑学很容易为上层社会所接受,也很容易为文人以至整个社会所认识,不像今天仅仅在民间流行。那样,中国知识分子与社会就会在战国末对二级社会的本质有清楚的认识,在社会结构层面上设计对策,也就足以堵塞秦汉中央集权制的出现,保留夏商周时代原初社会式超级大国的宽松气氛,保持轴心时代思想活跃的传统,并使道家学说占据官方地位。那样古代中国就可能进入近代欧洲的现代化进程而不伴有侵略与物质的过度追求,因为中国原初社会式超级大国本身就具有后现代的思想与社会形式。

二、孔子与苏格拉底的比较

这里简要论述孔子与苏格拉底的不同,以进一步显示原初社会与二级社会的不同。

孔子去世九年后苏格拉底出生(按中国传统计算,孔子卒年与苏格拉底生年之间有九个独立的年头),这两位哲人都以讲学为生,自己并没有留下任何文字作品，全凭学生们的追忆记录传世。由于时代久远，这样的追忆记录都多到不能让人相信的程度。一般说来，孔子的《论语》与苏格拉底的庭前答辩是最可信的。本章主要根据这两个本子来论述二人的差别。

（一）讲话长度

《论语》记载孔子终生的言论与教诲，英译本仅有 27000 个单词。苏格拉底的庭前答辩记载苏格拉底在一次正式场合上的讲话，英译本就有 14700 个单词。我们今天读苏格拉底的庭前答辩，觉得他的讲话与现代人在类似场合的讲话并没有多大差别。孔子一生中与苏格拉底被判死刑最接近的一次人生经历莫过于在宋国得罪大司马险些丧命的事。当时孔子与他的弟子正在一棵大树下演习礼仪，大司马派人砍倒这棵树来威胁孔子，孔子在与弟子化装潜逃前说了一番话，这番话相当于苏格拉底的听前答辩。他说："天生德于予，桓魋其如予何？（译文：老天赋予我高尚的品德，他宋国大司马又能把我怎样？）"（论语，7:23）苏格拉底的庭前答辩与孔子在生命受到威胁时的这句话同样是表达给公众与社会的，并以同样的姿态与气势面对危难，如果苏格拉底也像孔子一样选择化装逃跑的话，他们的差别就只剩下讲话的长短了。

如果说苏格拉底与孔子的话都是后人的回忆记录而未必可靠的话，孟子与柏拉图的著作都是他们亲自写下来的文字，并且都是为当时人与后代人阅读而写作的，可信性要强出很多。孟子一生只写成了一本书，有 45000 个汉字，以今天 32 开的版本计算，不到 100 页。柏拉图写了二十多部书，以今天 32 开的版本计算，每本有 20 到 300 页不等。很明显，当时中国与希腊同处于轴心时代，他们的语言处在不同的发展阶段，这反映了语言在原初社会与二级社会的不同功能。

我们的祖先，猿猴，同我们一样营集体生活，他们有相互修整皮毛的习惯，用以巩固相互的社会关系。人类学家们相信，裸体的人类用聊天来代替猿猴的皮毛修整。今天的人们一年到头地忙忙碌碌，回到家还要看电视、听新闻，但他们也有亲朋坐在一起聊天的时候。这种聊天未必交换信息，可以纯粹是为了自我怡悦，一种对家庭集体生活的享受。这种聊天有助于我们相互之间关系的巩固，不过因为发生在深层意识层面，不为我们今天的理性头脑所觉察而已。理论上讲，这种纯娱乐性聊天有可能混淆现实与幻想的界限，但我们多数人并不这样。据我观察，与社会脱节的长期失业者们常常用幻想诋毁他们面对的社会现实。但我也经常看到三四岁的儿童这样交谈：他们一边谈，一边编造,为自己的集体幻想的离奇与繁复笑得诚心诚意。这种交谈就是一件纯艺术品。原初社会正是通过这种纯美学式的交谈,以及其他集体活动,将全体成员在情感与心理层面连接成一个整体。

现代的二级社会有赖社会成员对共同目标与社会公益的认同,而这种认同建立在理性认识的基础上,这需要一个高度发达与语意准确的语言系统。今天的哲学家们如果能像柏拉图一样,一生写二三十部书也同样算是多产了;而如果像孟子那样,一辈子只能写一本小册子,在今天就很难混口饭吃了。

刘梦溪在《史学的艺术之境》一文中说:“我区分书的好与不好,我有我自己的办法。但最好的书,我想是那种不管时间与地点,随便翻开书的任何一页,都可以读下去,并且读出味道来。即使你心绪不好,也可以在阅读中忘却自我,恢复宁静。”[4]他说,《论语》《红楼梦》是这样的书,《孟子》就不行。刘先生的读书体验正好印证语言在原初社会与二级社会中的不同功能。《论语》是为原初社会的人而说而写的,如同今天高雅的传统音乐一样,适合人体本身的节奏,具有整合社会心理情感的功能。《红楼梦》是小说,本身就是为了娱乐人而写的。《孟子》写在二级社会已经出现的战国时期,作者是为了阐发自己的理论,建立自己的学说,就像某些现代音乐是为了表达音乐家自己的情感一样,并没有整合社会心理情感的功能。如果原初社会是人类原有的基础的话,《论语》是这个层次上人类社会生活的原汁原味的遗存,尽管是一种精炼提高的遗存;《红楼梦》是作者数十年精心之作,是为了打动人、娱乐人的艺术杰作。这也印证了笔者在本书第二章表述的一个观点:在原初社会,在老子与孔子那里,生活本身就是美,生活本身就是纯艺术,因为他们不知道二级社会的功利与人生意义。

(二) 无为而治与不同人生态度

孔子与老子都主张无为而治,孔子的大同世界更是一幅无为而治的原初社会的生活景观。管理一个国家、一个社会,要什么也不干才能管好,这在二级社会开始的西方文明有史以来是闻所未闻的事。

这也就导致了孔子与苏格拉底的生活态度迥然不同。孔子与苏格拉底的出身同属于统治阶级的下层人士:孔子为士,而士以下为最底层的农民;苏格拉底为市民,而市民之下是最底层的奴隶。古希腊二级社会建制把奴隶与市民组织到一个共同的经济体制内,各做各的工作。市民也要劳动,市民同时还是战士,而奴隶不是。中国上下隔离,统治阶级用不着劳动。所以,孔子虽然出身贫贱，多能鄙事，但他明显轻视体力劳动，被讥讽为“四体不勤，五谷不分”。而苏格拉底是城邦国家的自由市民，在完成他个人的市民职责之后，人生是属于他自己的。苏格拉底有现代西方人的实干精神，虽然其主要精力用于哲学与真理的追求和教导青年，他还数次参加战争，作战勇敢。他是一名石匠，有人说他教学生从不收费，仍以石匠谋生，雅典城的某些石雕是他的作品。

本书导论二部分已经详细论述了中国古代社会没有建立二级社会的运转机制，除了社会稳定与安全以外，无法追求其他宏大的物质目标。与古希腊相比，此一时期的中国知识分子也更接近原初社会的生活方式，他们使用业余时间来放松自己，享受人生。所以孔子与他的弟子们在无所事事时，集体排演礼乐：在优雅的乐声与缓慢的集体动作中，放松自己，沉浸在自我创造的美学气氛中。古希腊把市民的业余时间集中起来追求物质文明，人人都像蚂蚁一样忙忙碌碌。与古代中国相比，他们的业余时间要少得多，而且要用业余时间享受自己创造的物质。柏拉图就详细描述雅典的男人们如何脱光了衣服在一起寻欢作乐。正由于此，苏格拉底与柏拉图认为，只有他们这种用业余时间进行思考，一起辩论哲学与人生问题，寻求上帝的世界，寻求人类脑海底层深藏的理性，才是最有价值的人生。他们将人分为理性、情感与欲望三层次，并认为理性之人是层次最高的。

（三）终生追求

孔夫子的终生追求是恢复原有的社会秩序，而苏格拉底的终生追求是真理。

在本书导论二所述的中国三代时期社会模式中，原初社会的村落家族与诸侯、天子所代表的准原初社会相分离：他们代表不同的生活方式，在超级大国中担当不同的功能。这是人性倾向于原初社会所决定的，如果二者不分离的话，在二者交接区域，就有以自由个人组成二级社会的危险，而这种典型二级社会的出现对原初社会与准原初社会的存在都构成威胁。老子主张最好的政府不为它的百姓所察觉（《道德经》十七章），而孔子认为“天下有道，则庶人不议”（论语，16:2）。这些都从侧面支持上述社会模式中二架结构上下相分离的推论，也是上述社会模式的内涵。

在这上下分离的二架结构中，孔子属上一层，社会出了问题，他们有责任帮忙解决。另外，在原初社会中，社会出了问题，人人都有责任帮忙解决。所以，当孔子生活的社会遇到不可解决的重大难题时，孔子就终生为之奔波了。

苏格拉底生活在典型的二级社会中,社会管理与他无关。他认为自己的天性不适合做政客。他在神前问卜被说成最富有智慧的人,他用他的智慧来追求真理。他严厉地检察自己,也严厉地检察他人,声称:没有经过检察的人生是不值得度过的。他这种态度大受青年人欢迎,他总为青年人所簇拥着。

苏格拉底追求的真理有终极真理的性质,以理性思维与逻辑推理为特征。在原初社会中,尤其在社会与伦理范围,用富有浓重美学情感色彩的语言追求客观真理几乎是不可能的。

(四)主要贡献

孔子最大的贡献是他的以仁义为核心的儒家学说,而苏格拉底的最大贡献是他的苏格拉底辨析法。

在上文导论二中我们还提到:仁义学说是原初社会遭受困难而面临分裂时常用的方法,只是未必叫作仁义就是了。与老子的无为而治一样,仁义学说是孔子对原初社会秩序的一种概括,不过是从儒家强调社会秩序角度的一个概括。结论是:儒家仁义学说与礼乐制度是原初社会管理体系的延伸而非二级社会出现的指证。(详细的论证,请读者参阅导论二,这里不重复。)

苏格拉底对于西方思想最重要的贡献是他的辨析法,或称为诘问法。这种方法运用一系列的诘问来协助一个人或一群人判断一种信仰或一个知识是否站得住脚。在这一过程中,不断剔除那些看似有理而实际上漏洞百出的假设。这一方法被认为是现代科学的基础,科学就是这样从假设开始寻求真理的。苏格拉底的辨析法反映二级社会向既定目标前进的过程中,需要解决面临问题时的实事求是精神;也反映生活在早期的二级社会,面临众多可能而社会生活不稳定的情况下,人们寻求终极真理的良好愿望。作为典型的二级社会,古希腊社会刺激人们的物质追求,并不断改善人们物质追求的社会环境。在这种社会与个人的物质追求中,人们需要提高对客观世界与社会走向的把握,用以提高行动的成功率,减少失败。苏格拉底的诘问法无疑是适应这一社会要求的,但苏格拉底用他的诘问法辨析一些普通市民的道德信念是否站得住脚,辨析一些权威人士是否真的有知识,这样就有了与社会权力冲突的可能。

(五)不同的宗教思想

对宗教神灵的态度,孔子与苏格拉底截然不同。苏格拉底在庭前答辩中被指责为无神论者,实际上,苏格拉底是坚定的信神者。从后来柏拉图的转述得知，苏格拉底的宗教信仰比当时的雅典民众更加理性化了。他心目中的"神"与道家的"道"以及儒家的"天"不无相通之处。孔子对宗教神灵却采取了非常实用的态度：敬鬼神而远之，避免谈怪力乱神的事。在对社会人生的洞悉程度，对宗教神祇的洞悉程度，以及对道德的推崇程度方面，孔子与苏格拉底都十分接近，他们对宗教神灵截然不同的态度取决于他们所处社会传统的不同。一般说来，在原初社会，鬼神不干涉人事，宗教信仰是社会生活本身的一部分，并且以个人与家庭为主，整个社会的宗教活动居次要地位。原初社会宗教信仰上的这种宽松气氛允许孔子对宗教采取实用态度。苏格拉底那种坚定的为信仰而献身的毅力完全是二级社会的产物，原初社会可能有殉葬与殉神的情况，但那与苏格拉底自觉为信仰献身有本质的不同。原初社会的秩序来自人们的深层意识，二级社会的秩序是人造的，也就是外加的，在文明早期，常常求助于神灵的权威，古希腊正是这样。苏格拉底的自由思考危及神灵信仰与社会稳定，所以他只能被处死。

（六）中西天人合一思想的不同

天人合一被认为是中国哲学的特色，孔子虽然没有讲过天人合一的话，但他无疑有天人合一的思想认识。孔子对仁的解说成为孟子以人性讲天人合一的基础。按照方朝晖先生的分析，中国的天人合一与西方的天人合一并无本质的区别。他说："西方传统形而上学家几乎个个都是天人合一的主张者和论证者，这是因为西方传统形而上学的最高理想之一就是寻找世界的最后本原，试图找到支配世界的最高原理。从希腊第一批哲学家到柏拉图、亚里士多德，乃至近代哲学家笛卡尔、洛克、贝克莱等人，无不醉心于此务。"[6] 其实，这样追求天人合一的西方第一个重要人物是苏格拉底，因为苏格拉底的学说均由柏拉图转述，又难以分清哪是苏格拉底的思想、哪是柏拉图的思想，所以方先生未提苏格拉底。

我以为，中国天人合一是基于原初社会的，而西方的天人合一是基于二级社会的，二者有本质的区别。在原初社会与二级社会中，天与人都有不同的含义。天人合一的概念首先在于"天"字的不同解释。方先生文章提到冯友兰将"天"分析出五种含义，其中的物质之"天"与自然运行之"天"，其含义均可为现代意义上的"自然"一词所包含。所以，本文将冯友兰五种"天"的含义归结为神、理念与自然三种。在原初社会中，没有强权，他们想象出来的神也如同庄子所说，"阴阳和静，鬼神不扰"，即鬼神不干涉人事。原初社会的理念限于

人性与天然,并无二级社会外在于人的理念系统。而自然与人和谐相处,人并无征服自然的愿望与能力。西方二级社会的神是威力无边而干扰人类的神,有致苏格拉底于死地的神威;理念是一套外在于人的理论系统,有统领人们向既定方向前进的功能;自然如果不被征服的话,也是人在神指导下工作的客体。所以,二者同样讲天人合一,并无什么相同之处。

天人合一的概念还在于"人"字的不同含义。大家都知道,狼养育的狼孩不是任何意义上的人,所以人是社会与文化的产物。原初社会基于天性自然,生活在原初社会的人是天然之人,也是真正意义上的人。二级社会是人造社会,其中的"人"也是人造的,为雅观起见,这里称二级社会的"人"为"人为之人",与天然之人相对。这种"人为之人"正是现代学者对人与人性的理解。牛津英文版社会学词典不设人的条目,但有人性(human nature)的条目,显然把人的定义包含在人性的定义之中了。这一条目在列举了从达尔文主义者到马克思对人性的理解之后结语道:"在社会学界最具影响力的观点由韦伯(Max Weber)为代表,他们把人性看成是历史与经历的结晶,反对任何预先决定的(先天)本质。的确是这样,近来很多社会理论家(包括福柯(M. Foucault),社会建构主义者,以及后现代主义者)已经完全拒绝人性这一概念的本身。"[7]法国存在主义者萨特早就指出,现代人已经超越人性的束缚成为自由人,人生是他们不断自由选择的结果。像杀人如麻的希特勒,终身不娶,但在与情妇举行婚礼后双双自杀。无论如何,希特勒不是真正意义上的人。

由原初社会进入二级社会犹如生物进化史上鱼上陆地变成各种陆地动物。鱼爬到陆地上来,变成四条腿的野兽,就不能再称作鱼了,只能说它们的祖先是鱼而已。现代社会的很多人可能是"人为之人",但也有程度不同的真人存在,这就是道家人物在现实社会中追求成为真人这一理想的现实性。

参考文献:

[1] The original words are:"The safest general characterization of the European philosophical tradition is that it consists of a series of footnotes to Plato. I do not mean the systematic scheme of thought which scholars have doubtfully extracted from his writings. I allude to the wealth of general ideas scattered through them." Alfred North Whitehead, *Process and Reality: An Essay in Cosmology*. Corrected edition, edited by David Ray Griffin and Donald W. Sherburne (Free Press, 1979).

[2] Friedrich Nietzche: The Birth of Tragedy. In Stanley Rosen eds, The Philosopher's Hand-

book. New York: Random House,2000. p245 – 66.

[3] 柚声(2012):从宋襄公坚守作战规则而败于楚看东西方战争文化的不同。《学灯》第二十四期。(http://confucius2000.com/writer/yousheng.htm)

[4] 刘梦溪(2004):史学的艺术之境。自:庄子与现代和后现代,刘梦溪著,石家庄:河北教育出版社。第24页。

[6] 方朝晖(2006):试谈西方思想史上的天人合一传统。http://confucius2000.com.

[7] G. Marshall (1994): The Concise Oxford Dictionary of Sociology. Oxford: Oxford University Press.

[8] You-Sheng Li (2005): A New Interpretation of Chinese Taoist Philosophy. London,Canada: Taoist Recovery Centre,2005.

[9] 柚声(2009):评许田波《古代中国和近现代欧洲的战争及国家形成》。(作者网站: http://taoism21cen.com)

[10] 柚声(2010):论孔子大一统的包容思想与原初社会的影响。《学灯》第十四期。(http://confucius2000.com/writer/yousheng.htm)

第八章

从孔子与柏拉图对诗歌艺术的不同态度看二级社会的不同艺术思想

摘　　要:孔子与柏拉图二人同样推崇道德与理想,但二者对诗歌艺术却表现出截然不同的态度:前者热情肯定,后者全面否定。这反映了两者所处东西方社会环境的不同:孔子所处的时代尚未出现典型二级社会,柏拉图所处的古希腊时代早已进入典型的二级社会。在原初社会中,诗歌艺术是社会深层意识整体性的反映,是一种情感的交流,原有自我约束的成分,有利于社会的稳定,所以孔子大力提倡诗歌艺术。在二级社会中,诗歌艺术打上不同阶级的烙印,表现独立个人自由情感与要求,包括淫秽成分,与社会总体要求相违背,所以柏拉图在规划理想国时,坚决取缔诗歌艺术。中国在战国时期进入二级社会,所以孟子与荀子对诗歌艺术的态度和孔子不同。孟子讲"颂其诗""知其人",荀子把诗歌当成宣传工具,并认为诗歌可以取缔,到了荀子的学生韩非、李斯时,与柏拉图一样,对诗歌艺术进行打击。此后两千年的中国诗歌继承《诗经》传统,是内心的自然表达,有如一盏盏心灵的灯,相映生辉。西方传统诗歌却如一面面镜子,映照出二级社会中人类艰难的历程与内心感受,而内心是镜子映照的客体。灯与镜的比喻也适合东西方其他艺术的比较。

精彩摘句:屈原的政治理想既不具体,也不现实,却充满艺术性的幻想,这是因为他的思想还停留在原初社会的缘故。

西方传统的诗歌艺术更像镜子，创造场面与视野不过是人造二级社会创造场面与视野的一部分；中国传统诗歌继承原初社会情感集体表达的思路，只是原初社会表达对象是其他社会成员，而在二级社会的无数陌生人面前，表达的对象只能是知音。

一、孔子与柏拉图对待诗歌的不同态度

从上一章内容我们知道：在西方文化传统中，相当于孔子在中国传统文化中地位的有两个人，即苏格拉底与柏拉图。苏格拉底没有留下文字的东西，我们是从柏拉图著作来了解苏格拉底的。柏拉图的许多著作是以苏格拉底与他人对话的形式写成的，无法分清哪是苏格拉底的思想，哪是柏拉图的思想。苏格拉底与柏拉图又是同一时代的人。总之，孔子与柏拉图对诗歌等艺术的不同态度有可比性。他们这种不同态度代表了东西方文化的实质性差异，直接反映了他们所处的不同社会环境，显示艺术在原初社会与二级社会有着不同的地位与功能。

这里首先要指出，受时代的限制，孔子、柏拉图讲的主要是诗歌与音乐，但他们的思想也适用于其他艺术。古代诗歌与音乐不分，诗歌总是用来演唱的，而演唱就是舞台表演艺术，而舞台表演当然包括视觉艺术在内。古代绘画、雕塑很发达，但它们对人类思想行为的影响远较诗歌艺术弱，所以孔子、柏拉图主要讲了诗歌。在表达一个人的思想上，文字艺术远较其他艺术形式有力。

孔子非常注重诗歌音乐对人的教化作用，但并不像现代政治家那样把诗歌音乐看作宣传自己政治主张的一种载体，孔子把诗歌音乐当成人生、社会不可缺少的一个有机成分来对待。如袁行霈主编的《中国文学史第一卷》说，“先秦诗歌与原始巫术、歌舞密不可分”[1]。我们可以设想，夏商周三代的统治阶级也继承了这一诗歌艺术与社会生活密不可分的思想。孔子曾多次叫儿子伯鱼学诗，一次说：“不学诗，无以言。”（《论语・季氏》）意思是说：一个人不学诗就没有什么话好讲了。他又对自己的学生们说：“小子何莫学夫诗？诗可以兴，可以观，可以群，可以怨。迩之事父，远之事君，多识于鸟兽草木之名。”（《论语・阳货》）孔子这里强调学诗可以激发人的志气，可以提高人的观察能力，可以加强人的团结与友好，可以抒发怨恨之情，可以用来侍奉父母、服侍君王。这些话都说明诗歌音乐在当时人们的生活中有着何等重要的地位，而孔子又如何重视诗歌和音乐。如果我们感到孔子的这些话难以理解，那是因为

我们生活在典型的二级社会,与孔子所处社会有本质的不同。

《论语·泰伯》里记载孔子说:“兴于诗,立于礼,成于乐。”《礼记·孔子闲居》也提到孔子说过类似的话:“志之所至,诗亦至焉;诗之所至,礼亦至焉;礼之所至,乐亦至焉。”孔子这里把诗、礼、乐看成相互关联的统一整体,就是用诗歌激发和表达一个人的志气,而这种志气要礼来确立、乐来完成。这里孔子讲得很清楚,人类志气的表达、确立、完成,全部过程不涉及任何物质利益与功利成分,是一种社会和谐的美。这也就是老子所讲的“甘其食,美其服,安其居,乐其俗”,人类志气所指是美化现有的生活,并非要求更多,更非掠夺他人的。

《礼记·经解篇》记载孔子的话说:“入其国,其教可知也。其为人也,温柔敦厚,诗教也。”这里孔子用诗教来概括人民的文化与风气:自乐其乐,和谐有序。近年来发现的楚国竹简《孔子诗论》几乎对《诗经》里的每一首诗都有评论,进一步证实了孔子将诗歌音乐当成社会生活的一部分来看待的观点。写于西汉的《毛诗序》总结这种思想说:“诗者,志之所之也。在心为志,发言为诗。情动于中,而形于言;言之不足,故嗟叹之;嗟叹之不足,故咏歌之;咏歌之不足,不知手之舞之足之蹈之也。”这明确地表明诗歌音乐是人类情感的自然表达,而这自然表达的诗歌音乐却担当重要的社会功能:“故正得失,动天地,感鬼神,莫近于诗。”情感很难衡量,更无法度量,所以这种用情感建造与维系的社会只能是原初社会,二级社会是建筑在理性之上的,感情在理性的控制之下。

古希腊处在战争文明的早期,如果他们也像孔子那样仅仅追求和谐与美的话,就成了别人的刀下鬼,所以古希腊一定要追求功利,也同时需要铁的纪律。柏拉图在《理想国》一书中,以苏格拉底与他人对话的形式长篇论述了艺术对人的影响以及国家应有的对策。柏拉图首先指出:艺术创作出于人类喜欢模仿的天性。比如,床可有三种,一种是柏拉图理念世界里的床概念,由上帝创造;一种是木匠制造;第三种是艺术家的模仿品,如画家画的床。艺术家模仿的是事物的皮毛,而非事物的本质。同样,诗人为了出名,极力打动人们忽冷忽热的情感,而对人类心灵深处的理性并不感兴趣。如果人类要追求幸福与道德的话,首先要控制住自己的情感,凡事不能感情用事。如果让诗人们为所欲为的话,统治一个国家的不再是理性,而是人类心中燃烧的欲望。所以柏拉图的理想国里没有艺术家的位置,他们在被驱逐流放之列。

柏拉图说:“对于淫欲、愤怒与其他的一切情感,以及与人类行动不可分割的欲望、痛苦与享受等,诗歌刺激与培育相应的激情,而不是使它们消亡;诗歌让这些激情主导人的行为，而如果人类要增加幸福与情操的话，它们应当受到控制。”柏拉图单独提出，赞美神与名人的颂歌可以允许存在。[2]

亚里士多德指出观看悲剧表演的情感宣泄作用，但总体上来看，亚里士多德的诗歌艺术观与柏拉图是一致的，即把诗歌艺术放在政治的框架内，把艺术看成对真实世界的模仿或反映。

二、中国、希腊不同的社会环境孕育截然不同的诗歌

上述东西方哲人对待诗歌艺术的这一截然不同的态度反映了中国与古希腊的不同社会环境：前者长期停留在原初社会阶段，到战国时期才出现典型的二级社会；而后者在柏拉图时期早已进入典型的二级社会并达数百年之久。

英国著名修女凯琳·阿穆斯特朗(Karen Armstrong)在她的《上帝史》一书中写道：“当人们编造他们的神话，膜拜他们的神灵时，他们并非寻求自然现象的文字解释。这些象征性的故事与史前岩画是古人企图表达他们内心的惊奇，企图将充满周围世界的神秘与他们自身生活联系起来；今天的诗人、艺术家、音乐家常常为同样欲望所驱动。”[3]

阿穆斯特朗把古代的宗教与史前岩画都归结为人类内心的一种自我表达。我们这里用两个比喻来分别代表阿穆斯特朗与柏拉图对艺术的理解，即灯与镜子。灯用自己发出的光映照周围，并不从周围收回任何东西，这就是阿穆斯特朗的艺术自我表达说。在原初社会，这种表达的对象是面对面的同伴，即原初社会情感交流的过程。镜子只能映照周围，自周围获得事物的影像，并不给出任何东西，这就是柏拉图的艺术模仿说。我们以为镜子照出的影像细致而真实，但在柏拉图看来，那只是肤浅的表面认识，有如画家画的一张床。柏拉图认为，古希腊城市的市民有如坐在一个岩洞里的人，面对内壁，脚又被锁住，不能转身，只能看到由洞口射进来的光落在洞壁上以及洞口处木偶或动植物的投影。即人类看到的世界远非世界的本质，只有哲学家才孜孜不倦地追求真理。柏拉图认为的哲学家也正是镜子，映照世界，只不过更准确、更接近真实罢了。

专门研究西方浪漫主义时代的美国文艺评论家埃布尔拉姆斯(M. H. Abrams，1912—　)于1953年发表《镜子与灯：浪漫主义理论与文艺批评传统》一书，提出了镜子与灯的概念。客观现实主义作家有如一面镜子，镜子代表作家对现实世界客观理性的如实反映，有如科学家用实验观察来揭示客观世界

一样;浪漫主义时代的作家有如一盏灯,照亮人类的外在世界与内心世界。埃布尔拉姆斯认为西方十八世纪文学是镜子,而十九世纪文学是灯,促成这一根本性变化的是十九世纪初开始的浪漫主义运动,这一运动使诗人变成一盏灯,他们开始用内心发出的光照出一个新的世界。[4]

这里必须指出,镜子与灯只是一组相对的概念,两者只是相比较而言。本文借用埃布尔拉姆斯这组概念来概括两种不同的思维方式,一种强调对外界的认识,一种强调内心的表达。我这里用它来阐述原初社会与二级社会艺术思想的不同,以及东方与西方传统文化的不同。

原初社会人类的业余时间用于自我放松与怡悦,这和其他动物是一样的。幼年哺乳动物都有嬉戏玩耍的行为,原初社会的人类将这一嬉戏玩耍的天性保留终生,这也包括柏拉图所说的人类模仿天性。只是人类的自我怡悦有自我超越的成分,这里称为广义的美学追求,即阿穆斯特朗的宗教、岩画以及原初社会所能有的业余诗人、艺术家、音乐家的行为。

原初社会人们的这种艺术性的自我表达首先是集体性的,是面对原初社会其他成员的。中国古代曾有大量长臂猿,它们群居,鸣叫声可传播两三里之远,这里呼,那里应,此起彼落,颇似一个大合唱,这样的情景常为诗人描写。原初社会的人类艺术也是这样,面对社会与同伴,人们大胆进行自我表达,以激起共鸣,所以使用的是社会能接受的形式,并有自我约束成分,但这是人类天性的自然表达,并非圣人的设计。

二级社会是建立在原初社会的业余时间之上的,一切与社会的既定方向一致,一切都与既定的价值系统相协调,结果是无不打上了阶级的烙印。原初社会的业余时间使用是人性的展现,二级社会的业余时间留给人类的是文化的创造、功利主义与自我实现的追求等。在财富积累与战争文明的大前提下,强调科学与理性,原为业余时间的艺术也带上了认识的色彩,即镜子的功能。古希腊的艺术家们开始以写生练习基本功,所以我们今天也惊叹古代西方人物造型的逼真。这种艺术造型的逼真是镜子功能的写照,不见于原初社会。

必须强调指出,原初社会与二级社会的自我表达是不一样的,这有如中国《诗经》一类的古典诗歌,即使西方一般人也能读懂,因为那是原初社会人类的表达方式;而很多现代诗歌,一般人却很难读懂,因为那些诗歌的表达者是二级社会一个个独立的个体,这种个体对周围世界产生怪异的感觉,并感到自身的孤独。

以上是一个简略的概述,至于原初社会与二级社会的定义与分野,以及原初社会与二级社会业余时间使用不同的详细论述,请读者参看本书导论二部分。以下叙述中国与西方古代诗歌艺术的不同。

孔子对《诗经》的评价是:"诗三百,一言以蔽之,曰思无邪。"(论语,2:2)对孔子所谓"思无邪"的话历来有两种解释:一种解释为所表达情感的纯正,一种解释为情感的真实。这两种解释合起来就表示:只有纯正的情感才是真实的,不纯正、不真实的情感就是邪与淫。有一次,子夏问孔子说:"巧笑倩兮,美目盼兮,素以为绚兮,何为也?(译文:漂亮的脸儿笑得很漂亮啊,黑白分明的眼睛很美丽啊,洁白的布上画出绚丽的图画啊。这些话是什么意思?)"孔子回答说,"绘事后素",就是说本色在先,绘画在后,艺术是要表达真实的,而这种真实是美目巧笑的绚丽,而非生活中丑陋的一面。其结果是温柔敦厚,情感中正,孔子认为《诗经·关雎》符合这一理念,说《关雎》"乐而不淫,哀而不伤"。(论语,3:8)

这样的艺术是生活本身的一部分。孔子曾多次叫儿子伯鱼学诗,一次说:"不学诗,无以言。"又有一次说:"女为《周南》《召南》矣乎?人而不为《周南》《召南》,其犹正墙面立也与!"(论语,16:13,17:10)孔子说:一个人不学习诗歌,嘴巴就没有什么话可说了;一个人不读《周南》《召南》就好像面壁而立,眼睛就看不到什么了。有的学者论证说,孔子与学生讨论时有音乐伴奏。《论语·先进》中叙述孔子与子弟们讨论个人志向,孔子让曾点说说他自己的想法,曾点"鼓瑟希,铿尔,舍瑟而作",即曾点停止弹瑟,先作收尾,然后"铿"的一声停止,放下瑟坐起来。这样一个诗书礼乐的环境无疑有利于陶冶与培育高尚的道德情操,也就是真实纯正的情感。

需要强调指出的是,这种中正美好的真实是人性的内涵,并非虚伪的,更非政治炒作。在古代原初社会中也偶尔有丑恶事件发生,而这些事之所以丑恶,是人类生来有厌恶它们的天性。这种天性的厌恶之心足以使人们淡忘这些事件,也就更不会让它们出现在诗歌艺术创作之中了。笔者曾将人类心理体验分成生物、社会、文化、智慧、精神与宇宙六个层次,笔者将艺术归于只有好坏没有对错的精神层次,这是一种提升,是物质生活的升华,并非现实世界的镜影像,更非模仿。既然精神层次的表达之敦厚中正符合人类的天性,中国战国以前缺乏二级社会的建制,孔子这种艺术思想就源远流长,来自上古的原初社会。

中国最早的关于艺术理论的记载是《尚书·尧典》中虞舜的话,虞舜对乐官师说:"命汝典乐,教胄子。直而温,宽而栗,刚而无虐,简而无傲。诗言志,歌永言，声依永，律和声，八音克谐，无相夺伦，神人以和。”这段话的意思是：“我任命你来主持声乐，教导我们年轻一代。使他们正直而温和，宽厚而谨慎，刚强而不刻薄，俭朴而不傲慢。诗歌表达情志，歌咏是言语的拉长，声乐要与歌咏节奏谐和，音律要与五声谐和，八种乐器的音调要能够协调，不失去相互的秩序，神与人就会和谐统一了。”古时候人们的话语简单而缓慢，与现代语言相比，更富有诗意与音乐性。

虞舜的艺术思想与孔子完全一致，他提到语言拉长与神人合一。现代科学证实，语言的拉长有助于思维的放缓，而思维的放缓有助于情感的激发，这是诗歌较散文精练而多重复的原因。如每一两秒钟就换一个镜头的影视，能使人完全忘掉自己，无法出现情感的感受。当人们进入一种和谐中正的情感与心态时，也就近于庄子的坐忘与尼采的人与大一的汇合。这也就是笔者所提到的原初社会深层意识层面的整体性，由于泛灵论的影响，这种深层意识层面上的整体性可以涵盖周围事物，即人在心灵上与周围事物整体协调。如两三岁的儿童会将周围事物想象成和自己有同样的思想与需要，比如认为自己的小枕头也要找妈妈，需要把它与大枕头放在一起。这不过是这种原初社会深层意识层面上的整体性在人体语言上的表达。

原初社会与二级社会的艺术有本质的不同，之间也有许多联系与相似。这里打一个比方，一个小孩子玩积木，他会用积木垒成不同事物的模型，这种模型对孩子来说，是一种仅有娱乐价值的纯艺术品。孩子不是非要做成某一模型，而是做成某一模型会使他心神怡悦。如果成人来控制孩子玩积木的活动，他们会首先引入奖惩制度，以孩子所垒积木模型的复杂程度给予不同的奖励，等他们发现这一奖惩制度的作用很有限时，他们便开始将积木模型的复杂程度与孩子的物质生活直接联系起来，即将孩子能不能继续生活下去以及物质生活的质量与所垒积木模型的复杂程度直接联系起来。在残酷的淘汰制下，积木对孩子来说不再是一种纯娱乐活动，积木模型虽然还保留原来的艺术形态，但却在评判人员的标准下急剧向无限复杂的方向迈进。我们在有了这样的眼界之后才能了解古希腊艺术的根本不同，因为古希腊文明是从典型的二级社会开始。

《诗经》的作者全部是业余的，而古希腊最早的诗人如荷马却是职业诗人，他们要与其他职业诗人竞争，才能靠诗歌赚取自己的生活费用。如果这些职业诗人也像虞舜与孔子一样主张诗歌要敦厚中正，那么他们在雇主面前就缺乏竞争力，所以他们一定要抛开艺术真实性的束缚。一个著名的例子是阿里斯托芬的喜剧《云》。因为古希腊戏剧台词用诗歌形式，剧作家也是诗人。《云》的人物中有现实生活的苏格拉底，阿里斯托芬显然脱离了真实，将苏格拉底做了喜剧式的丑化，以增强舞台效果。剧中的苏格拉底被说成是为赚钱而包揽诉讼的人，用诡辩与谎言欺骗青年，而真实的苏格拉底强调自己与当时的所谓智者不同，他仅仅是为追求真理而已，所以苏格拉底教导青年是不收费的。阿里斯托芬对苏格拉底这种高尚的志趣可能一无所知，只知道迎合世俗爱好。苏格拉底在判他死刑的法庭前答辩时讲到此事，认为起诉者受了阿里斯托芬的影响。苏格拉底的死刑原因虽然复杂，由 501 人的陪审团自由投票来决定是否判死刑，喜剧《云》在雅典居民中的长期影响无疑起了负面作用。

二级社会有许多种，不同的阶级追求不同的政治。《诗经》中也有埋怨牢骚之作，但怨而不怒，不失为原初社会自我表达大合唱的一曲，缺乏明确的政治含义。古希腊的诗作则常指向不同的政治方向。公元前第六、第五世纪，希腊社会急剧变化，由贵族政治转为平民政治。阿尔凯乌斯、萨佛、基格尼斯（Alcaeus，Sappho，Theognis）是生活在这个时代的三位被流放的诗人，他们的诗作充满对过去贵族生活的留恋和对平民政治的谴责。他们知道，贵族政治较为民主，因为贵族有政治素养；平民政治的早期只能是专制，因为平民对政治管理缺乏足够的认识。以上三位古希腊诗人极力贬低专制主义政权。相比之下，中国战国时期的流放诗人屈原抱怨的不是物质生活的差异，而是刚刚出现的二级社会现实，屈原的政治理想既不具体，也不现实，却充满艺术性的幻想，这是因为他的思想还停留在原初社会的缘故。

二级社会的个人不能再像原初社会那样与社会进行心理和情感的沟通，二级社会的整体性有赖于社会成员对统一目标与方向的认同。二级社会的个人变得无限孤独，他们要想找回原初社会深层意识层面整体性的那种感受，宗教是一个途径，艺术是另一个途径，即上面提到的人神合一、与大一汇合等心理感受，二级社会通过艺术这一媒介达到不见面而有心理与情感上的沟通。因而原初社会与二级社会艺术的一个很大不同是细节描述的有无与程度。只有详细的细节描写才能把千里之外的人形象地展现在眼前，比如关于一位妇女如何打开情人来信这样一个细节就可以有数百字的描写，影视可以用十数个特写镜头来展现主人公的复杂心情。中国早期文学作品《诗经》与《山海经》缺乏这样的细节描写，而古希腊的早期文学作品充满这样的细节描写。由于篇幅考虑，本文不能引用作品内容来证实这一点，仅以《诗经》与荷马史诗的长度来说明，《诗经》三百余首加在一起才三万多字，荷马史诗仅两首，这两首诗分别讲述一场战争与一个英雄战后回家的故事,如果把这两首诗翻译成汉语要有数十万字之多。可见在细节描写上,《诗经》《山海经》两者与荷马史诗有天渊之别。

由于人类的天性,某些生活中的现实是不提升到精神层次而表达成语言的,二级社会打破了这一人脑过滤功能。其一是淫秽细节的描写,《诗经》遵从敦厚中正的原则没有淫秽的内容,而淫秽似乎是古希腊生活的一部分,诗歌也不能幸免。古希腊绘画雕塑就有淫秽内容,如一群男人相互性交的场面,如公元前二世纪的一座铜像塑造的是一个驼背人在公众场合手淫的造型。古希腊诗歌对男人的聚会性交场面也有直接描写,在此不便引用。尼采用太阳神代表梦幻中找回自我,用酒神代表醉后狂欢与放荡,他举两个诗人来代表太阳神与酒神,这就是荷马与比荷马稍晚的阿尔基罗楚斯(Archilochus),而阿尔基罗楚斯是一位有名的流氓诗人。因为与他订婚的女友之父不同意这件婚事,婚约被取消,为了报复,阿尔基罗楚斯用最淫秽的语言作诗来描绘他的女友以及女友的妹妹。这些诗歌的广泛流传使得女友一家人无法生活下去,一家三口人全部上吊自杀。这也说明对淫秽内容的忌讳古今中外是一样的,这一事例也让我们理解了柏拉图为何主张取缔诗歌。

三、春秋战国时代的社会变迁与诗歌艺术思想的转化

中国于战国时代逐渐进入二级社会,但与古希腊社会仍有较大区别:中国缺乏发达的商业文明与强大的中产阶级,这使二级社会独立个人的发展受到一定限制,但中国此时毕竟已经进入二级社会,对诗歌艺术的态度也发生了相应的变化。让我们看一看著名儒学大师孟子与荀子对诗歌的不同态度。孟子与荀子显然已经失去了孔子那种全力推崇诗歌艺术的热情,不再推行所谓诗教。在他们眼中,诗歌艺术仅仅是文字艺术的一种形式,是一种表达个人思想的载体。孟子虽然主张人性善,但也认为二级社会的人与人有本质的不同,并不能一概而论。

《孟子·万章下》中说:“以友天下之善士为未足,又尚论古之人。颂其诗,读其书,不知其人可乎?是以论其世也,是尚友也。”孟子这里显然认为仅仅了解当今世界上的杰出之士还不够,还要了解古代的杰出之士。要了解古代的杰出之士,就要颂其诗、读其书,还要了解古人生活的时代。孟子在《尽心上》中说:“君子有三乐,而王天下不与存焉。父母俱存,兄弟无故,一乐也。仰

不愧于天，俯不怍于人，二乐也。得天下英才而教育之，三乐也。君子有三乐而王天下不与存焉。（注：怍，音做，惭愧）”孟子对战国政治采取否定态度，所以王天下的事与他无关，孟子的这段话完全塑造了一个二级社会独立个人独乐其乐的形象。在孟子心目中，人已经成了独立的具有不同思想的个人，诗歌只能代表作者个人，所以读诗还要了解诗人本人与其生活的时代。

荀子在《劝学》篇说过“《诗》者，中声之所止也”，这里他讲的是《诗经》，并非战国时代的诗歌。荀子在《乐论》中说过“乐合同，礼别异”，主张音乐能使人们沟通情感，从而达到团结统一的目的。这是因为音乐在表达个性上不如诗歌，尽管荀子也同时强调“君子耳不听淫声”。荀子写了《成相》这篇通俗诗歌来宣扬自己的政治主张。成相是古代的一种文艺表演形式，荀子以这种形式写作，显然是利用它为人喜闻乐见的特点，向普通人宣扬自己的政治主张，这与孔子显然不同。既然诗歌可以被用来宣扬不同的政治主张，当然在可以取缔之列。荀子在《儒效》一篇中说，雅儒主张“法后王，一制度，隆礼仪而杀诗书”，荀子对雅儒表示认可，说“用雅儒则千乘之国安”。所以荀子认为，诗书艺术在某些情况下是可以取缔的。

法家人物商鞅与荀子的学生韩非都主张焚诗书以钳制艺术自由，这就与柏拉图的主张有些接近了。荀子的另一个学生李斯当权后就真的焚书坑儒了。商鞅、韩非的主张是为了富国强兵，柏拉图的主张却是为人类设计理想国。柏拉图限于当时的政治形势，是在战争文明的大前提下设计的，所以对人性作了残酷的限制，包括对诗歌艺术的追求。从道家看来，柏拉图的理想国根本算不上理想。商鞅、韩非与柏拉图一样都忽视了人类二级社会多元协调的现实，过多强调价值的一体性。

孟子在《离娄下》中说：“王者之迹熄而诗亡，诗亡然后春秋作。”孟子这里说春秋战国时期有一个从诗歌创作转向历史散文创作的过程，这当然是相对而言，孟子可能不知道中国最伟大的诗人屈原出现于战国，尽管他们生活在同一时代。孟子说的是个人创作，作为国家文献的书、史以及《周易》等只能是散文体。诗歌与散文的一个重要区别在于，前者富于情感，后者富于理性，前者似灯，后者似镜，这正是原初社会与二级社会艺术思想的区别所在，当然这种艺术思想也会影响社会人群的思维方式。所以孟子所说“王者之迹熄而诗亡，诗亡然后春秋作”，也反映了中国在春秋战国时期由原初社会转变为典型二级社会的这一深刻社会变革。在原初社会中，人们面对面，说话含有情感，像灯一样相映成辉，与诗歌近似；二级社会中，人们面对无数的陌生人，说话要克制感情,像镜子一样客观,与诗歌相去甚远了。今天我们如果看到一个为人温柔敦厚的社会,绝不会像孔子那样说,这是“诗教也”,因为在二级社会人的行为与诗关系不大了。

这里应该指出,老子、孔子处在春秋末年,是二级社会出现前的阵痛期,尚未出现典型二级社会,老子与孔子的思维方法仍有诗歌特点,《道德经》以韵文写成,与《论语》一样都是格言式的,并且夹杂感情成分,即使孔子编订的《春秋》,也是微言大义,并非事事都直说的。

四、对后世的影响

同样为了社会的健康与人类的幸福,孔子与柏拉图对诗歌艺术采取了不同态度。今天的社会虽然空前复杂,用以连接社会的通信技术登峰造极,但其仍系二级社会,故今天的艺术作品与古希腊艺术相比较,有许多相似之处,很难说今天的艺术比古希腊更高级一些、更复杂一些。作为二级社会的艺术,古希腊的艺术已经发展到登峰造极的程度。《诗经》《山海经》作为原初社会的艺术,和今天艺术作品似乎有很大的差别,但与现代人也有相通之处。

据说,野生的牛一生都走着同一条路:早晨起来慢慢腾腾地到草地上吃草,傍晚到附近小河里喝水,之后到树林里过夜,如此周而复始。生活在二级社会的人类其思维也这样,他们一代一代地重复开始年代的思路。东西方的传统诗歌艺术正是这样,中国继承《诗经》传统,像灯;西方继承荷马史诗传统,像镜子。

哈佛大学专门研究比较文学的斯蒂芬·欧文教授说:西方文学概念产生于古代史诗与戏剧,讲故事与表演故事;西方诗歌也这样,讲述故事,创造场面与视野,通过假面具来讲自己。这种诗歌是少数专业诗人面向读者大众。欧文认为中国诗歌完全不同,中国诗歌是一种交友与陪伴艺术(companionable art),面对的是知音,就是能体会同一心境的人。中国诗歌也可以说是谈知心话的一种高级形式。[5]一句话,西方传统的诗歌艺术更像镜子,创造场面与视野不过是人造二级社会创造场面与视野的一部分;中国传统诗歌继承原初社会情感集体表达的思路,只是原初社会表达对象是所有其他社会成员,而在二级社会的无数陌生人面前,诗歌表达的对象只能是知音。

即使屈原的长篇诗作也很难说有丝毫的镜子作用,《离骚》不能照出我们社会那些难以看清的细节,也没有描画出一个让人可以模仿的特异世界,总之读《离骚》是情感的共鸣，对现实生活并无指导意义。此后两千余年，中国诗歌主要表达个人的感受，对二级社会现实的揭露留待政论文章去做。这一方面是由于儒家采取以原初社会为模板来治理二级社会的政治途径，另一方面是秦汉以后的大一统专制王朝给文人留下很少的自由思考的空间。相反，单调的生活与险恶的政治环境迫使他们向传统道家思想寻求心灵的安慰。这有点像西方基督教徒每星期日向上帝集体祈祷，能让二级社会孤独的人们找回原初社会深层意识层次上的社会整体性，他们在祈祷的那一刻，真的好像全体与一个更高大的实体上帝连成了一个整体。中国古代诗歌也有类似作用，让作者与读者感受到那一盏盏心灵的灯，相映生辉，连成一片，自己仍是这一个心灵整体的一部分。这当然与原初社会的诗歌艺术不尽相同，如陶渊明的诗作是典型的田园诗歌，除了自我表达外，他的诗时常流露出对二级社会的抨击，标榜清高自许，实际上已经构成二级社会的一种价值观。尽管如此，中国传统诗歌从风格到内容还是与原初社会诗歌相近，而与西方传统诗歌不同。中国传统诗歌的主流是表达一种宁静高远的意境，一种人类永恒意识的深层感受。

古希腊之后的罗马帝国全面继承了古希腊的文化传统，巨人之后不容易再有巨人，罗马艺术相应逊色。欧洲中世纪艺术成了基督教的附庸，只有文艺复兴重新发现古希腊与罗马时期的艺术，世界才开始了现代化的历程。近代西方思想史的演变是先有反基督教神权的启蒙运动，而后才有浪漫主义运动。专门研究西方浪漫主义时代的美国文艺评论家埃布尔拉姆斯提出镜子与灯的概念来概括这一人类重新回到自然与人性的历程。自十九世纪初开始的浪漫主义运动使西方诗人重新变成一盏灯，但这是现代二级社会的个人，是人为之人，与中国传统诗歌强调天然之人不同，所以西方现代诗歌有怪诞与难懂的名声。

中国传统诗人继承了《诗经》敦厚中正的传统，屈原那种凝滞式的嘶嚎成为前无古人、后无来者的绝唱。二级社会多变而又复杂，用镜子照出前面的可能道路实为必要，像莎士比亚那样映照出社会百态的诗人，中国可以说至今没有。西方诗歌中那种对人生悲剧性与社会恐怖性的认识，在中国传统诗歌中没有丝毫的影子，那些二级社会的消极因素可能被误认为是禁忌而被过滤掉了。

五、其他艺术

艺术发展较社会有着更大的自由发展的余地，就更容易沿着两千多年前开始的路子走下去,结果东西方其他传统艺术的区别也大多可以用原初社会与二级社会的不同来解释。

路易十四对他的宫廷画家说:“我如此信任你,把人世间最神圣的事物,我的名声交给你。”只有在二级社会中艺术才有如此的政治价值与经济价值。同样,只有镜子里的不同影像才会带来这样差别巨大的社会效果。中国历史上的宫廷画家也给皇帝画像,显然画的是理想化的形象,是画家心目中的皇帝,中国历代皇帝画像似乎都一个模样,因为这是一个传统形象,并非一个画家所特有。就是说,连皇帝画像也近似于灯,由画家群的集体心态决定。中国的国画艺术原则有所谓“澄怀观道”“气韵生动”“境生象外”等说法,强调神似,忌讳西方传统艺术式的形似,结果表达的只能是画家自己的精神与神韵。画家作为知识分子中的一个群体,他们是在用山水、鱼虫与花鸟等作为符号语言来抒发自己的情感,所传达的不是画家一个人的而是一种人类永恒意识的深层感受,一种传统的宁静高远的意境。尽管如此,这种画风印有知识分子所属阶层的烙印,传达他们的情感与意境,与史前岩画与中国民间画不同。

笔者曾指出,由于古希腊城邦之间战争以及在二级社会中与陌生人打交道等社会境遇,西方绘画与造型以人物为主,几乎不知道画别的景物,风景画要到十七世纪才在荷兰首先出现。[5]古希腊的人物造型一开始受埃及影响,但很快走向进一步写真,而摆脱理想化的痕迹。我们今天看到古希腊的人物雕塑,往往为那衣着条纹的细腻与颜面的逼真所感动。这种传统在达·芬奇的肖像画《蒙娜丽莎》与米开朗基罗的人物雕塑《大卫》时到了无以复加的程度。据说照相技术的发明给这种镜像艺术思想带来了困惑:画家要从此失业了?在浪漫主义盛行的十九世纪下半叶,出现了所谓印象派画家,他们用粗笔划画所谓印象,开始曾被讥笑为没有完成的绘画草稿。认真讲,印象画仍属镜像、影像范畴,只不过增加了几分画家的主观色彩。凡·高(1853—1890)被认为是表现主义画派的鼻祖,他是历史上第一个用颜色与形体表达自己情感的西方画家。在我看来,凡·高画所传达的情感不过是一种人生的困惑,还谈不上离奇。凡·高以后的表现主义画家大多以奇特著称,他们想表达人类存在本身的荒诞与惶恐感。从古希腊视觉艺术开始,两千多年后到凡·高才回到原初社会艺术表达的思路,但表达的是二级社会个人意识的表层感受,与原初社会艺术表达人性的深层意识不同。

据美国克拉尔科大学中国社会史专家若波(Paul S. Ropp)研究,中国小说与西方小说的发展历程与年代都十分相似。如二者都在 14 至 18 世纪商业化与城市化的同时伴有小说的迅速发展，都在 16 至 19 世纪出现小说的自传化倾向，二者都最后出现以抨击主流社会为己任的小说创造倾向。若波所指出的东西方小说的不同大多可以用原初社会与二级社会的不同来解释，这里不准备全面评价，仅举例说明。例如，中国小说的眼光放得长远、社会视野广阔。这完全是因为原初社会只有一种，从时间与空间上都是均匀一致的，又基于人类本性，而二级社会是人造的，在时间与空间上都是不断变化的。中国人内心深处还有原初社会的理想，所以眼光长远与宽广。与西方小说比较，中国小说结构松散，缺乏线性发展的故事，高潮不在结尾而在三分之一或四分之一处。线性发展是二级社会的事，原初社会本身没有方向性，所产生的故事也结构散漫而注重高潮后的回光返照。

与西方小说比较，中国小说缺乏悲剧性与性格境遇极端化的英雄。人类文明化的生活具有悲剧性，即二级社会与人性相违背所导致的生活悲剧性，复杂险恶的二级社会环境需要极端化的英雄解决各种不可解决的困难。原初社会生活稳定而单一，人们需要的是慈爱与公正，所以中国小说的英雄人物一般都具有中庸的美德。[7]

最后我想讲几句有关《红楼梦》的话作为本章结语。《红楼梦》的主体思想是以原初社会的平等与亲情等价值观为理想，对二级社会的价值观进行了无情的抨击。亲情与平等是原初社会的主要价值观，而在二级社会中，正是女人较男人、年轻人较成年人、爱好艺术的人较讲社会实用的人更少受二级社会思想的影响，《红楼梦》中理想化的人物正是女人、年轻人、爱好艺术的诗人、戏子等。《红楼梦》所展示的悲剧是原初社会在二级社会倾压下逐渐消亡的悲剧。林黛玉与贾宝玉虽然可能有生活原型，但林黛玉与贾宝玉的艺术形象只能是虚构的，二级社会的现实中已不允许这样的人物存在。林黛玉是原初社会的理想人物，薛宝钗是二级社会的理想人物。薛宝钗的悲剧是二级社会本身的悲剧，也就是西方式的悲剧。林黛玉的悲剧才是原初社会理想的悲剧，是人性的悲剧，是心灵之灯在无数镜子的倾压下熄灭的悲剧，也是文明社会带给人类的悲剧。以西方文化传统来看，林黛玉的悲剧相当于亚当、夏娃执意要返回纯真的伊甸乐园所造成的悲剧，而不是他们的子孙在二级社会中互相残杀所造成的悲剧。

参考文献:

[1] 袁行霈(2005):中国文学史(第一卷)。北京:高等教育出版社。第6页。

[2] Stanley Rosen (2003): The Philosopher's Handbook: From Republic by Plato, p201 - 215.

[3] Karen Armstrong (1994): A History of God. New York: Alfred A. Knopf, 1994, p5.

[4] M. H. Abrams (1953): The Mirror and the Lamp: Romantic Theory and the Critical Tradition. . Oxford: Oxford University Press, 1953.

[5] Stephen Owen (1990): Poetry in the Chinese Tradition. In P. S. Ropp ed, Heritage of China, Berkeley: University of California Press, 1990.

[6] 迟轲(1983):西方美术史话。北京:中国青年出版社。第305 - 317页。

[7] Paul S. Ropp (1990): The Distinctive Art of Chinese Fiction. In P. S. Ropp ed, Heritage of China, Berkeley: University of California Press, 1990.

第九章

从孔子与亚里士多德看中西文化的不同走向

摘　　要:本章首先列举了孔子与亚里士多德的许多意外相似之处,而后从世界观与宇宙论、逻辑与科学、形而上学与政治、美学与道德、中庸与亚里士多德的黄金律等五大方面对二人作了全面对比与深入的讨论。笔者又用鲁迅《阿 Q 正传》与笔者本人在中国农村的社会生活经历证实这一结论:中国二十世纪五十年代以前的农村与孔子时代有相同的社会生活美学化倾向,也同样没有亚里士多德式精确思辨的内在要求。笔者最后结论说,孔子是刻意避免亚里士多德式的思维创新,以全面而真实地继承中国古代的文化传统,是原汁原味的原初社会美学秩序的反映,以至于两千多年后的中国农民质朴的语言与孔子语言接近,而与孟子、荀子不同。

精彩摘句:“在西方,上帝、世界、与我是三件各自独立的实体。……东方主张天人合一,天即可理解为神,也可解释为自然。即神、世界、与我三合一。”在中国古代原初社会系统里,宇宙观与世界观紧密结合,难分彼此。

一、导论:意外的相似之处

在古希腊的苏格拉底、柏拉图、亚里士多德这三位哲人中,亚里士多德与孔子拥有更多的相似之处,也更具可比性,正由于此,这里将他们作一个更全面的比较分析。孔子的家庭既不像柏拉图那样富有,也不像苏格拉底那样贫穷,而与亚里士多德相似。孔子出身低级军官家庭,而亚里士多德的父亲是一位医生。除了他们的家庭出身相似外,以下讨论的二者相似处全部由于孔子是中国三位儒家哲人的第一位,而亚里士多德是古希腊三位哲人的最后一位。至于古希腊开始于典型的二级社会而后寻求改善与中国由原初社会走向二级社会后社会环境的恶化,请读者参阅导论部分与第七章"东西哲人对比"的内容。

在这中西六位哲人中(孔子、孟子、荀子、苏格拉底、柏拉图、亚里士多德)只有亚里士多德与孔子在政府中任有重要官职,而成为政治中长久具有影响力的人物。亚里士多德曾是亚历山大大帝的老师,他在政界的影响力一直保持到亚历山大大帝之死。孔子曾为鲁国大司寇,代理宰相之职。但他在鲁国政界的影响能力保持了终生,这可以从鲁国国君称他为"尼父"看出,孔子故居在孔子去世后被鲁国立为宗庙,为人敬仰。数百年后司马迁访问孔子故居,感叹无数君王贤人中,唯有孔子传十余世,且仍为人尊崇,可称圣人。

孔子与亚里士多德同样出身于普普通通的家庭而上升成为国家中最具影响力的人物,这样的人生经历使他们得以接触社会各个阶层的人,以广阔的眼界来审视社会人生:二者具有同样现实的眼光,执中而不偏激。亚里士多德既没有苏格拉底的怪诞行为,也没有柏拉图的唯心主义理想。同样,孔子既没有孟子大丈夫浩然之气的高调,也没有荀子诋毁诗书以求统一的极端实用思想。[1]

和他们开阔的人生经历一致,孔子与亚里士多德同样拥有广泛的兴趣,这样一个孟子、荀子、苏格拉底、柏拉图四人都远远不及的人生特点,使他们成为这中西六哲人中眼界最开阔、包揽最宽泛的思想家。亚里士多德历来被称为少有的百科全书式学者。他是人类历史上第一个大量收集动植物标本并对它们进行科学研究与分类的人。孔子展示了同样的开阔眼界与兴趣,只是作为开山鼻祖人物,没有留下任何著作,他的伦理学说与典籍之外的贡献为人忽略而已。孔子年轻时就把六艺掌握得如此熟练而可为人师,六艺包括驾驭马车与弓箭射击,也包括数学。孔子一生喜好音乐与诗歌,这也包括今天被称为表演艺术的集体礼乐行为。

《论语·述而》记载说:"子曰:自行束修以上,吾未尝无诲焉。"传统解释把束修说成干肉,即孔子教学是收费的。近来傅佩荣将束修解释为成年人的装束,即孔子专门教成年人,不教儿童。傅的解释显然更加合理,弟子三千的孔子收那么多干肉,如何处理也成为问题,更何况其他文献只字未提干肉的事。孔子和他的弟子们以为人办丧事等礼仪程序为生。可见孔子与苏格拉底一样是教学不收费,而将教学作为一种爱好与学术社团行为。

有一次,孔子在鼓励他的弟子们学诗时说,通过诗可以"多识于鸟兽草木之名"。(论语,17:9)这相当于今天的人通读《红楼梦》来研究清朝经济,是极少数高级知识分子的事。这样看来,《史记》记载当时人们得到不认识的动物等要拿来请教孔子就不足为怪了:孔子与亚里士多德一样是一个兴趣广泛而知识渊博的人。由于原初社会与二级社会的不同,只有亚里士多德的知识尚能为今人所称颂,处于原初社会阶段的孔子,其知识在今天就属于普通常识了。

至于孔子死前辨认传说中的动物麒麟以为不祥之兆,与美学秩序的非理性思维不无关系,原初社会更倾向于用传说附会来赞扬孔子,我们并不能说孔子相信不实的传说。与孔子的无可无不可理念一致,孔子至多是在众人传说面前更倾向于它们的美学价值,认为它们理性上的真实与否太遥远而已。

二、世界观与宇宙论

我有一本英文版《文化人类学》,该书用一章的篇幅讨论世界观的有关问题。作者说,人们天天进行文化创造,诸如语言交流、艺术、传说、礼仪等,这些文化活动趋向于在时间与空间上呈现出连贯性,出现某种规范与习惯。这是因为人们愿意使用共同的文化假设的框架来理解他们的人生体验,来建构他们的世界。这个文化假设的框架就是我们心目中的现实世界,就是我们的世界观。世界观是由各种符号构成的,而各种符号的相互连接与寓喻成为意义。[2]

宇宙论把时间、空间、物理世界、人类世界统统结合在一个和谐有序的框架内。西方宇宙论常常仅包含宇宙的物理与形而上学部分,但在比较原始的社会中,宇宙论也与宗教信仰以及社会实践有关。正是在后一种语意中,宇宙论与世界观紧密相关,显示一个社会如何看世界以及该社会在他们心目中的世界中的位置与功能。世界观包括信仰与价值观。我在《中华道学的一个新解释》一书中写道:"在西方,上帝、世界与我是三件各自独立的实体……东方主张天人合一,天即可理解为神,也可解释为自然。即神、世界与我三合一。"[3]在中国古代原初社会系统里,宇宙观与世界观紧密结合,难分彼此。

中国从来没有真正建立起来西方那种宇宙论,但作为一个历史悠久的民族,中国人从一开始就有自己的有关宇宙的某种信念。这一信念可用天人合一来概括。中国的天,或者天与地,与西方的宇宙相当。如图是一种名为琮的礼器,只有几寸高,但用贵重的玉石做成,并且雕刻细致精美。这一礼器同时代表宇宙天地与人:它的圆形顶部象征天与人头,而方形象征大地与人脚。当我们直立时,并列的双脚就组成一个方形。中国古代人把他们的农田与疆域划分成大大小小的方形,并且相信无边的大地是一个巨大的方形,每一个角上有一个通天的巨柱支撑。这一礼器中间的洞表明这个器物以及它的主人有通天、人、地的能力。这样的天地人合一或者天人合一的信念在《易经》中有透彻的阐述。毫无疑问,孔子了解并接受这一信念,但并没有作出任何具体的论述。

图五　琮

《易经》第一卦说道:"夫大人者,与天地合其德,与日月合其明,与四时合其序,与鬼神合其吉凶,先天而天弗违,后天而奉天时。天且弗违,而况于人乎?况于鬼神乎?(译文:伟大的人物与天地共享道德,与日月共有光明,与四季一样展示顺序,与鬼神一样有吉有凶。做事在天之前,天要顺从他,在天之后做事,就依从天的时间与顺序。天尚且不违背他,何况人与鬼神呢?)"这样的伟人显然是天人合一的形象。

孔子被认为是这样的一个伟大人物。孔子自认为自己承担着传承中国古代光辉文化传统的天命。正由于此,孔子终生奔波,宣扬他的信念与主张,到处碰壁而不悔:是一个明知不可为而为之的人。孔子的所谓天命并非西方上帝等超越式(transcendent)的概念,而是代表他本人对传统与当时政治形势的认识,是一个天人合一的概念。在基督教中,耶稣将上帝对人类的关怀带到人间,而中国的孔子从自己所处的时代体会到自己肩负天命,二者有本质的不同。英文单词 transcendent,通常翻译成超验,即为人类感性认识所不能认识的。本书导论一部分已经提到,本书用普通人更容易懂的"超越"翻译这一概念,表达二级社会外在于人的性质。

儒家与道家同样承继了这一天人合一的思想,但道家把人类世界放在自然世界里来理解,而儒家把自然世界放在人类世界里来理解,孔子的思想基于人类原初社会系统。孔子说他本人不能与鸟兽为伍,孔子之后的儒家学者则开始建立统领自然界与人类社会的形而上学概念,如诚、义、理等,而宋明理学家心目中的"理"更是适用于宇宙万物与人类的。所以《中庸》的"诚"、孟子的"义"、宋明理学的"理"才是与西方类似的超越式的概念。

柏拉图相信有两个完全不同的双重世界——理念世界与现实世界。现实世界或称感觉世界,即我们感性所认识到的世界。现实世界的一切不过是理念世界的不完美复制品。亚里士多德虽然表面上批判柏拉图的理念论,但他还是传承了柏拉图的这一思想,只是略有改变而已。亚里士多德认为,世界上一切事物都有其不朽的非物质的一面,在人即不朽的灵魂部分;世界上一切事物都在运动,而第一推动者就是上帝。总之,孔子的宇宙论,也就是中国传统宇宙论,是内在的,而亚里士多德的宇宙论是超越式的。

世界观既可用于个人,也可用于社会,即一个社会也有它的世界观来指导它的行为。不管对社会还是个人,世界观都涵盖我们的内在世界与外在世界,而外在世界包括人类社会与自然界,内在世界即我们脑海里的内心世界。因为世界观总是主体性的,即一个人或一个社会对内外世界的总体看法,也就是他们心目中的世界。为了给读者一个更清晰的对比印象,这里我把孔子的世界观称为美学式的,亚里士多德的世界观是分门别类(categorical)式的。

孔子对生活和内外世界持一种特异的美学视角。他把世上所有事物,有形的或无形的,都看作相互连接而和谐地组成的一种自然美。正如庄子所说,天地有大美而不言。这一人类所处的大美世界不停地变化与演化。世界是大自然的杰作,由我们来欣赏与愉悦,这既是我们的生活,又是我们的世界。从一个个人角度来说,他或她是这个天地大美的中心,即庄子式的思想。

分门别类的世界观把我们的内在与外在世界分成无数的类别。每一类别都与其他类别相分离,他们是相互超越的。这些类别之间的复杂关系可以依照科学与逻辑的原则来进行分析和研究。这样就导致两个形容词:清晰与绝对。世界的这些类别以及他们的关系具有清晰与绝对的性质。在孔子的事事相连接的世界里,没有任何事物是清晰与绝对的,而是一个整体的美。虽然今天的天文学家在用望远镜观察与研究宇宙中遥远的星系时常常赞叹宇宙的美,但是柏拉图、亚里士多德的上帝创造与推动的宇宙世界,并非孔子式的整体美。亚里士多德的所有类别以及它们的相互关系都是外在于人的。二级社会是人造社会,亚里士多德制造了一套分门别类的系统来概括世界,来概括人造社会中人类已经创造和即将创造的一切。

在十四岁时,我离开家到三十里外的县城寄宿中学。第二年,摆在我们课桌上的一个崭新课本叫作《欧几里德几何学》。据说爱因斯坦讲过,如果一个人幼年时读到《欧几里德几何学》而不为之心动,将来就很难成为科学家。我虽然没有成为科学家,但也为之折服到如此程度:它从根本上改变了我的人生观。老师告诉我们:这整本书出自两千年前一个遥远的异国人之手。它开始于有数的几个凭儿童本能意识都能明白的所谓公理,而后又由儿童本能意识都能明白的简单逻辑推演出无数定理,再由这些公理与定理由儿童自己推演无穷个数的结论,自成为一个世界,一个由人类观念组成的世界。在学习这一《欧几里德几何学》的同时,我阅读了《三国演义》。这本书涵盖中国汉魏至晋百余年的历史与众多的历史人物:那些让中国人传颂近两千年的英雄们将他们的人生和无数的战斗与厮杀奉献给一个简单而千古不可动摇的信念:义。可能是由于年龄的关系,我立即感到这两本书把我变成了一个新的人,虽然身体相貌与言谈依旧,内心却经历了脱胎换骨的变化。此后上大学、出国留学等,也时常读到或接触到让我为之心动的书籍与理论,但再也没有类似的心理感受。只有到了晚年,我才重新欣赏与感受人类生来具有的原初社会生活的魅力。

我上中学的二十世纪五十年代,中国农村还大致停留在准原初社会阶段,《欧几里德几何学》与《三国演义》所带给我的心路历程,或许印证了二级社会的大千世界对原初社会心灵的慑服力与震撼力。正由于此,原初社会在二级社会面前才无防御可谈。

三、逻辑与科学

在一个家庭聚会的场合,当我提到亚里士多德的名字时,有人应声道:“他是一位科学家!”我立即表示同意:“亚里士多德确实是一位科学家。”在科学与社会学登峰造极的今天,我们仍可以说亚里士多德是一位科学家,但说孔子是一位哲学家都会遇到不少非议,就更不用提说他是科学家了。这也同样展示了本书导论部分所讲的两级社会之间的不可逾越性。

亚里士多德是个当之无愧的百科全书式的哲学家。他终生不懈的哲学追求涵盖人类求知的各个领域,也包括自然科学。亚里士多德是人类史上第一个用科学与逻辑来研究自然世界达到如此广度及深度的人。此后历史没有把他记录成人类史上第一位系统科学家,完全是因为他在哲学领域成就更卓著罢了。他关于物理学的八本书在此后一千多年里被奉为物理学的经典之作,直到牛顿的出现才改变了这一局面。正如前文所言,亚里士多德是第一个大量收集生物标本并对它们用可观察特征来进行分类的人。在研究中,他如此细心与深入,他经常解剖动物,但没有解剖过人体。一种生活在海洋的乌贼类动物(cephalopod)有很多长臂,这种雄性动物将它众多长臂的一个长臂特异化而协助受精。亚里士多德对这一现象作了详细描述,两千余年来没有人相信亚里士多德的说法,认为那纯属他的想象。直到十九世纪,科学家们才重新发现这一特殊现象,证实了亚里士多德的观察正确。总之,亚里士多德完全有资格被称为科学家。

在《史记》中,司马迁在短短几页的孔子传记中,四次描写这样的情节:人们带来不认识的物体或动物到孔子面前请教,每次孔子都给予确切的答案而使周围人满意。孔子甚至催促弟子们学习《诗经》来了解动植物的名字。以今天的眼光看来,孔子知识广博,虽然离科学家的称号还有十万八千里。我们无从知道孔子与亚里士多德如何分配他们的时间,各个不同学科与层面各占用他们多少时间与精力。我们完全不排除这种可能:孔子在观察研究自然界事物方面所花的时间与精力并不比亚里士多德少。亚里士多德留下大量的自然学科的著作,对当今科学的发展做出了举足轻重的贡献,而孔子留给我们的除了一些逸闻故事外,别无其他。在此后的中国历史上,道家学者保持对自然科学的兴趣,而儒家学者则大多专心于人文社会的问题。

孔子说,“学而不思则罔,思而不学则殆”;“吾尝终日不食,终夜不寝,以思,无益,不如学也。”(译文:读书学习而不思考,越学越糊涂;光思考而不读书学习,就危险了;我曾整天不吃、整夜不睡来思考,结果没任何好处,还不如用那时间来读书学习。)(论语2:15,15:31)

与孔子说法正好相反,从苏格拉底到亚里士多德的三位西方哲人全部称得上是废寝忘食的苦苦思索者。他们与他们的学生讨论的不是书本知识,也不是与周围世界直接相关的事物,而是他们脑海里所深深思索的事物,这才可能像上面提到的欧几里德几何学一样,创造出一个让两千年后大地另一端的儿童折服的纯思辨世界。这样他们才会想到整个人类世界中再没有其他人所想到的事,即今天所讲的所谓思想的原创性(original)。

孔子与其门徒和亚里士多德与他的弟子们并没有什么两样,他们有同样的智力与精力,花费同样的时间讨论。一个重要的差别是:亚里士多德有他的分门别类、精确的定义与概念以及一套外在于人的理念系统,而孔子没有。他们分别面对不同的社会,妊育不同的心智与思维。

在孔子时代,像亚里士多德式的思维有最终导致一套二级社会思想体系的可能,有颠覆整个原初社会式超级大国的危险。孔子所说"思而不学则殆"正是这个意思:光思考而不读书学习就会产生各种怪诞的想法,与周围的原初社会体系相抵触。在孔子时期,二级社会正在出现,已经在这里那里露出某些苗头。孔子极力谴责那些追求物质利益的小人,这些人正是用物质利益的奖励惩罚来建造理性指导的二级社会,相当于今天所说的结党营私:如果他们结党营私成了气候,就是下一个中华帝国的皇帝。孔子高调反对结党。

古希腊时代早已牢固建立二级社会,与孔子不同,亚里士多德等人全部是在二级社会目的性社会意识形态的影响下成长起来的人。他们把自己这种纯思辩的哲学思索看成人类最高贵的生活格调,而孔子从来没有想到自己的行为会比人民大众高,但孔子却享有亚里士多德等古希腊哲人所没有的全国范围内的声望。亚里士多德到今天也是为少数人所熟悉与崇拜,其声誉的广度及持久性在历史上就没法与孔子相比。

许多西方学者认为中国古代根本没有什么真正的哲学家,因为他们没有相应的语言工具。原初社会的美学秩序鼓励自然而然,鼓励自发的创造,也在很大程度上容忍异端与怪诞,只要它们仍是整体和谐美的一部分。原初社会并不允许破坏社会稳定的力量,所以孔子说,那些专门研究发展异端学说的人才会构成危险。(论语2:16:攻乎异端,斯害也已)孔子去世后,中国出现了逻辑与认识论思想,被儒家学者认为无用于社会。部分学者把后来专门讲逻辑与认识论的名家说成是孔子正名的继承者,其实孔子的"君君臣臣,父父子子"的所谓正名只是强调原有社会秩序罢了。面对自然界,说让鸟为鸟、鱼为鱼,不具有任何意义,但孔子时代的社会已经出现越轨行为,孔子才这样讲。在孔子的理想世界里,世界、思想、语言、人类行为、个人身份等,统统美学式地连接成一个整体,而这种连结是内在的,而非人为创造的。在这样一个世界里,没有西方逻辑学与认识论的社会需求。

亚里士多德的重要遗产之一是形式逻辑,形成了 *Organon* 一书,"Organon"意为工具。一个人需要相应的工具来完成相应的工作。同样道理,一个人需要相应的语言工具使他的思考清晰到普通常识所不能达到的境界。亚里士多德将人类观念与语言分成十类:物质,量,质,关系,空间,时间,境遇,条件,行为,情感。亚里士多德同时定义与分类了逻辑思维的主要形式,把逻辑推理的三段论分为三个格,十四个有效式等。与亚里士多德的逻辑思维相当的是孔子著名的四个“子不语”与“四毋”(论语 7:20,9:4)。孔子的四毋为:“毋意,毋必,毋固,毋我”。即孔子绝不主观臆断,绝不肯定无疑,绝不固执己见,绝不唯我正确。从这些话可以看出,孔子似乎对西方式的超越思维已有深刻的认识,所以绝对不允许自己进入亚里士多德式的思维方式。正由于此,亚里士多德被认为是现代科学的鼻祖,而孔子与现代科学无缘。

《列子·汤问篇》记载说:孔子去东方游历时,一次见到两个小孩争论不休,孔子上前询问他们争论的缘由。一个小孩说:“我认为早晨的太阳离人最近,中午的太阳离我们最远。”另一个小孩立即说:“我认为早晨的太阳离人最远,中午的太阳离我们最近。”

第一个小孩说:“早晨的太阳刚刚出来,大如车轮,而中午的太阳小如碟盘。这不正说明近处大而远处小吗?”

第二个小孩反驳说:“早晨太阳刚刚出来,天气苍凉寒冷,到中午时,天气热得让人感到如同浸泡在热水里一样。这不正说明与炽热的太阳距离近而感觉热,距离远而感觉冷吗?”

两个小孩同时来请孔子决断谁对谁非,孔子摇摇头说:“我实在不知道你们谁对谁非。”两个小孩笑道:“谁说您孔子是一个知识渊博的圣贤呢?”

如果亚里士多德处在孔子位置,他会轻易地给出正确答案。亚里士多德相信大地是个巨大的球体,周围是处在不同高度的月亮、太阳以及最高处的恒星。今天看来,亚里士多德对于宇宙星球相互位置的说法还大致正确。以儒家学说为官方思想体系的中国人要在两千年后才从西方人那里得知:我们脚下的大地并不是一个巨大的四方形,而是一个圆球。

四、形而上学与政治

亚里士多德把形而上学定义为有关非物质存在的知识,这种非物质存在也称为存在的存在,即普遍的存在。亚里士多德的形而上学追求最初的动因,他把这种动因分为:质料因、形式因、动力因与目的因。人们只有了解这四动因之后才能了解一切事物何以产生、变化与消失。亚里士多德既反对柏拉图的理念世界理论,又反对自然界为纯物质的说法。他的所谓存在的形式因与目的因赋予自然界一切事物以灵魂,亚里士多德将一切事物的灵魂分为高低不同的层次,如植物灵魂低于动物灵魂等。宇宙最初的第一推动力来自上帝,上帝是一个只有形式而无质料的永恒存在。

西方学者经常说:孔子没有形而上学思想。《论语》的确没有提到孔子的任何形而上学思想。孔子讲到自己并非仅仅博学强记,而是有一个统领一切的一条线,即所谓统而贯之,所谓忠恕而已。忠恕统领孔子的伦理与社会行为,我们也可以猜想孔子也有一个对世界的总体看法,只是没有说出来而已。孔子老年好《易》,喜好《易经》到如此程度,以至韦编三绝,串连竹板的皮条都被磨断了好几次。而《易经》是有明确的形而上学论述的,而且《易经》后加部分十翼被说成是孔子的作品,虽然多数学者认为十翼是孔子去世后儒家学者编辑的,但他们可能发挥了孔子思想,并且使用了孔子的很多话,所以才敢把他们写就的十翼说成是孔子的作品。无论如何,我们有充足理由断定:《易经》与十翼反映了孔子的形而上学思想。

笔者几年前曾长篇论述《易经》与十翼的主体思想是道家而非儒家。[3] 自从汉武帝独尊儒术而使孔孟学说成为官方思想体系以来,中国历史上的官僚们在官府为官时即信奉儒家思想,而一旦退隐回家,即改信道家,用老庄思想修心养性,以求身心健康,益寿延年。笔者推测,孔子晚年也如此,沉湎于《易经》营造的美学气氛与玄理之中,并且在弟子面前不免有所言论,由此而被后代儒家学者追述发挥而成十翼。《论语》为孔子后代弟子所记,反映孔子老年好《易》之前的主张,也因此造成了《论语》与《易经》十翼相冲突与互不印证的局面。

《易经》乾坤两卦分别有乾坤造万物的说法。乾坤两卦彖辞中说,“大哉乾元,万物资始,乃统天时乘龙以御天”,“至哉坤元,万物资生,乃顺成天”。这里说得很清楚,乾元与坤元创造了宇宙万物,但只有乾元可以“统天”“御天”。因为没有进一步深入论述,我们无从知道这里的万物是否相当于亚里士多德的物质世界,如果是的话,《易经》的乾坤之元就等于西方的上帝了。但《易经》的总体思想是天人合一,即把相当于西方上帝、世界与“我”代表的内心世界混同为一。《易经·系辞》中说道:“易有太极,是生两仪,两仪生四象,四象生八卦。”这是说明《易经》八卦如何构成的:由易本身构成阴阳两极,再两两组合三次而构成六十四卦。《易经》然后用这六十四卦代表自然界、人类社会以及人类内心世界的一切事物。所以这一八卦系统就是一套完整的形而上学体系,并且是天人合一的思想。又因为《易经》总是从自然现象推论到人生社会的事,所以《易经》的天人合一是道家式的,而与孟子从人心来推论天与天道的天人合一不同。孔子本人晚年的思想应接近道家的天人合一,因为在他所处的时代原初社会体系尚未解体。

作为天人合一的一部分，孔子的政治学等于基于人性的行为规范，而亚里士多德的政治学则指有关城邦国（polis）的事务。亚里士多德以他的“人类是政治动物”一语而闻名于后世。亚里士多德说，能脱离城邦政体而生存的不是神就是野兽。亚里士多德显然看到了原初社会的脆弱性：在二级社会面前，原初社会无防御可谈。[4] 在古希腊不断征战的形势下，仍处在原初社会的原始人几乎不可能再继续他们野兽般的生活。只要他们的存在为古希腊等文明人所知道，就很快被抓获而后被卖作奴隶。与苏格拉底及柏拉图相比，亚里士多德更缺乏对弱者的同情，亚里士多德认为战斗中的俘虏理应成为奴隶。雅典用奴隶作警察，即二级社会的奴隶地位对原初社会野蛮人也具有吸引力，他们也可能自己找上门来。

亚里士多德把古希腊城邦国家的政体分为君主制、贵族制与民主制。亚里士多德认为这三种政体都很好，只要国家把公民的利益当成自己的利益。亚里士多德不同意柏拉图理想国的观点：男女平等，没有奴隶。亚里士多德认为妇女与奴隶是低人一等的人，他们的素质与智力低于其他人。

孔子虽然说过上智下愚的话，但孔子是就中国古代超级大国上下分隔的制度来说的，孔子把所有人都一律看待的。《论语》有六个专门讲述所谓退隐人士的段落，其中一处记录孔子的话道：“我只能与人类为群，而不能与鸟兽为群。”历史上过退隐生活的道家人物正是标榜与鸟兽同群，也就是把亚里士多德说的野兽看成理想生活的榜样。由孔子对待退隐人士的态度可见原初社会对不同思想的宽容态度，而亚里士多德追求二级社会的统一与理想，才将人分成高低不同的门类。

现代社会学家把国家、社会、家庭看成相对独立的不同层次；孔子显然坚持古代传统：上下分隔与内外有别。由于东西方文明开始于原初社会与二级社会的不同，在历史上，中国过分强调家庭一端，而西方过分强调国家的一端。在公元十六世纪，中国历史上有名的敢言之臣海瑞递上他批评皇帝明世宗的奏折，皇帝看后愤怒得没有看完即摔在地上，等心情平稳之后才捡起来重新看完。刑部以君臣父子相比，以臣子不该让君王如此生气为由判海瑞死刑，尽管后来死刑未有执行。如果说，中国历史上是以家庭关系看待国家的话，西方则是从国家建制来改造家庭。

2003 年 3 月，在以美国为首的联军在伊拉克战场上打响第一发炮弹的时刻，我正在一个地方剧院观看为这一特殊时刻而单独组织的一场话剧：古希腊喜剧家阿里斯托芬的作品《利西翠妲（*Lysistrata*）》（公元前411年）。在这个话剧里，一名叫做利西翠妲的古希腊雅典妇女发动了一场解散武装部队的运动。她说服所有雅典妇女拒绝和他们的丈夫同床，用以迫使雅典城邦的男人们放下武器，来与斯巴达谈判寻求和平。和孔子时期以及当代相比，古希腊显然混淆了家庭与城邦国家事物之间的界限。同样，亚里士多德把家庭看作邦国的一部分，而柏拉图走得更远，在他的理想国中不准统治者拥有家庭。阿里斯托芬的喜剧《利西翠妲》以及其演出毫无疑问在促成雅典的最后失败中起了作用，只不过这种作用的大小无可估量罢了，因为它可能仅是雅典厌战情绪的一种表现。

亚里士多德说，一个好的政体使每一个男人都能最大地发挥他的能力而同时幸福地生活。如果柏拉图的理想国仅仅反映生活在二级社会的人类的一种美好愿望的话，亚里士多德的话也同样是面对残酷现实的一种愿望而已。亚里士多德就被迫在雅典人与亚历山大大帝之间选择，他选择后者，在后者去世后遭遇被前者起诉的厄运。亚里士多德所说的好政体，只有在孔子的美学社会秩序中得以实现，但在原初社会中，人们既没有二级社会的眼界，也没有二级社会层面上的个人活动空间。

五、美学与道德

上一章提到：柏拉图把一切艺术都看成现实世界的模仿，亚里士多德则进一步注意到艺术的社会功能，他指出艺术的所谓宣泄作用（cathartic effect）。亚里士多德观察到：一个人观看悲剧，体验到悲剧剧情令人畏惧的一面以及激发的对悲剧人物的怜悯情感，当他在自己生活中遇到类似悲剧所描写的境遇时举止反应会更加适度，因为他在悲剧观看时已经有过一次类似的心路历程。

在孔子看来，一切艺术像人们说话一样都是人的自我表达。在柏拉图与亚里士多德看来，只有在城邦会议上的系统发言以及思想家们的哲学讨论才称得上人的自我表达。从观众角度，花钱买票去看戏剧，无论是喜剧还是悲剧，都是一种娱乐追求。只有在古希腊，娱乐追求、自我表达、社会功能才分化成各自独立的不同事物。在孔子时代的中国，上述三者通常合而为一。《论语》讲仁义礼乐，从未提到观看礼乐演出的观众。在原初社会中，社会秩序基于人性，基于人类深层意识层面的社会交流的整体性。在孔子看来，农民模仿君子的榜样，君子模仿君王的榜样，而道家又主张人类模仿动物的榜样，古希腊的艺术模仿说在古代中国也是现实社会生活的一部分。

在原初社会中,一般人将娱乐追求、自我表达、社会功能都合而为一,他们只是遵循传统而已。只有孔子与他的君子们才自觉地将上述三者合而为一,并熟知这样做的伦理道德意义。事实上,孔子清楚地看到了二级社会正在出现的种种社会现象,看到了原初社会的古老传统正在失去的危机。正由于此,孔子才终生奔波,推动他的理想:将人生艺术化,把个人融入整个世界的大美之中。

与当代道德强调行为规范不同,亚里士多德与孔子一样强调人格与气质的培养,在原初社会这种人格与气质是社会整体美的一部分,而在二级社会人格与气质是自由个人的,与社会无关。下面我们来讨论孔子与亚里士多德的一个重要道德观念:中庸与黄金律。

六、孔子的中庸与亚里士多德的黄金律

西方所谓黄金律(Golden Mean),通常翻译为中庸与黄金分割,即黄金律有中庸与黄金分割两种不同含义。黄金分割(Golden Mean or Ratio),专对美术而言,而古希腊人主要将之用于建筑与人物雕刻。至于中庸的含义,为避免混淆,这里暂且翻译为黄金律。

孔子说:"中庸之为德也,其至矣乎!民鲜久矣。"又说:"不得中行而与之,必也狂狷乎!狂者进取,狷者有所不为也。"(论语6:29,13:21)第一句话说,中庸是至善至美的道德,人民缺乏已经很久了;第二句话说,如果不能与信奉中庸的人交往,就会交往狂妄与孤高不群的人。但孔子并没有发展一套外在于人的形而上学体系,从子思的《中庸》一文开始,才明确建立了一种以人的性质和信念为本体的形而上学体系,在《中庸》称为诚,在孟子是他的心学,在宋明理学家就成为理或心了。这里把孔子与他之后的儒家学者的中庸思想一并讨论。

必须指出,儒家中庸思想乃是对古代同一思想的继承与发扬。《论语》记载尧说过"允执其中"的话。(论语20:1)近来出土的清华简《保训》记载周文王死前教训儿子周武王时着重讲"求中""得中"的话。[5]同样,西方所谓黄金律(Golden Mean)也起源古老,如古希腊传说:克里特岛上的代达罗斯(Daedalus)为他儿子伊卡洛斯造好了用以逃跑的翅膀,并嘱咐儿子说:"在炎热的太阳与海浪之间,要取中间路线飞行。"伊卡洛斯没有遵循父亲的告诫,而是飞得

越来越高,结果太阳晒化了他的蜡翅膀,他于是掉到海里淹死了。这个故事的寓意正是要居中与适度。

亚里士多德是第一个全面论述这一黄金律的哲人。与中国人将中庸思想归于孔子名下一样,西方黄金律通常归于亚里士多德名下。黄金律也有后代哲人以及基督教的不断阐发。亚里士多德的伦理学同样注重一个人的品格(character),而与现代道德注重社会行为规范不同,因为古时还没有发展出今天这样清楚的法律与社会行为规范。亚里士多德把黄金律看作个人高贵品格的中心条目,认为人的行为由各种动机与个人在这些众多的动机推动下所采取的行动所决定。与一般人相比,具有高贵品格的人正是采取黄金律的适可而止,既不多余,也非不足,而是恰到好处。这样一个人就可以使自己的行动强度适度,同时具有正确的理由,针对正确的场合,等等。如何达到如此正确与适度,亚里士多德认为并没有一个可行的原则与成熟的条文,所以他也与孔子一样强调君子品格,只不过没有发明"君子"这样一个名称而已。总之,亚里士多德强调要用理智控制个人情感与欲望,使一个人的行为适度。

把尧、文王的话与古希腊的代达罗斯传说相比就知道,中国的中庸思想起源于统治阶层的治理经验,而西方黄金律起源于市民社会中独立个人的生活经验。尧、文王与代达罗斯虽然同样教导中间路线,用意却完全不同。

基督教哲学家圣托马斯·阿奎纳(约1225—1274)说:"在与社会法律与规范的不和谐相处中衍生罪恶,之所以如此,不是超越规范,就是不足。因此,伦理道德要居中与适度。"这些话显然是针对二级社会的个人来讲的,为的是求教徒不与他们的社会冲突。佛教创始人释迦牟尼得道后将他的八圣道(The Noble Eightfold Path)称为中间路线,即介于欲望驱使的世俗生活与禁欲主义的苦行僧生活之间的一种生活。佛教的中间路线教人如何摆脱二级社会的苦难。但是,基督教与佛教同样基于二级社会,与孔子的中庸思想有本质的不同。

二级社会的个人主体意识受社会意识形态的影响与控制,而原初社会的个人是自由的,因而得以从业余的闲适心态看待世界。这决定了孔子中庸思想与亚里士多德黄金律的本质不同:① 在心理情感层面,孔子中庸思想是一种天人合一的自然境界,而黄金律追求的是独立个人的幸福与高贵心态。② 在社会生活体验层面,孔子中庸思想追求的是整个社会和谐的美,而黄金律局限于个人以及他周围的文化圈。③ 孔子的中庸思想基于原初社会,其控制与调解的中介是美学的情感;亚里士多德的黄金律基于二级社会,其控制与调解的中介是以语言为基础建立起来的概念与文化系统，以及二级社会诸多方向之间的协调与平衡。④ 结果不同：亚里士多德的黄金律允许掠夺奴隶的战争与马克思所说的经济垄断阶级的出现，孔子的中庸思想则不允许这种极端不公事件的出现。也正由于此，战国时代的孟子对新出现的政治制度采取全盘否定的态度。

总之，亚里士多德的黄金律以及基督教、佛教的居中和适度都是二级社会个人或一部分人的生活选择，即使这一生活态度对整个社会有普遍意义，也仍要与其他有普遍意义的诸多生活态度相竞争，体现二级社会的多方向、多可能。从开始，黄金律思想就基于二级社会自由个人的自由选择，这种选择可为伊卡洛斯式的逃脱社会，也可以是像亚里士多德本人那样积极参与社会与按自己的理想来推动社会。这里的逃脱与参预体现二级社会的多样性，而就个人来说，背后的指导思想同样是一个黄金律。

孔子的中庸思想是对古代原初社会成员生活态度的一种描绘与概括，是无可选择的自然而然，是一种自然社会的自然状态。在现代二级社会中，极端思想行为也是少数，但它们有成为多数与主流的可能。马克思与恩格斯在世时，他们的思想行为是极端少数，而后却演化成世界的主要社会潮流之一。原初社会的极端思想行为有两种，一种是针对具体事件的，有这种极端思想行为的人有说服其他成员的可能。至于像中庸与黄金律这样的社会生活态度，在原初社会只有一种，由人类遗传所决定，任何有悖于此的生活态度永远是个别与少数，有如战争在原初社会不会变为常态一样，只有在二级社会中，战争才会变成常规而演变成战争文明。就是说，在原初社会中，面对极端思想行为，原初社会与人性要求成员采取中立态度，因而极端思想行为对原初社会与人性是无效的，也正是由于这种无效性，原初社会对这种极端思想行为采取包容态度。这也是孔子所特有的大一统的包容思想，它同时抵制各种异端，恪守中庸信条。

子思与孟子发展中庸思想而提出一套二级社会形而上学思想体系，是沿孔子原有思路而发展成的一套面对二级社会的思想体系，犹如老庄的原初社会思想被发展成二级社会有组织的道教一样。

本节开头讲到黄金律(Golden Mean)同时有黄金分割的含义，而黄金分割在古希腊主要用于建筑。如建于公元前五世纪而至今仍矗立的著名的雅典帕台农神殿被认为是遵循黄金分割律的典型。所谓黄金分割是一种旨在和谐美的比率，即两个一大一小物体之和与其中大物体之比等于这两个大小物体之比。这一黄金分割律显然是文人冥思苦想的结果,而非自然美,也正由于此,它用于人造艺术品、建筑与人物雕刻等。在建筑上,中国人同样讲究和谐美,他们做梦也不会想到黄金分割,他们想到的是所谓风水学。如果中国古代人要建立一个像帕台农神殿那样的巨大建筑,他们首先会选择与考察周围的地理环境,要使未来的建筑与它的地理环境实现和谐美,而这种和谐美不但包括周围环境,还包括社会人文因素,因为中国古代人认为这些都会影响主人的未来心理与命运。这样看来,中国确实是天人合一的中庸,而西方的中庸是聚焦部分人与部分事物的内部和谐,其人和事物都已经是人造的了,而孔子心目中的天与人都是天然的。

七、从笔者二十世纪五十年代中国农村生活体验看原初社会的生活艺术观

上文提到:“在这样一个(原初社会的)世界里,没有西方逻辑学与认识论的社会需求。”这里用中国农村的社会生活现实证实这一结论:中国二十世纪五十年代以前的农村,与孔子时代有相同的社会生活,也同样没有亚里士多德式精确思辩的内在要求。这里首先用众所周知的阿Q故事展示中国古代的上下分隔使中国农村准原初社会的存在得以可能;也同时用鲁迅笔下这一典型化的文学形象来展示孔子美学人生的现实意义。

(一)从《阿Q正传》说起

原初社会与二级社会的差别犹如青蛙吃虫子,在生物圈里却有利于物种的平衡,从而有利于农业。同样一件吃虫子的事在青蛙是填饱肚子的享受,在生物圈却是物种的平衡与农业的丰收。《阿Q正传》里的中国社会也是这样:政府处死阿Q来改变破案无能的形象,阿Q用这样一个并非人人都有的境遇来显示自己的不同凡响,风风光光地做了一次革命党。虽然政府与阿Q都考虑面子的问题,只有阿Q的考虑是纯面子而无物质利益成分;政府官员的面子有关职位升迁,甚至工资的增减。只有原初社会才是纯美学式生活秩序,二级社会已为利益与财富所左右。笔者同意,鲁迅对道家无为自乐的倾向有讽刺挖苦的一面,但鲁迅先生思维深刻、视野广阔,在《阿Q正传》里的诸多人物中间,阿Q是鲁迅先生唯一倾注同情的人物。就笔者所知,鲁迅这篇《阿Q正传》是第一部用文学的笔法刻画中国社会上下分隔制的作品。

阿Q与胡适门人们分别代表了两个相互不可沟通的世界。鲁迅在这部小

说的第一章序中历数诸多有关阿Q名字、籍贯等无法解决的难题后，写道："只希望有历史癖与考据癖的胡适之先生的门人们，将来或者能够寻出许多新端绪来。"作者显然把胡适门人与阿Q作为上下分隔形成的两个世界的代表，前者还包括赵太爷与他的儿子茂才公。这两个世界的隔阂与对照构成小说的幽默与趣味，鲁迅先生把自己列为阿Q这个世界的人，所以他用"引车卖浆者流"与"不入三教九流"等话来自谦，但也同时说明鲁迅先生同情阿Q。

鲁迅先生在《呐喊·自序》中说："凡是愚弱的国民，即使体格如何健全，如何茁壮，也只能做毫无意义的示众的材料和看客，病死多少是不必以为不幸的。所以我们的第一要务，是在改变他们的精神。"他在谈到《阿Q正传》的成因时，说他要"写出一个现代的我们国人的魂灵来"。鲁迅先生用阿Q的形象来表现广大受剥削压迫的劳动人民的苦难、悲惨而又愚昧落后的人生，以期唤醒沉睡的民众。总之，阿Q是中国庶民大众的代表，也是中国人的主体农民的代表。中国农民虽然大多有一片他们自己的土地而阿Q没有土地与自己的房屋，但他却进过城，而进过城的农民毕竟是少数。以下以原初社会的特点来分析鲁迅先生创造的阿Q形象，以展示鲁迅先生精到的观察与对中国社会入木三分的深刻认识。

像西方后现代人们刻意追求要"活在当下(Living this movement)"的时髦一样，阿Q没有二级社会的线性历史概念，只知道活在当下。西方现代人要经过修炼与心理学家的指导才能仅仅活在当下，而阿Q生就地活在当下，因为他没有获得现代人的二级社会线性历史观。笔者坚信：中国历史上农民的社会生活变化不大，因为原初社会由遗传决定，只有一种，而变化限于政府与知识分子阶层。阿Q在去刑场的路上看到吴妈后很想唱一句戏文：《小孤孀上坟》《龙虎斗》，或者"手执钢鞭将你打"等，在阿Q眼里，这些戏文只有梦幻般的美学意味，而没有任何历史与理性的说教。在阿Q看来，历史剧与梦幻剧、悲剧与喜剧都是一样的，那是远离他的另一世界，在他只有美学的娱乐作用，并没有任何现实的意义。

我们今天提到鲁迅这一名字，脑海里会出现鲁迅先生的形象，并会联想到他的人生、作品以及他在中国历史上的地位与影响等。一般说来，这也大致是鲁迅先生对自己的印象，体现了一个成熟作家对社会以及自己在社会的位置的深刻理解与把握。杰尼斯氏认为人类主体意识是一个以语言为基础的文化建构，也就是"人是我们自己制造的"这一流行说法。[7,8] 为雅观起见，同前文所述一样，这里称这种人造之人为"人为之人"，以区别于文明之前的天然之人。

在《阿Q正传》中只有举人老爷、赵太爷、秀才、假洋鬼子以及政府法官等人是"人为之人",阿Q仍属于天然之人。虽然这两种人都有杰尼斯氏所称的主体意识,但二者有本质的不同。"人为之人"在二级社会提供的众多可能中选择与创造自己独特的人生,而天然之人并不是这样,他们的选择限于生活与美学范围,因而他们不是二级社会线性历史的自觉参与者与创造者。

这里用一句中国"文革"时代的一句套话:阶级意识的有无决定一个人的行为是自觉还是自发的。作为农民中一员的阿Q并不具有农民自觉的阶级意识,更没有代表农民阶级与政府官员以及赵太爷、假洋鬼子之流斗争以争取自身阶级利益的想法。准确地说,阿Q仅仅生活在未庄的熟人圈子里,是一种准原初社会,对上层社会没有丝毫的理解。为了形象地表现这一点,鲁迅先生说阿Q没有正式名字,也没有姓,从他自己说姓赵后被赵太爷训斥后改口否认来推断,阿Q没有正式名号与姓。在熟人生活圈子里用不着正式名号。这一名号问题的另一表述是:天然之人由遗传决定,更具有同构性,没有二级社会名号的需要;二级社会"人为之人"本质上具有异质性,二级社会的文化造就无数不同的人,所以生活在二级社会的赵太爷就骂阿Q不配姓赵了,即不配有姓。

中国的常用姓仅几百个而已,姓赵的少说也有上万,这些姓赵的人中至少要有千百个与阿Q一样的人,何况鲁迅是用阿Q作为中国人的代表。可以这么解读:与二级社会来往的赵太爷认为,二级社会的人才用得着名字,原初社会熟人圈子里的人用不着名字。

阿Q的精神胜利法与原初社会的美学生活秩序相一致。鲁迅先生笔下的阿Q精神胜利法似乎滑稽可笑,但以阿Q的处境,这也是明智之举。我们生活在今天的人如果处在阿Q的地位,几乎可以肯定是要悲惨到不知道如何活下去的程度。在未庄的男人里,阿Q只能与小D打个平手。鲁迅先生写阿Q在王胡旁边坐下去时这样说:"他于是并排坐下去了。倘是别的闲人们,阿Q本不敢大意坐下去。但这王胡旁边,他有什么怕呢?"这个王胡还是把阿Q狠狠地揍了一顿。这说明阿Q怕村里所有男人,不敢跟他们平起平坐,否则有挨一顿打的危险。在这样的生活环境下,阿Q没有患上今天常见的抑郁症,更有甚者,阿Q在心态平衡的同时还不停地显示出趾高气扬的乐观。想到这些,我们或许要原谅阿Q偶尔欺凌弱小的毛病了,尽管鲁迅先生笔下阿Q的这一弱点不过是群体毛病在阿Q身上的表现而已。

阿Q的愚昧集中表现在他被政府当成替罪羊来处死,他还自以为是自己革命造反所致。阿Q做过盗贼,还在村里卖他的盗窃品,村民完全可以告发他而致他死刑,当时政府不过拿漏网惯偷来搪塞时下破案的责任,实在不算什么。阿Q自以为是革命党罪被杀,而在他心目中,革命党是白盔白甲、明火执仗地抢劫,被处死也是一件非常风光的事,所以才喊出“过了二十年又是一个(好汉)”的豪言壮语,换取满街的喝彩叫好。以一个怯弱的盗贼之罪,换取一个心目中革命党式堂而皇的死刑,阿Q精神胜利法有其实在的心理美学价值。

上述诸层次中,下层次的存在本身即构成上层次的意义,也就是像上面说的:青蛙吃虫子对农民丰收有意义。这一区别也可以用自由党与柿油党来代表:自由党传达自由与人权的含义,而柿油党在目不识丁的农民眼里就只剩下滑稽好笑了,也就是纯美学意味。

《阿Q正传》提供了许多这方面的描述。比如,阿Q吹牛说自己姓赵,被赵太爷训斥一番,并被打嘴巴。不过,这却给阿Q带来无限好处。小说写道:“然而阿Q虽然常优胜,却直待蒙赵太爷打他嘴巴之后,这才出了名。阿Q此后倒得意了许多年。”阿Q向吴妈求爱,且不说二人之间如何般配,单就阿Q死前游街见到吴妈仍忍不住爱慕之情,如此纯真爱情的表达,至少不在贾宝玉之下,但竟得到如此悲惨的结局:挨了一顿竹棍,还丢了饭碗。吴妈上吊自杀的闹剧显示这上下分隔到了无以理解的程度。阿Q想要参加革命,无疑他有资格参加这一革命,而上层社会的假洋鬼子却认为没有一丝一毫的考虑余地。等阿Q自己上街革命,喊:“造反了!造反了!”“未庄人都用了惊惧的眼光对他看。这一种可怜的眼光,是阿Q从来没有见过的,一见之下,又使他舒服得如六月里喝了雪水。赵太爷、赵白眼都来怯怯地想搭讪阿Q,以便讨革命党的口风。阿Q被处决的“大团圆”使上下各得其所:政府得以改变破案无能的形象,阿Q则终于在自己心目中做了风风光光的革命党。

(二)从笔者经历看《阿Q正传》所描写的上下分隔

笔者这里用二十世纪五十年代生活的中国北方农村来验证《阿Q正传》的描写。这里首先指出:笔者在当时生活的300人的小村庄里看不到阿Q式的欺软怕硬与偷盗行为,也没有赵太爷式的人物,却有秀才一名。晚清一度把秀才、举人、进士分别等同于小学、中学、大学毕业生,我村的秀才实在远远不如《阿Q正传》里的秀才一家人,他只不过比其他农民多认识几个字而已。

在笔者眼里,这三百个人全部属于阿Q与小D式的下层原初社会人物:他们纯朴勤劳,在收割修房等大型劳动中,他们密切合作而不分你我,过的是一种集体主义生活。他们之间穷富差别也不大,土改时在300个人中仅有富农与贫农,没有地主与雇农。本书第三章提到:中国在二十世纪四五十年代土改时统计数字显示,中国百分之九十五以上的农户是农民,百分之六十以上的土地在农民手中。[14]中国当时是个当之无愧的小自耕农世界。这样看来,笔者家乡较《阿Q正传》更能代表中国农村的实际情况。作为文学作品,《阿Q正传》并不能完全作为现实来看待,所以这里笔者结合个人观察来讨论。

二十世纪五十年代,农村刚刚开始放电影时,记得有一次在和农民一起看电影后听大家一起议论看过的电影。他们注意到的是电匣子如何会说话,影像如何不真实,电影人物动作如何笨拙,等等,当然也赞叹某个人物的动作灵活,似乎有点功夫,等等。因为是初次看到,他们谈论了好几天。我的印象是:他们谁也没有注意到电影本身的故事情节以及要传达的信息与寓意。就是说,农民具有纯美学的眼光,没有把电影人物和自身生活联系起来的习惯,而是把它们看成是来自另一个精灵神幻世界。同样道理,阿Q没有追求表象背后二级社会式意义与权术的习惯,他的眼界停留在表象层次,这才认为自己是因为革命党罪而被处死。

就我们村300人来看,他们世世代代做农民,生活没有给他们展现任何其他可能。虽然他们中个别人也偶尔说些"出人头地、光宗耀祖"的话,但他们心里明白,那些离他们很远。另一方面,他们有阿Q的精神胜利法,却没有阿Q的欺软怕硬,周围也没有人欺负他们。对于这些满足现状的人来说,生活也可以如同天堂里一样美,至少心目中可以这样。那时的中国北方农民称自己为自在王,就是悠闲自得,在自家天地里生活得像国王一般。与现代人生活相比,他们的生活更近于史前的原初社会生活。

这些在自家天地里做国王的人们也需要娱乐与梦想,他们不梦想一个可企及的世界,因为那样的话他们就需要努力了。他们梦想一个精灵梦幻的世界,对他们来说,仅仅有娱乐的作用,因为那是一种仅仅存在于梦幻中而不可企及的世界。像阿Q唱《龙虎斗》一样,我们村的农民看古装的帝王将相戏,也听说书艺人说唱《三国》《水浒》之类。我上小学时也被邀请去给农民读这类书,他们都甚为喜欢。他们聚在一起时,闲谈的重要内容就是这些帝王将相的戏文,长年不断。他们有纯美学的眼光,只讲那些带有夸张、滑稽与戏剧性的情节,以之为娱乐。我从没有听到他们从中领会出什么人生道理来。他们也经常谈论村人经历以此为娱乐,这时他们也同阿Q一样嘲笑他人,不一样的是,他们的嘲笑是善意的,是着意强调人生幽默的一面。

我父亲年幼时在城市读书,之后参加抗日战争,他有一次对我讲到:关羽死于自己的毛病骄傲,张飞死于自己毛病暴躁。有了二级社会的眼界才会讲出这样的人生道理来,也像今天的社会,即使帝王将相的古装连续剧也充满人情与生活的启示。正由于此,我们的人生才是文化的人为创造物。总之,古希腊神话与犹太圣经故事把人生放在神的名目之下,《诗经》抒发原初社会个人情感,在帝国笼罩下中国农村准原初社会的农民像阿 Q 一样追求纯美学式的幻想,而非现代读者与观众所理解的主题与意义。

从笔者家乡六十年代以前的情况看,那时的农村生活和谐安乐。与当时的城市及现代进入二级社会之后的中国农村相比,那时的农村偷盗犯罪发生率极低,一个几十万人的县才有几名警察,一般农民从来没有见过警察的。从和谐社会与犯罪率极低来看,那时的农民个个内心深处具备孔子的君子品格,个个恪守中庸,只不过没有露于言表而已。他们与亚里士多德的科学逻辑和黄金律相去颇远,因为那是二级社会的事。

(三)从中国农村男女平等观念看古代社会的上下分隔

一般说来,男女情爱的生物学即支持男女平等而不同:女性对生殖的投资远大于男性,生物学特性使男性性冲动强而赋予女性选择男性的优越地位。人类进入文明以后,战争频繁,财富生产等赋予男性社会优势,人类从而进入男权社会。如果把妾、嫔妃都归于妻而不作区分的话,东西方在历史上均以一夫一妻制为主,一夫多妻制不同程度地存在。中国历史上一夫多妻制存在的程度远远高于西方,这样才使英国国王亨利要离婚再娶而不得的事仅仅发生在西方。这其中原因就是中国古代社会上下分隔,而西方社会上下存在着各种沟通的渠道,以至形成古希腊公民大会的公共话语圈,这一公共话语圈对一夫多妻这一引人嫉恨的现象有抑制作用。中国夏商周三代上下分隔,农民的可流动性使他们对邦国有选择权,迫使当权者亲民,但对一夫多妻制的抑制力较差,因为那与基层农民生活社会相去很远。

二十个世纪五十年代以前的中国农村处于准原初社会层次,人们朝夕相处,他们如何对待男女平等与一夫多妻制现象呢?在笔者家乡远近几十里地以内,笔者听说的一夫多妻仅仅限于少数几个离开本地的资本家与军阀之类,有少数人长期离家未能离婚而另娶的现象有情可原谅,不在此列。毫无疑问,准原初社会朝夕相处的现实使人们自愿遵守一夫一妻制,虽然现代人类学家倾向于认为:人类历史上并没有群婚阶段,一夫一妻的核心家庭在史前人类就有,但史前的一夫一妻制一定没有中国农村的准原初社会严格。这也适用于孔子时代,读者可参阅本书第一章末尾。

八、结论:孔子是唯一的原汁原味的原初社会人文哲学家

这里笔者对以上三章,即第七、八、九章,东西哲人对比做一个结语,落实到对孔子的重新认识上。

相对于苏格拉底、柏拉图、亚里士多德式的冥思苦想来说,孔子刻意避免之,即所谓“述而不作”,从而避免人造思想体系,也避免人造二级社会与“人为之人”的出现。从《论语》可以看出,孔子是有意述而不作的,并非没有创造的天才。

《论语》两次提到生而知之(论语,7:19,16:9),孔子明确指出他自己是学而知之,自认为在生而知之以下。我们读《论语》,其中的真知灼见比比皆是,不可能都是孔子从别人那里听来的,很可能大部分是他在生活学习与实践中领悟的。就今天学术界的规范来说,孔子的《论语》是可以拥有著作权的原创,并非综述前人发现,但孔子又刻意避免了二级社会个人自由式的创新。

孔子又说:“盖有不知而作之者,我无是也。”(论语,7:27)意思是说,他孔子不是从不知开始而凭空创造的人。

孔孟与老庄把夏商周三代原初社会式超级大国的历史生活观第一次提升到哲学高度,作了系统的阐述与规划,可以面对二级社会的诸子百家与各种哲学流派。正由于这样,孔子有很强的历史使命感,他说:“文王既没,文不在兹乎?……天之未丧斯文也,匡人其如予何!(译文:周文王已经死了,中国传统文化不就是放在我的肩膀上了吗?……上天不让中国传统文化失传,匡人又能拿我怎么样呢?)”(论语7:5)

孔子所处的时代正是原初社会体系最后解体的前夕,适应正要出现的二级社会,各种二级社会思想体系也在酝酿之中。稍后出现的墨家与法家思想体系无疑对二级社会最终在中国建立起了不可替代的作用。肩负原初社会式超级大国传统文化重任的孔子,当然要与他们划清界限。总之,孔子是刻意不作创新,以期全面继承夏商周三代的文化传统。

在孔子、孟子、荀子与苏格拉底、柏拉图、亚里士多德这东西方六位哲人中,孔子是唯一生活在原初社会体系相对完整的时代,而其他五人全部生活在二级社会。孔子显然恪守原初社会美学思维方式,与所有二级社会的哲人划

清了界线。

从以上阿Q的思想行为以及笔者本人在中国农村的生活经历看来，在语言质朴程度上、在缺乏精密度的美学思维方式上，在社会生活态度上，《论语》中的孔子与生活在准原初社会的中国农民相近，而与生活在二级社会的孟子、荀子相去甚远，与古希腊哲人就是天差地别了。

参考文献：

[1] Paul Rathe (2003): Introduction. In S. Rosen eds, The Philosophers' Hand Book. New York: Random House.

[2] Emly A. Schultz & Robert H. Lavenda (1987): Cultural Anthropology: a Perspective on the Human Condition. St. Paul, MN: West Publishing Company. p151 – 170.

[3] 李柚声(2006)：中华道学的一个新解释：从人类学、心理学、社会生物学角度看老庄。加拿大伦敦道学康复中心。

[4] 柚声(2010)：《易经》总体思想与先秦儒家道家的关系，《学灯》第十六期。(http://confucius2000.com/writer/yousheng.htm)

[5] You-Sheng Li (2010): The Ancient Chinese Super State of Primary Societies: Taoist Philosophy for the 21st Century. Bloomington, USA: Author House.

[6] 梁涛(2012)：清华简《保训》的"中"为中道说。(http://www.confucius2000.com/admin/list.asp?id=5509)

第十章

从科举制度与柏拉图理想国看中国政治儒学化在历史上的成功与可能前景

摘　要:自汉武帝将儒家学说定为国家官方指导思想起至清末两千年,可看作儒家用仁、义、礼等原则改造国家与政治的一个渐进过程。从儒家以民为贵的贤人政治看,儒家是很成功的:在这两千年中,农民群体增加,政府与最高决策机关缩小。与柏拉图理想国将社会分为哲学王、武士、劳动者不同,中国社会分为朝廷、官僚知识分子、农民三阶层。如果把王莽新政看作国家儒家化尝试失败的话,宋朝科举制度成熟是官僚知识分子阶层儒学化的成功,依照这一发展趋势,下一步应是朝廷与皇帝的科举式儒学化而产生儒家圣王统治,由于历史的局限,未来得及实现。与中国科举制度相似,柏拉图理想国也用教育加选择的方法选取最高统治者——哲学王。这一设想在中世纪欧洲罗马教廷与拜占庭帝国得以实践,并有与中国历史上政治儒学化类似的成功与问题。东西方不同:西方基督教与世俗政权并存而平衡竞争;儒家帝国内部含有无以摆脱的世俗成分。柏拉图与儒家同样受原初社会眼界的限制,东西方以突破儒教与基督教束缚为现代化的起点。后现代开始彰显儒家圣王理想国的魅力与不朽价值。

精彩摘句:儒家提倡社会生活的道德化、艺术化、美学化,从而反对以个人自由与物质利益为社会价值建造起来的现社会。

这里有一个悖论:即道德化美学化的儒学打不过现代以个人自由与物质利益建造起来的社会权力,一个形象化的比喻是:艺术大师的杰作打不过枪炮,但枪炮代替不了艺术。艺术需要枪炮的保卫以免战火的焚烧。孔子与柏拉图对二级社会的多样性都缺乏认识,没有设想不同社会体系如何相处的问题,没有想到和平文化无法抵御战争文化的问题。

中国历史上一句俗话:"自古帝王皆无赖"。王学泰认为:刘邦与朱元璋就是这种游民与无赖。这是中国历史上政治儒学化过程中不可避免的异常现象,也是中国历史政治儒学化最终未能实现的结果。如果儒家也教人如何造反当皇帝就不成为儒家了,如果上儒家圣王模式实现的话,也不会有游民与无赖造反做皇帝的事了。

柏拉图理想国为哲学王专政,而孔孟学说的政治绝非专制,这是因为原初社会与二级社会的本质不同,专制仅仅适用于二级社会,就像今天没有人说父母专政一样。中国进入二级社会以后,孔子"君臣父子"的说法与漠视原初社会与二级社会的本质区别,有潜在专制化的可能,使中国历史由相对宽松的政治走向专制。中国历史上的这种专制既非柏拉图理想国的专制,也非儒家圣王专制。真正的儒家圣王专制者是王莽,由于历史条件不成熟,以掉脑袋为代价。

一、中国历史可看成一个政治逐渐儒学化的历史

柳河东将儒学史分为原始儒学、原典儒学、汉唐经学、四朝理学、当代儒学五个时期,以此来概括中国自尧舜以来的全部历史。[1] 在这四五千年的中国文明史中,从儒学观点看,有一个战国与秦汉早期的断裂带,即礼坏乐崩与法家治国时代。儒学在汉武帝时期取得官方统治地位以后,顺理成章,中国政治具有恢复尧舜周公时代政治模式的内在要求,这里称之为政治儒学化过程。应该说,中国历史上这一政治儒学化取得巨大的成功,与历代儒家学者和儒家官僚们的大力提倡及身体力行有关,也是儒学居官方地位两千年的必然结果。自汉武帝独尊儒术的公元前 134 年到清亡的 1911 年,儒学居官方地位共 2040 余年。考虑到辛亥革命前中国已经融入世界潮流,办洋务等导致政府功能与机构的扩大,与儒学思路相左,故这里取两千年的概数,而不包括中国社会近代化进程在内。中国儒学政治理想与柏拉图理想国都注重教育与选贤任能,本章援引以作对比。

《孟子·尽心下》说:“民为贵,社稷次之,君为轻。”拿今天的话来讲,就是人民是主要的,国家是次要的,而最上层的君主朝廷则是最次要的。中国政治史逐渐接近儒学理想的过程可以用孟子这句话作为尺度来衡量。

“民为贵”,孟子解释说,“是故得乎丘民而为天子”,即国家以农民百姓为基础,也是儒家政治的目的。所以农民百姓没有儒学化与任何改变的必要。笔者认为,中国广大农村在二十世纪五十年代初仍处于准原初社会层次,而道家思想为原初社会生活方式的理想化与哲学化,故中国农村文化为道学。至于遗传编码的原初社会与人造二级社会概念,读者可参照本书导论部分以及笔者的其他文章,这里不再重复。[2,3]虽然儒家官僚有教导农民百姓的责任,但儒家对农村的影响不大。农民在冬天无所事事,儒家官僚并没有像西方那样组织他们追求物质文明,也没有直接组织他们的业余活动。汉武帝独尊儒术时期中国人口大致有四千万,到清末长了十倍,人口四亿。中国人口主要在乾隆在位前后增长,这与时局稳定有关,更与美洲的玉米、红薯、土豆引入有关。

“社稷次之”,即国家是次要的。这里的国家引申含义为不包括农民百姓的政府,即所谓统治集团。在这两千年里,统治集团没有扩大,反而相对缩小,与孟子“社稷次之”说法相符。首先是诸侯、门阀氏族、贵族的消失。在夏商周三代时期,政府官员是世袭的诸侯世卿,秦汉后尚有残余,如汉初、明初都有诸侯国存在,东汉至隋唐有门阀氏族,为贵族阶层。据说明清时代,政府各级官僚的祖父一代百分之七八十是平民百姓,这样才有“朝下锄地郎,午后上朝堂”的俗话。明清时期40%以上的进士来自平民家庭。[4]诸侯贵族的消失并没伴有政府官员的增加。根据费正清提供的数据,登记官员数目为:唐,18000;宋,20000;清,20000。根据这些数字,政府官员不仅没有因诸侯贵族的消失而增加,也没有因人口的增长而增加。费正清说:“在别处从未有过这么少的人统治这么多人达这么长时期的例子出现。”[5]费正清的话可作为中国历史上政治儒学化成功的佐证,也是孔孟无政府主义思想倾向的佐证(参见本书第五章内容)。虽然两千年中儒学经历了汉唐经学到宋明理学的变化,但仍可用儒学概括中国政府官僚知识分子的社会意识形态,其间科举制度的确立为关键,下面将作详细讨论。

“君为轻”,即皇帝与他的朝廷议事的最高决策机构是最次要的。这里首先要将朝廷议事机构与中央政府区分隔开来,中央各部归为政府,已在费正清说的登记官员数目之内。皇帝的最高决策机构在这两千年内有逐步简化成小圈子的倾向,即明朝废宰相与清朝建立军机处。至于皇帝的柏拉图哲学王式的选择，则进展不大。清朝废除太子制而在皇帝死后宣布预先定好的继承人，这样则未必是长子继承，而且由皇帝与臣僚商议而定，这与清朝皇帝、皇子以勤奋与文化修养著称有直接关系。这可看作最高领导层向柏拉图理想国靠近的实质改变，尽管是一个微小的开端。

儒家在中国政治中取得这样举足轻重的进展之后，就要逐渐实行无为而治的理想，所以陈启云引用美国汉学家列文森时说，列文森将中国儒学历史分成三个历史时期：又说又干；光说不干；不说不干。[6]儒家理想是要最终建立一个"垂衣裳而天下治"的圣王统治下的大同世界：开始时，儒家不得不又说又干；等事事安排就绪后，动动嘴吩咐一下就可以了；等社会运转有如一部自动的机器时，儒家人物当然要"垂衣裳而天下治"，不说也不干。列文森说，第二时期开始于宋朝，这正是二程与朱熹理学的高峰时代，儒家吟唱的是理学与心学的高调，就是说连动动嘴吩咐一下也是孔子"政者正也"的榜样政治，并非具体指令。第三时期开始于西方哲学的传入，其中当然以利马窦传教与鸦片战争为标志性事件，所以清朝的儒家学者无所事事就做起考据编撰的事来了，也就是做自己能做的事。就孔子"政者正也"的榜样政治来说，做自己能做的事本身是一种榜样，可以让其他人也做自己能做的事；也可理解成，当儒学最后深入每个人的心里后，儒家即用不着再说什么了。

儒学影响所及的中国文化圈包括中国、朝鲜、越南、新加坡、日本。就儒家大同世界的理想来说，中国、朝鲜、越南实行了社会主义，连马克思主义的产生地欧洲也放弃社会主义之后，亚洲三国还在坚持，他们追求的共产主义有更多的儒家大同理想内涵。在现代科技与财富积累的大潮下，二十世纪六七十年代的"亚洲四小龙"——中国台湾、新加坡、韩国、中国香港，以及日本以弹丸之地长时期成为仅次于美国的第二大经济体，这都可以看成列文森所说的儒家"不说不干"而乐观其成的巨大效果。

印度与中国同样有佛教或类似的印度教传统，中国另有儒教传统，这一儒教传统的有无，很大程度上与中印近代史的巨大差别有关。西方有将欧洲资本主义的兴起归功于基督教清教徒传统者，本章将亚洲近代商业化的成功与儒家文化的影响联系起来，也不算牵强。这里需要强调指出：这种儒家文化影响的后世效果来自人的素质，而非儒家学说本身，而这种导致"亚洲四小龙"与日本取得现代化的巨大成就的人文素质，与儒家传统有关，与道家传统关系不大。儒家理想高于"亚洲四小龙"与日本现代化的成果，东亚现代化的过程实质上是对儒教束缚的突破，如废除科举等。这种突破没有改变儒家传统影响下形成的人文素质,而这种人文素质仅限于知识分子与有二级社会眼界的人。在这些精英影响下,形成了苦干自律的社会风气,带动了进入城市的乡下农民。

与原初社会的美学秩序一致,儒家主张君子不器,即儒家鄙视世俗的社会走向,导致中国历史上的游民阶层、周期动乱与外族入侵等历史问题。下面讨论柏拉图理想国在西方历史上有类似的成功与问题。

二、中国古代的社会结构与柏拉图的理想国

(一)秦汉之后的中国社会结构

考察中国政治儒学化的历史,首先要明了中国的社会结构。中国社会在战国以前,诸侯国之间有大片荒地,国家军事力量还没有达到控制疆域垄断所有土地的程度,农民有自由迁移而在诸侯国中作选择的能力,这实际上有类似当代西方民主选举的作用。进入战国之后,国家军力达到控制疆域而垄断所有土地的能力,也就是马克思所认为的亚洲农民成为独裁君主的奴隶。战国前后这一社会本质的改变没有得到此后儒家官僚知识分子们的清楚认识与足够重视。下面是本书导论二部分所列秦汉之后中国社会的模式:

皇帝朝廷及其家族　　畸形的准原初社会(黄老法家)
|
官僚及后备文人集团　　二级社会(儒家)
|
村落家族(市民)　　准原初社会(道家)

在上面的中国古代社会模式图中,三个层次之间是分隔的,很大程度上各自成为一个世界。如果从他们的生活态度与文化传统总结出一个人生哲学来概括这三个层次的话,我想到的最确切字眼分别为黄老法家、儒家、道家。汉朝统治者曾用"王霸杂之"来概括他们自己,再加上内法外王、内黄老外儒家等讲法,这里用黄老法家代表,即并非赤裸裸的法家,而加上了黄老权术的润滑剂,当然这也是皇帝朝廷层次未来得及儒学化的结果。[2,3]

广大的农民生活在准原初社会中,而主张小国寡民的道家坚守老子原初社会的信条,宁可避世也不与帝国时代二级社会妥协,结果道家思想常常成为历史上农民起义的精神来源,而汉末黄巾大起义使之成为中国道教开始的年代。上述三层次之间的隔离程度没有得到学界应有的注意与研究。[3]

同样,柏拉图理想国之中的统治者、武士、劳动者三层次也各有不同的心灵类型。[7,8,9]东西方的不同之处在于:柏拉图的政治理想基于二级社会,而儒家与道家以原初社会为理想。柏拉图认为古希腊的寡头、民主等政治体系都是他的理想国的退化型,而儒家把现实政治看成失去大同世界后退而求其次的小康,就是说:二者都没有人类二级社会面临无数可能的认识,二者都为人类追求他们心目中唯一的理想社会,从而使二者具有高度的可比性。

李英华详细对比了儒家圣王与柏拉图哲学王的异同。[7]在柏拉图的理想国中,人分为统治者、武士、劳动者三层次,分别代表智能、勇敢、欲望三种人类质量,为了抑制其中上两层次的欲望,统治者、武士不准结婚与拥有家庭,但可以有性生活,不准拥有私有财产。将柏拉图理想国的三层次与上面模式图中我国古代社会的三层次相比,就知道东西文化的不同,柏拉图显然看清楚了二级社会的非人本质,所以才剔除家庭这样人类与生俱来的需求。而在儒家看来,不要家庭的人就不算真正意义上的人。

根据英国学者巴克的观点,中世纪欧洲基督教很大程度上实现了柏拉图的理想国,教皇就是柏拉图的哲学王。教皇正是通过终生学习、修养而后通过选举竞争产生的,他们与牧师、修士、俗人相当于柏拉图理想国中的统治者、武士、劳动者三层次。牧师、修士没有家庭与私有财产,而俗人有。[8,9]李英华没有提到,柏拉图理想国产生于古希腊,基督教产生于犹太教,而犹太教盛行于农耕田园生活的犹大国。基督教没有继承古希腊那种富有活力与创新的精神。与此相对,儒家与道家均以原初社会为理想,满足于农耕田园生活,儒家理想在中国历史上没有超出上面模式图中的中间阶层,宋代以后发展起来的所谓书院,可谓儒家圣王、圣徒的理想国,虽然与罗马教廷统领的欧洲相比,规模小了一些。

(二)夏商周三代时期政治形势与西方柏拉图理想国产生时代的政治形势更接近

将中国秦汉之后的社会与柏拉图理想国相比较,一个重要不同是:中国是一个庞大的帝国,文化与国家建制远高于周围民族。柏拉图时代的希腊有统一的文化与信仰,但城邦国林立而缺乏政治统一,在某种程度上与中国的夏商周三代时期相近。中世纪的欧洲也与古希腊世界相似:有统一的文化与信仰,没有政治统一,所以出现类似柏拉图理想国的罗马教廷与拜占庭帝国就不足为奇了。柏拉图理想国基于古希腊城邦国,规模很小而与其他城邦国平等相处。罗马教廷虽然统领欧洲基督教,但管辖地区很小,并且与不同的政治体系共存;拜占庭帝国疆域也始终不大。等到马基雅维里(1496—1527)写《君主论》催促君主们学习古罗马用战争征服去统一意大利与世界,就与成吉思汗不约而同,也开始给罗马教廷下的基督教世界与宋朝的儒家帝国画句号了。

儒家圣王理想追求的是原初社会的美学秩序,在二级社会的现实中成为生活的艺术化,表现为礼乐与理学家心学式的自我超越。仁者人也,儒家思想与道家一样,是一种基于人类本性的思想体系,是内在于人的。柏拉图理想国内部的和谐有赖于哲学王对正义的深刻理解与内化,这种正义外在于人,所以有“共产共妻”的规定,导致基督教牧师、修士以上人士不结婚的传统。柏拉图理想国讲到的其他人生质量包括诚实、勇敢、节制等,也同样体现了二级社会对个人的要求。这有利于西方社会市民化、民主化,从而加速资本主义化进程;中国市民化、民主化、资本主义化步履艰难,与儒家道德美学秩序与大同理想不无关系。

三、中国朝廷与国家儒家化尝试的失败与罗马教廷理想国式的有限成功

孔子本人毕生精力用于推动诸侯儒学化,他的学说也给官僚知识分子提供了人生观与处事准则。祖述尧舜、宪章文武的儒家政治重点在朝廷,在王莽改革失败后不得不转向官僚自身的改造。我们可以把王莽新政看作朝廷与国家儒家化的尝试,是孔子推动诸侯儒学化的直接延伸。王莽企图废除土地私有而恢复井田制、企图废除奴隶买卖等措施无不具有儒家思想内涵。王莽自幼年即博学好礼仪,成年后无论通达而作高官时,还是穷困潦倒时,都克己好施,为人称颂。他的儿子杀死了一个奴隶,王莽即令儿子自杀,这种行为即使在今天也令人敬佩。王莽改革的其他措施诸如五均、六莞等也无不志于抑制豪强以保证平民生活。当代学者启良高度评价王莽的政治尝试说:“王莽的改制实是在进行一次乌托邦实验,其性质同后来农民起义的均田的主张是一样的,同样是出于天下田天下人共耕的理念,完全可以看作是中国历史上第一次社会主义尝试。”[10] 启良的观点与本章相同,把儒家学说与共产主义联系起来。

欧洲到近代才出现各种乌托邦试验,而且都是少数人的局部行为,而中国在两千年前竟由皇帝主导全国式的乌托邦试验,可见东西方社会与历史的不

同。不过结果是一样的，这样无视原初社会与二级社会的本质区别、以人类史前均平社会作为模板的试验无不以失败告终。但这种试验的失败并不泯没它们的社会意义，它们照亮了社会前进的方向。东西方的历史都是一个逐渐走向理想，向不断增加民主、均平与有利于普通人生活的方向前进的过程。中国历史也是一个不断接近儒学理想的过程。

在耶稣创建基督教的早期，基督教徒过着类似共产的生活，早期基督教在经过保罗等人的改造后才成为罗马帝国内部广泛传播的宗教。罗马帝国灭亡后，基督教成为欧洲维持社会秩序与统一的力量，并部分接管政府职能，其所辖地域被历史学家称为基督教世界（Christiandom），确切地说，是一个基督教王国。另一方面，与基督教强调精神文明相对的追求物质文明的世俗力量一直存在，这使得基督教行使政府职能只能是暂时与局部的，没有改变西方长期以来世俗政府与基督教相互牵制与平衡的政治格局。

儒家官僚制度也曾出现过腐败问题，因为中国官僚制度内的世俗成分恰恰是腐败的助燃剂。即：西方限制腐败靠的是政治平衡与互相牵制，而中国靠的是儒家知识分子的修身养性以及宋明理学的说教。

在历史上存在长达一千多年的拜占庭帝国与中国汉武帝以来的中华帝国甚为相似。拜占庭帝国脱胎于古罗马帝国，当它正式采用基督教作为官方意识形态以后，即先后停止了罗马帝国的长老院、行政官的功能而使其徒留虚名，也摈弃了公民会议等共和国民主成分，成为专制的帝国。拜占庭帝国存在了 1123 年（330—1453），在 1453 年为奥斯曼帝国征服；而儒学统治下的中华帝国存在了 1413 年（公元前 134—1279 年），在 1279 年灭亡于蒙古帝国。此后拜占庭的东正教和中国的儒学继续存在；东正教的希腊与儒学的中国继续存在。两者都与邻国和平共处，而不采取古罗马帝国式的扩张政策。

中华帝国与拜占庭帝国的本质区别在于：中华帝国是基于广大农民的准原初社会，而拜占庭帝国承袭古希腊与罗马帝国的传统，是基于国民组成的二级社会。正由于此，每个中华帝国朝代历时都较拜占庭帝国的朝代长得多，中华帝国典型朝代历时为三百年左右；而拜占庭帝国在 1123 年中历经 12 个朝代，93 个皇帝，即每个朝代平均历时不到一百年。另一方面，中华帝国改朝换代大多经过了长时间战乱，拜占庭帝国则大多经过军人政变以及首都市民闹事来改变朝代。这是因为在二级社会中，众多地方势力可随时取而代之；而在基层为准原初社会的中国要有一个比较长的时间来组成足以代替帝国的政治力量。

总之,如用西方政治作参照,在官方儒家学说的影响下,中国政府沿柏拉图理想国方向演进,而与近代西方民主的扩大政府职能与让民众广泛参与的方向正好相反,但与拜占庭帝国相似。

如果把拜占庭帝国看成是柏拉图理想国影响下的产物的话,柏拉图理想国取得了与中国政治儒学化相类似的巨大成功,同样有又说又干、光说不干、不说不干的三个阶段:耶稣与他的信徒过共产式生活以及欧洲中世纪基督教部分接管政府功能和拜占庭帝国,这相当于又说又干阶段;拜占庭帝国的衰败与欧洲基督教逐渐退出政府功能,这相当于光说不干阶段;拜占庭帝国灭亡与欧洲宗教战争迫使基督教退出以政府为主导的世俗话语圈,则相当于不说不干的阶段。基督教进入不说不干的阶段比中国儒学早,二者同样让位于资本主义的兴起。与中国历史上游民阶层、周期动乱与外族入侵相当,欧洲出现不守旧规矩的资产阶级,从基督教博爱角度看,残酷程度与规模仅次于两次世界大战的宗教战争与此后的欧洲对世界各国的侵略战争则相当于中国的外族入侵与周期动乱:儒家与基督教在这些大规模暴力事件面前一样无能为力。基督教败于与自己共存的世俗政府力量,而古代中国儒家帝国全包,所以只有败于外来势力了。

四、中国朝廷皇帝未被儒学化的偶然性以及朝廷皇帝儒学化的可能前景

与一切近代乌托邦试验一样,王莽新政的失败,事在必然,因为他们同样混淆了理想与现实的界限。儒家居官方地位两千年而最终未将朝廷皇帝儒学化却有某种程度上的偶然性。

这里有儒家官僚知识分子阶层没有预先料到的两个全方位的重大社会变化,他们没有想出应对的办法。第一个是周边民族国家化后构成对中国的武力威胁;第二个是近代西方列强入侵与最终将中国带入现代世界之中。儒家理想是基于夏商周时代原初社会超级大国的模式,当时既没有蒙古、金、辽等强国,也没有世界资本主义化的浪潮,而这二者正是孔孟所鄙视的以物质利益为基础而构建的社会强势,所谓君子碰到强盗,办法不是太多,以至于静观对方的得势。南宋与明朝都采取内敛与专制的变化,内敛以与强邻相安无事,专制以集中力量加强国防;清朝面对西方现代政治的强势,图谋改革,也同样在情理之中。

至于中国历史上如若采取何种措施可以保证原有中国政治儒学化的进程不被打断，当然有多种可能与相应前景，这里仅举一二来展示中国朝廷皇帝未被儒学化的偶然性。

第一个办法是将儒学部分地变成二级社会宗教，像基督教那样派出大量传教徒到蒙古、金、辽，把他们一一变成儒教徒。一个教规严格、建构宏大而散发着儒家仁者胸怀与献身精神的传教团体，在文化落后的蛮族面前，几乎可以断定将是无敌的，就像基督教在罗马帝国消亡后使日耳曼民族一一皈依一样。这里要强调指出，儒家官僚知识分子必须分成两部分，一部分继续原有的中华帝国的政治儒学化的梦想，一部分来建构二级社会的儒教，否则中国就变成拜占庭帝国了。

第二个办法是建立体制不同的边缘区域以为缓冲，类似唐宋的节度使与当代中国香港地区的一国两制，但要一两百年地长期执行。在这一边缘区域建立以解决实际问题为目标的竞争体制，没有这样的体制，中国尚出现了王阳明、曾国藩那样的儒家军事人才；以儒家官僚知识分子的智力与献身精神，造成一个古希腊雅典城邦十余万人而人才辈出的局面是完全可能的。这是一个典型的二级社会，具有明确的目标与理性精神。这一办法可望战胜邻国入侵以及与资本主义国家周旋，从而保证中国内地继续儒家的理想国之梦。

第一次、第二次世界大战均由文化相对落后的德国发动，并在开始阶段节节胜利，最终被文化相对发达的英法美等国家击败。这说明了一个普通的历史现象：文化落后好战的民族可能在开始会得到胜利，但长久看来，敌不过文化发达与更加和平、更加人道主义的民族。历史经常这样，文化落后而好战的民族在战争开始阶段的胜利就足以改变历史，甚至足以使更加和平与人道主义的发达文化从此消失。如马其顿与罗马先后灭掉古希腊，而中东许多文化传统消失在军事征服中。中国宋朝以后的历史大致在这两种结果的中间：为元或清所征服，但文化传统得以在某种程度上延续。

五、科举制度与儒家圣王理想国

（一）科举制度作为官僚知识分子儒学化的标志

儒家以原初社会为理想以及不断的农民起义压力，导致了如上文中国古代社会模式图的中间阶层演变。这包括诸侯国与南北朝时期门阀贵族阶层的消失，代之以科举知识分子群，从明清时代大部分官僚的祖父一代为平民的事实来看，这些知识分子是自由的个人，并非某个贵族世袭阶层。汉武帝时举办五经博士与太学,从而开始了中国教育与选择淘汰相结合的科举制度,隋唐才开始考试取士。历史学家们通常认为,中国科举制度来自汉朝的地方荐举人才制度,发展到宋朝才成熟,而当今西方政府的文官制度来自中国科举制度的启发与模仿。这与儒家从孔子开始就强调知识与教育、强调经学传统有关,这也与柏拉图理想国相同:教育加选择。

中国科举制度传到西方,使西方人大为惊叹:中国科举考试管理的严格,考场与阅卷过程中各种繁琐的规定均用于剔除作弊的可能,以求给予每个考生以均平的机会。考卷是不得署名的,所以才有考生在卷子中写入事先约定的暗语以通信息等。制度规定的登峰造极与破坏制度的登峰造极显示了一个如同西方议会中两党针锋相对的局面。西方两党政治与时推进,中国的科举制度却有僵化的弊病。

尽管汉武帝与武则天为中国历史上少有的极端专制君主,但刘子建认为,中国政府在南宋时走向内敛与专制,并为明清所继承,[11]这与北方少数民族政治管理制度逐渐成熟而呈现出灭亡中国的可能有关,战争时期需要专制以集中力量。拿两次世界大战时期的西方政府来看,这种专制倾向是暂时与有限度的。战争同时有迫使政府扩大民主以动员全体国民参战的一面。[12]

南宋之后,内敛专制并非中国的唯一选择,如果有一帮政治精英苛求北宋以前的宽松政治,并作不懈的努力,就可以延续以前的传统。如果我们假定北宋时代的政治宽松气氛得以延续,科举制度就不会走向明清时代的僵化,成为《儒林外史》的笑料,而会出现更多的像王安石那样的脚踏实地而有长远眼光的政治家。如果明清时代有上百个王安石式的政治家,而采取上文所提到的种种二级社会建制的话,中国就是一种完全不同的面貌:继续儒家的圣王梦而不被西方化与现代化。

(二)儒家圣王理想国的社会模式

如果底层准原初社会与不断的农民起义是社会不断完善的动力的话,科举制度在完成前文中社会模式图的中间层次的改造之后,顺而成章,下一步就是改造前文中模式图的最高层次。这有两个可能:一是将皇帝傀儡化,走君主立宪的道路,以科举竞争方式在大臣中选择握有实权的宰相;二是在皇族中以科举竞争方式选择皇帝。至于终身制与轮换制,前者可提高竞争以确保终身制效果,后者可降低竞争程度而以定期轮换为补偿。如果我们选择第二种可能的话,那就是柏拉图在《理想国》中所描述的哲学王,也就相当于儒家理想的圣王。只有这样,中国历史上官方意识形态为儒家的说法才名副其实,前文中模式图的顶层不再是黄老法家,而是儒家。实现儒家圣王统治的中国社会模式图如下:

儒家圣王	准原初社会(儒家)
官僚及后备文人集团	原初社会式的二级社会(儒家)
村落家族(市民)	原初社会(道家)

与柏拉图理想国的最大区别在于中国圣王统治的基层农民处在原初社会层次,处在自然社会状态的美学秩序之中,所以这种圣王治下的中国要比柏拉图的理想国大很多倍,而圣王与他的官僚系统相对于柏拉图理想国的官民比例要低得多。

这一圣王与他的官僚系统如此高效率有赖于广大基层农民原初社会的自然秩序。上面模式图中官僚及后备文人集团的原初社会式的二级社会是指:这一官僚知识分子阶层是二级社会的形式与建构,他们相互的位置与升迁以道德为标准,而非情感。官僚与他们的附属人员可以组成局部的原初社会,以孟子心学与宋明理学为主导,将社会生活艺术化、美学化。这一艺术化、美学化的生活也适用于社会顶层的儒家圣王,如圣王系从皇家子弟中选出且仍生活在他自己的家族内,即为准原初社会。在这一儒家圣王理想国中,在二级社会层面的人为管理越少越好,并仅起辅助作用,真正稳定社会的力量是美学与道德。

(三) 仁者无敌的社会屏障

儒家提倡社会生活的道德化、艺术化、美学化,从而反对以个人自由与物质利益为社会价值建造起来的现代社会。这里有一个悖论:即道德化美学化的儒学打不过现代以个人自由与物质利益建造起来的社会权力,对此有一个形象化的比喻:艺术大师的杰作打不过枪炮,但枪炮代替不了艺术;艺术需要枪炮的保卫以免战火的焚烧。孔子与柏拉图对二级社会的多样性都缺乏认识,没有设想不同社会体系如何相处的问题,没有想到和平文化无法抵御战争文化的问题。

解决这一悖论有赖于上面第四节中讲到的边疆地区缓冲带的建立。这一缓冲带由王阳明、曾国藩式的儒家务实派主导,担当儒家圣王帝国的保卫,而这种保卫有物质与精神双重意义,前者为武装保卫,后者则是挡住各种异端思潮的侵蚀。这一缓冲带自成一种世俗化社会,其虽然可以自我供给,但儒家圣王帝国对之有经济上支持的义务。这一缓冲带与圣王帝国有严格的地理界限,因为这是完全不同的社会,通过一定手续双方的国民有在这两种生活之间选择的自由,但也要防止一时兴起而朝秦暮楚的情况。当这种自由选择导致一方人员过多时,二者之间的边界可作调整,圣王帝国有保证这一缓冲带最低限度而不至泯灭的责任。

某种程度上,上面提到的亚洲四小龙——中国台湾、新加坡、韩国、中国香港可看做这样一个缓冲带,但这四小龙地区和更接近儒家传统的核心地区没有丝毫的公民自由出入,因而也就没有起到相互平衡制约的功能。更重要的是,四小龙地区根本不是作为核心地区的代表而缓冲资本主义世界的。这样造成的直接结果之一就是:核心地区的儒学化或大同世界化受到限制,因为核心地区也要应付资本主义世界的影响与侵蚀。

笔者曾论述说,儒家以原初社会为模板来治理二级社会,在夏商周三代时期,这一做法甚为成功,使整个中国社会处于原初社会或近似原初社会的准原初社会层次,战国之后中央集权帝国的出现使这一办法不太成功,其原因正是孔孟缺乏二级社会多样性的眼光。(2,第338-64页)柏拉图虽然也没有二级社会多样性的眼光,但西方多元竞争共存的历史现实,迫使政治多元与民主。原初社会只有一种,成员无以选择;二级社会有无数可能的方向与形式,西方民主制度保留了社会多样性与流动性,而这种流动性走向由公民投票选择,从而较好地体现了二级社会多样性的实质特点。当今政治与社会很大程度上为战争所塑造,即使西方民主国家的社会多样性与流动性也远远不能体现二级社会多样性的现实:少数人的愿望无以实现,如想过均平社会与共产主义社会生活而不被骚扰几乎不可能,而天赋人权也没有保证这一权利。[13]

(四)中国历史上政治儒学化不彻底的种种弊病

林语堂在他的《吾国吾民》一书中就着重指出中国社会大量游民的存在,王学泰最近对中国历史上的游民作了系统深入的研究,指出:游民是在主流社会失去容身之地的人。他们所托命的空间称作江湖,那里风波险恶,一饱难求。他们朝不保夕,因此轻生忘死,所追求的只是大秤分金银,大碗吃酒肉。若要官,杀人放火受招安是他们的美好愿望;皇帝轮流做,明年到我家,是他们的最高理想。他们没有原则,有奶便是娘就是原则。他们醉心的是无法无天的自由,然而一旦组织起来,其纪律不但严格而且残酷。他们的最高道德标准是义气,代表义气的尊神就是义气千秋的关羽。[14]

他们的这种生活态度既不能用儒家概括,也不能用道家概括,准确地说,是对上面社会模式中上层儒家意识形态的反抗所形成的一种以逆反心理为基础的生活态度。这种游民是上面模式图中广大农村基层脱离准原初社会集体的游离个人,这种个人在史前就存在,处于极少数,对社会并无大的危害。但在上面的社会模式下,由于上层的二级社会与底层的准原初社会为本质上完全不同的社会层次,有如汉字与文章的关系,二者交接处产生了这些游离分子,他们的主干为有二级社会眼界与心态的人,而不为严格的儒家学说所容,不能被纳入上层社会。在诸侯与门阀氏族林立的时代,作为相对独立社会势力,门阀氏族具有各自不同的生活态度,可以在很大程度上吸收容纳这部分游离分子。

笔者曾对比《诗经》中的风、小雅、大雅,发现唯独小雅充满忧伤与牢骚,这是底层官僚处在农民原初社会与诸侯准原初社会之间的结果,在两种不同社会的交接处容易激发二级社会的产生。[15]同一原因,前面第二节中列出的中国历史上实际的社会结构模式中,官僚知识分子的二级社会与农民准原初社会的交接处产生了这一游民阶层,他们没有儒家知识分子的知识与修养,却有二级社会的眼界。

中国历史上有一句俗话:“自古帝王皆无赖。”王学泰认为:刘邦与朱元璋就是这种游民与无赖。这是中国历史上政治儒学化过程中不可避免的异常现象,也是中国历史上政治儒学化最终未能实现的结果。如果儒家也教人如何造反当皇帝就不成为儒家了,如果前文所述儒家圣王模式实现的话,也就不会有游民与无赖造反做皇帝的事了。

由于居官方统治地位的儒家学说基于原初社会的理想,鄙视二级社会的物质追求与世俗建构,而中国历史又没有能力回避物质世俗追求,这才导致了游民无赖反而做皇帝的奇特现象。如果儒家允许王阳明、曾国藩式的人物造反做皇帝,就轮不到朱元璋与洪秀全了。从讨饭的叫花子朱元璋到堂堂中华大帝国的皇帝之间距离多么遥远,决非周武王灭商那样只打一天就可以了事的,这造成了中国历史上周期性的大规模动乱与社会结构的超稳定。[3]这种超稳定与中国历史上的长期高度专制有关,也与儒家强调道德、轻视物质、蔑视世俗有关,二者同样压抑社会改造的积极性。

(五) 长期专制与二级社会可操控空间的缩小

柏拉图理想国为哲学王专政,而孔孟学说的政治绝非专制,这是因为原初社会与二级社会的本质不同,专制仅仅适用于二级社会,就像今天没有人说父母专政一样。中国进入二级社会以后,孔子“君臣父子”的说法与漠视原初社会与二级社会的本质区别,有潜在专制化的可能,即可能会使中国历史由相对宽松的政治走向专制。中国历史上的这种专制既非柏拉图理想国的专制,也非儒家圣王专制。真正的儒家圣王专制实施者是王莽,但由于历史条件不成熟,以掉脑袋为代价。

由于儒家圣王理想国的道德美学秩序的影响,中国缺乏二级社会个人活动空间的建造与相应社会规则的保护,这包括皇帝与大臣分工以及各自的权限界线不清楚,结果有“伴君如伴虎”的俗话。至于皇帝的个人生活格调更是无奇不有,蔚为大观。

历史记载,明神宗朱翊钧三十多年不问政事,既不上朝,也不接见大臣。这说明了一个严峻的问题,即二级社会操控空间的缩小,也是个人活动空间的缩小,是高度专制的直接后果。朱翊钧如果不愿当皇帝,可由别人来当,如果不愿管政事,可以委派一个全权宰相来管。在夏商周三代,就会由诸侯代政了。朱翊钧在位期间,六部尚书只有 1 人,主管监察的都御史已经空缺 10 年,省、府、州、县的行政长官空缺一半以上,在这种情况下政府不垮台就是官僚知识分子高度儒学化的结果,因为他们缺乏取而代之的造反精神。[16,第302页]

总之,自从汉武帝独尊儒术以来,在儒家思想的统领下,在农民起义的胁迫下,中国历史完成了古代社会中间层次即官僚知识分子阶层的改造,使这一阶层接近儒家理想,但没有来得及改造成最高层次即帝王与他的朝廷政治。如果中国帝王儒学化,中国儒家圣王理想国就会万古长存。二级社会有无数可能的形式,也有无数形式的理想国。儒家圣王理想国与柏拉图理想国虽然形式上相似,历史上的走向与成败也有相似之处,但它们分别是为不同的社会设计,其指导思想截然不同。

六、儒家圣王理想国的永恒魅力与不朽价值

此处笔者从人生中个人精神体验的角度讨论儒家理想的价值,摒弃社会进步、经济增长、科技发展等实利考虑。与本书前文所述的孔子美学秩序思想一致,但与本章内容不尽相同,放在这里作为题后话。

儒家学说居官方统治地位两千年之久，近年又有回潮之势，全在于儒家圣王理想国的永恒魅力与不朽价值。这里把前文所列社会模式中的三层次作自下而上的逐一分析，以显示儒家理想的魅力与价值。

如果估计孔子时代中国人口有一千万的话，到清末的四亿时中国人口长了四十倍。除去两万官僚，高达99%的人口在农村过着类似孟子所说的井田制式田园生活。笔者曾以自在王来描绘这种生活的闲适，其又有庄子鲲鹏展翅九万里式的豁达，所以才称自在王，只不过是自家屋里的皇帝，不为外界所知罢了。阿Q风风光光地做了一通自我界定的革命党，一直威慑到未庄最显要的权贵赵太爷，最后被枪毙而不失英雄本色，死前没有一丝一毫的冤死鬼的想法。比起洪秀全与曾国藩各领着一支农民军队相互厮杀时的战死者，比起马尔萨斯战争灾荒限制人口说的冤死鬼，阿Q要幸运得多。鲁迅所批判的中国文化中的阿Q有他本身的魅力与价值。

笔者曾经说过，"这种将农村封闭于家族村社之内的做法，使农村生活相对稳定，除兵荒马乱与旱涝灾荒时期，生活大体如老子所说，'甘其食，美其服，安其居，乐其俗'，过着一种淳朴而又欢乐的生活。闲暇时间很多，冬天更是无所事事，他们的业余时间也用于精神生活，包括求神拜佛的宗教追求。他们每年节日之多，婚丧嫁娶之隆重，各种游艺活动之频繁，规模之宏大，致使经常把农活放在一边而全体出动，如此等等，会使今日城市上班族顿生羡慕之情。与现代人生活相比，他们的生活更近于史前的原初社会生活。他们的弱点仍是无政府状态对二级社会政治力量毫无抵抗能力，他们的生活可被乱兵一夜之间扫除，不给历史留下任何痕迹。"[16，第300页]

关于中国历史上农民生活舒适性的研究甚少，其贫困愚昧形象是二级社会知识分子的一面之词，又加上近代一些主张过于强调地主剥削的残酷，有失中国农村生活的真相。其实，无论在精神上，还是物质上，中国历史上的农民生活总要比当今未开化的部落民族要好，下面引用南非昆桑族人的生活材料来说明笔者上面说的话可信：

"他们仍是狩猎采集文化，过着原始而富有的生活。昆族人自周围环境中获取各种食物，营养丰富而均衡。他们有一百多种植物可供食用，但仅十四种被认定为主要食物，其他备用。他们的食物中，百分之七十来自植物，百分之三十肉食。妇女提供百分之五十五，男人提供百分之四十五，男人提供的包括肉类。昆族中的成年人每周花费20小时左右的时间收集食物,不用说,他们游来荡去,边采边吃,全无现代人工作时的严肃与紧张。他们每天消耗2355卡路里的热量,经医学检查证实他们个个身体健康。他们百分之十的人口在六十岁以上,而同时期的农业国家巴西与印度人口中,六十岁以上的人仅占百分之五。昆族人的人口大致保持恒定,不增也不减,而印度为推行计划生育而伤透脑筋,不管如何努力,人口还是直线上升。[16,第50页]

按费正清的说法,清朝中后期有两万知识分子官僚,另有一百二十五万具有各种功名称号的人,而这些人中有一部分仍不同程度地过着农民式的田园生活,不应划在儒家文化圈内。宋朝以后这一儒家知识分子群估计有数十万人之多,汉唐也可能有数万人。汉唐时这些人读的是儒家经书,宋朝以后的明清两代就用儒家四书作儿童的启蒙教育读本了。他们安贫乐道,没有世俗与农耕的烦恼,过着一种道德化、艺术化的生活,在亿万农民看来,这是一种悠闲自处、清高自赏的生活。这里用"不利不器"四个字来刻画这一官僚知识分子阶层的生活格调。

孔子说:"君子喻于义,小人喻于利。"(论语,14:16)孟子对梁惠王说:"王何必曰利?亦有仁义而已矣。"(孟子·梁惠王上)儒家这种只讲仁义道德而不讲利的传统是儒家理想国稳定的需要,有稳定社会与为人表率的社会导向作用,作为生活必需品的"利",由这一理想国给予保证。官僚知识分子阶层这一生活艺术化、道德化倾向使广大农民安于人伦之乐的田园生活,从而抑制二级社会的产生,但这种影响又不足以使农民信仰儒家学说。

孔子还说过"君子不器"的话,并说子贡为器。(论语,2;12,5:4)无论是祭祀用的瑚琏,还是其他器物,都是人类可操控的工具。孔子把人与器物联系起来,正是看到了当时社会上出现的企图操控社会的倾向。二级社会正是要建立各种供人操控的社会机制,以达到驾驭社会的目的:使亿万人成为可操控的器。司马迁在《史记·仲尼弟子列传》中罗列数十个孔门弟子,而独独长篇叙述子贡游说齐国将军田常、吴王、越王、晋君的故事,结论说:"故子贡一出,存鲁,乱齐,破吴,强晋而霸越。子贡一使,使势相破,十年之中,五国各有变。"

老子所说"天下神器,不可执,不可为"适用于原初社会式超级大国。虽然二级社会建立各种由人操控的社会机制,如国家机构与社会权力网等,老子认为,其本质上仍是不可操控的。五国的君主与将军自以为通过自己多年苦心经营而建造的社会权力网可以操控百万农民,没想到:他们又为子贡言辞所动,才导致“使势相破”的宏大社会效果,远远超出了他们的操控。百万农民固然是任人操控的“器”,五国的君主与将军也成了子贡操控的“器”,而子贡本人身负社会使命,也是一个为社会使命操控的“器”。

在孔子的弟子中,颜回可能正好相反,与子贡相比就有些书呆子气,但孔子特别钟爱颜回。只有人人都像孔子、颜回那样不“器”,坚守内心的仁爱与美学原则,不为俗务所动,儒家纯仁爱与美学的理想国才有可能。

从王莽乌托邦式的新政,到光绪皇帝任用康有为进行维新,都渗透着儒家圣王政治的理想。据说,清朝皇子们以勤奋好学与躬亲严谨著称,皇帝要早上四五点钟起床,而起床后的第一件事是到母亲房里请安。以今天平民子弟的懒散作对照,不难看出儒家圣王理想国的感召力。根据张宏杰的统计看来,皇帝是最不幸的人。历代皇帝有确切生卒年月可考者共有209人。这209人的平均寿命仅为39.2岁,平均寿命比普通人的要低近18岁。中国历代王朝,包括江山一统的大王朝和偏安一隅的小王朝,一共有帝王611人,非正常死亡的有272人,非正常死亡率为44.5%,远高于其他社会群体。[17,18]这样残酷的社会生活环境说明社会模式的顶层离儒家圣王甚远。

《红楼梦》塑造了贾政与贾雨村这两个不同的官僚形象:贾政只会清谈而不通俗务;贾雨村专事逢迎拍马与玩弄政治手腕。这是儒家理想国的道德秩序与战争经济导向的物质赏罚秩序混合的结果。如果在西方,贾政做自己的牧师,贾雨村做自己的地方官僚,各不相干。

直到现代民主制度建立之前,西方缺乏中国的大一统天下,基督教的修道院世界与世俗世界共存,结果导致作者发现:诗歌中“我”字代表的主体表达度在中国历史上有逐渐下降的趋势,而西方历史则相反。[19]西方传统诗人来自世俗社会,中国传统诗人属于儒家文人圈,他们没有建立自己的理学式修道院,与世俗分隔开来。因而,中国传统官僚知识分子阶层兼有修道院与世俗社会成员的双重身份,由此导致了精神创伤的发生。《红楼梦》是小说,把贾政与贾雨村典型化成不同人物,而他们实际上是中国官僚的两张面孔,是性格的人为分裂。如果把朝廷皇帝儒学化,并建立世俗缓冲带,就不会有这种不快的事发生了。

结论:中国政治儒学化与儒家圣王理想国在中国历史上未能完成,造成人世间精神伤痛的一面,而这种精神伤痛大致限制在朝廷与官僚知识分子层次,未进入广大的农民层次。农民层次问题在于他们在二级社会权力面前无防御与物质层面的脆弱性,他们也就需要阿Q精神作自我安慰了。面对二级社会的残酷现实与精神摧残,我们应该提倡古希腊悲剧精神:在世俗悲剧面前保持个人人格的高尚与斗争精神。

参考文献:

[1] 柳河东(2008):儒学发展五期说及其现代价值的展现。2008年9月。山东曲阜第一届世界儒学大会论文。

[2] 李柚声(2006):中华道学的一个新解释。加拿大伦敦:道学康复中心。

[3] 柚声(2012):从宋襄公坚守作战规则而败于楚来看东西方战争文化的不同。《学灯》,24期。(http://www.confucius2000.com/writer/yousheng.htm)

[4] Ping-Ti Ho (1962): The Ladder of Success in Imperial China: Aspects of Social Mobility, 1368—1911. New York and London: Columbia University Press, 1962. (何炳棣:明清社会史论)

[5] 费正清(1995):费正清论中国。薛绚译。台北:正中书局。

[6] Joseph R. Levenson (1969): Confucian China and its Modern Fate. University of California Press, 1969.

[7] 李英华(2004):圣王与哲学王:先秦古希腊关于理想统治者问题比较。自《中西政治思想比较论稿》,海南出版社,2004。

[8] 巴克,厄奈斯特(2003):希腊政治理论。卢华萍译。长春:吉林人民出版社。第491-492页。

[9] 周睿志(2012):哲学的专政——《希腊政治理论》札记。来源:(http://www.scuphilosophy.org/ 哲学栏:2012/10/21)。

[10] 启良(2001):中国文明史,下卷。广州:花城出版社。第13-21页。

[11] James T. C. Liu (1989): China Turning Inward: Intellectual-Political Changes in the Early Twelfth Century. Harvard University Press, 1989.

[12] Victoria Tin-Bor Hui (2005): War and State Formation in Ancient China and Early Modern Europe. Cambridge: Cambridge University Press.

[13] You-Sheng Li (June 2012): The Ancient Chinese Super State of Genetically Coded Primary Societies and its Implications for Modern Democracy. Submitted to and Accepted by the Ninth ISUD World Congress. ISUD = International Society for Universal Dialogue.

[14] 王学泰(1999,2007):游民文化与中国社会。同心出版社,2007。

[15] You-Sheng Li (2010): The Ancient Chinese Super State of Primary Societies: Taoist Philosophy for the 21st Century. Bloomington, USA: Author House. p208-35.

[16] 李柚声(2009):换个角度看人生,看世界:21世纪中华道学。北京:线装书局,2009。

[17]　张宏杰(2007):中国皇帝的五种命运。太原:山西人民出版社,2007。
[18]　张宏杰(2012):坐天下很累:中国式权力的九种滋味。长春:吉林出版集团,2012。
[19]　柚声(2011):论孔孟的无政府主义思想倾向。《学灯》17 期。(http://www.confucius2000.com/writer/yousheng.htm)

第十一章

从漠视原初社会与二级社会的本质差别看儒家的历史负担

摘　　要:中国自战国时期进入二级社会,而秦汉之后居官方地位的儒家漠视原初社会与二级社会的本质差别,坚持以原初社会为模板来治理二级社会。本章追述这一政治思想确立的历史过程与涉及的历史人物。本章主要讨论这一政治举措的负面影响:造成某些思想观念的缺失,导致某些政治与历史的直接后果,以及对二级社会中国人的心理效应。西方同样漠视了原初社会与二级社会的本质差异,本章最后讨论西方忽视原初社会的历史影响。

精彩摘句:苏格拉底与宋襄公同样甘愿为社会规则作牺牲,前者放弃逃跑机会而自愿服刑,被处死,后者放弃偷袭对方的机会而甘愿接受战争失败与致死的箭伤。显示东西文化差异的是:东西方对苏格拉底与宋襄公的历史褒贬不同。西方人奉苏格拉底为殉道的楷模,而中国人却讥笑宋襄公。结果导致中国缺失相应的社会规则,人们无法像在原初社会那样站起来到社会上,为解决社会弊病与问题而献身。

英国人杰瑞米在整个世界上闯荡,拍摄到人间暴力下的种种苦难镜头,以悲剧的情怀呼喊和平,而最终要静坐冥想来回到我们内心深处和平的源头。中国人从老庄、孔孟的原初社会视角出发,以内心深处的呼喊为动力,创建汉、明两朝的普通人们的艰苦卓绝，换来的却是一模一样的二级社会残酷现实，只能自我解脱，一笑了之了。

达尔文物竞天择的理论只说对了一半，另一半应是：生物竞争的动力不是人类式的生存竞争，而是由先天决定的享受生活的动力。当生活本身不再是一种享受时，动物失去生活的动力，只有文明后的人类才认识到坚韧不拔而活下去的价值。

一、解题与导言

如果外出旅游，选择寒冷的路线就要多带衣服；如果到沙漠或者原始森林作探险式旅游，就要携带一切生活用具，包括临时住所，那负担就足够大了。人类的文明历史也是这样：一个二级社会要有预先选定的目标与路线，在历史进程中再不断作相应的调整，因而不同的社会与文化也有不同的历史负担。儒家是中国历史上长达两千多年的官方意识形态，所以儒家漠视两级社会分界的历史负担也就是中国的历史负担。

西方也同样忽视了两级社会的分界，他们与中国恰恰相反，他们立足于二级社会而忽视了原初社会的存在，只有在近代欧洲史的后期才开始注意到这一问题，于是就有乌托邦、马克思主义以及种种所谓现代哲学流派的出现。这些流派都是以注意到二级社会的缺陷为标志：目标导领的现代社会进程不能涵盖人类以及人类存在的全部内容。

本书换个角度，得以显示孔子的许多伟大之处，他颇有几分现代与后现代的思想意识。上一章，专门讨论了中国政治儒学化在历史上的成功与可能前景。在正式讨论中国儒家路线的历史负担前，这里有必要提一提儒家选择漠视两级社会分界给中国历史带来的好处：大一统的连续性与较长期稳定；对周围落后民族的包容与文化感染；广大农村近于均平社会，穷富差别不大，而政府非常小，即管理效率非常高；科举制度的建立是儒家重视道德与教育的直接发展；等等。

二、儒家漠视两级社会分界从何时开始，何人负责

儒道两家先后建立于春秋末年，当时原初社会体系还没有完全解体，二级社会的苗头已经显示，但还没有立足，所以学术界对二级社会的不同性质要到荀子、韩非等人才有完全清醒的认识。荀子、韩非清楚地认识到二级社会中的

人不可信任,不能靠人性来稳定社会,而只能依靠奖惩与刑罚来推动社会。他们受原初社会眼界的影响,也没有看到二级社会的多样性,缺乏多文化、多方向之间平衡竞争的思想。

儒道两家对两级社会的态度完全不同。道家对两级社会的本质差异有清楚的认识,老子"天下神器不可为不可执"的论断说明庄子清楚地认识到:二级社会非人类原有社会,不可为人所操纵。此外,道家对新出现的二级社会采取断然否定的态度,以致后来发展成脱离世俗社会的宗教。

儒家对两级社会采取了不同于道家的思路,对中国历史走向产生了巨大影响。

如本书所展示的,孔子本人的大同世界、反对诉讼与刑罚、均平社会思想以及忠恕为怀的宽容思想等等都清楚地表明,孔子是赞同原初社会而反对当时正在出现的二级社会思潮的。与孔子修春秋微言大义相一致,孔子没有像老子那样对二级社会的性质给出明确的论断,使后人得以遵循。孔子在老子之后,又专注于人类社会,稍后的墨子即有比较全面的二级社会思想认识,孔子本人不可能没有注意到这一问题。面对同一问题,孔子显然采取了与老子、墨子不同的态度与应对办法。

前文提到,孔子本人采取所谓述而不作、不谈怪力乱神、不知者阙如、毋意毋必毋固毋我的著名"四毋"态度(注:毋 = 勿)。孔子显然采取榜样政治,自立榜样为别人效仿。孔子以自己的行为树立政治榜样、生活榜样、社会榜样,也树立思维榜样,即绝不进入二级社会式的思维,从而防止二级社会思想体系的建立。如果人人都像孔子一样思考、一样述而不作,世上就不会出现二级社会,中国也就自然会回到西周的黄金时代。如果有人执意采取二级社会思维而建立二级社会的话,孔子并没有提出应对的办法。

孔子这种使自己的思维严守原初社会范式的做法大大限制了自己的思维空间,也限制了走儒家路线的中国历史上知识精英的思维空间。我想孔子的这种思维方法可能在西周原初社会超级大国时起过稳定社会的积极作用,但二级社会一旦出现,这种思维方法就成为自我束缚的力量,使中国历史面对二级社会无以对策,没有拿出多少卓有成效的办法。[1]

孟子代表面对二级社会而不与现实妥协的思想家,他坚持孔子原初社会的理想,及用仁政统一中国的王天下的主张。他甚至说:"今之所谓良臣,古之所谓民贼也。"(孟子·告子下)即从根本上否认现存政治体系。孟子没有看到这种民贼政治可以延续两千年,他没有提出相应的对策,只是等待它过去。

荀子代表与现实妥协的思想家,他提倡尊王守法,即承认现实政治。他无视老子天下神器不可执不可为的提法,公然说天人二分,并谴责诸侯异政,说明他对二级社会的多样性毫无认识。这样一来,从孔孟立足于原初社会一下子转到荀子立足于现存二级社会的现实,同样称作儒学。如果原初社会出于天然是天人合一的话,二级社会是人造的,与天性无关,也就是天人二分。

荀子的学说使集权者用儒家学说粉饰现实成为可能,集权者用天人二分的思维方法对待被统治的农民,并不允许农民用天人二分的思维方法来分析对待统治者,而尽力使农民相信皇帝的天子身份不可争议。汉武帝削弱诸侯以独裁,好大喜功,穷兵黩武,致使户口减半,却想到使用儒家这件庄严而华丽的外衣来换取他的政治合法性,经董仲舒略加改变的儒家学说竟能维持一个户口减半的社会不垮台,此后的历史也就可想而知了。夏桀与商纣王绝对不会导致中国人户口减半,他们没有这个能力。这正是两级社会的本质差异与其间的沟壑之灾。

现在中国很多学者展示董仲舒思想中并不赞成独裁专制的一面,我没有细读董仲舒的著作,但很相信今天中国学者们的话。孔子所处时代,礼崩乐坏,但原初社会式超级大国还大致完整,孔子就说当时的从政者都是"斗筲"小人。到战国时代,孟子看到当时人们的苦难(参看本书第三章),才指出当时的所谓良臣实质上都是民贼。汉武帝时代是中国帝国式集权建立的关键时期,而这一集权式帝国与孔子时代的原初社会式超级大国有本质差异,董仲舒等当时的知识分子没有充分论证这一差异的存在,也没有展示当时中国政治所面临的不同方向与不同前景,更没有像孟子那样分析当时的政治家如何都是民贼独夫。

春秋战国时期那种百家争鸣,不同学派蓬勃发展的局面见于古希腊与近代欧洲,并没有出现于后来的中国历史上,这与汉武帝、董仲舒等人的决策直接有关。黄老道学在西汉初年一度流行,后来像法家、墨家一样销声匿迹了。至于有人说中国历史上是外儒内法或外儒内黄老,这样的法家与黄老只是充当工具而已,不是独立的学派,更谈不上在理论上发展成熟的可能。汉初文景之治历时四十年,又在王朝初建的恢复阶段,没有来得及着眼社会根本问题及其改造。我认为,如果历史上儒家的统治地位由道家代替,中国就有可能认识二级社会的本质与发展二级社会的社会机制。道家长期在野,才一心追求长生不老,大大促进了中国医药学的发展,并导致火药与金子溶解液的发明,这领先世界。如果道家这种客观冷静的钻研精神用于国家管理,当是另一番景象。

总之,孔孟与当时的政府划清界限,并对当时从政者进行抨击。荀子首先承认现行政治体系,与之调和,以求为当政者所用。但作为诸子百家中的一家,在野的儒家并没有粉饰现实的作用,荀子的儒家思想也未被统治者全面采用。董仲舒是在儒家成为官方思想体系之后,坚持荀子思路的人。

三、儒家漠视两级社会差异的历史负担:某些思想观念的缺失

由于儒家以原初社会为根本,孔孟否认二级社会存在的合理性,荀子、董仲舒将孔孟适于原初社会的理论略加改变而用于二级社会,由于原初社会对人性与人心的强大感召力,使儒家成为统治阶级廉价的政治合法性外衣。披上这一外衣的社会也变得思维懒惰,忘记二级社会是人造社会而具有广阔的人为空间,忘记了无边无际的英雄用武之地,导致思想保守。更忘记了二级社会神器不可为不可执的告诫,拒绝承认二级社会人不可信任这一社会现实。以下讨论中国历史上几个习惯性的思想观念问题,以显示儒家学说对人思维的无形束缚。这种束缚显然可以分成两种:一种是原初社会缺失而只有二级社会才可能有的观念,中国没有去发展;第二种是那种原初社会即具有,进入二级社会后的中国没有进一步发展而消失的观念。

(一)地方保守主义与个人主义,也就是缺乏开放的眼界

老子与孔子都主张政府与农民隔离,即老子主张最好政府不为人民所知以及孔子主张民可使由之而不可使知之,据说朱元璋禁止官员擅自下乡,违背者可被斩首。这种主张造成了农民的眼界狭小,不知道外界天地。笔者曾于二十世纪七十年代到过贵州山区,那里的农民穿一种长袍,说是明朝的衣着。当地农民甚至不知道清朝、国民党、共产党等的区别,他们的村庄世世代代让一两个人代替他们与政府打交道,并不在意朝代的更替。这种习惯带到国外,就形成了遍布世界的名为唐人街的中国城现象,这些华人跟周围人很少来往,自成一个世界,边喝茶边说:他们的远祖在一两百年前来自同一个村庄。这种习惯影响到政府,西方就以长城来看中国,说中国是长城围起来的一个唐人街。这种地方保守主义在个人就表现为个人主义,是只顾自己,不管外界事物的自私自利,与西方强调的在二级社会天地里发展自己的个人主义不同,而像阿Q那样强调自得其乐的一面。

（二）差不多思想

记得小时候，读胡适先生写的《差不多先生传》（全文原载于民国八年出版的《新生活》杂志第二期），这篇文章即讽刺中国人不认真，缺乏准确的思维习惯，凡事只求差不多，而美其名曰：圆通大师。

原初社会是美学秩序，人们也有理性思维，古代原初社会的人民用理性思维作为物质生活的局部指导。系统深刻的逻辑思维是二级社会的特征。春秋战国时期诸子百家中的逻辑思维并不缺失，墨家与名家就以严格的逻辑思维著称。后来中央集权的建立不允许不同学派的发展与竞争，官方为儒家，在野的只有道家以宗教形式得以延续。其他各家，如墨、名、法等，都名存实亡，成为帝国权力的附庸。以孔子为首的儒家蔑视逻辑思维，道家以逻辑思辩证实并无绝对真理这么一回事。这跟儒道两家以原初社会为理想社会直接有关。

原初社会秩序是美学的，只有二级社会才借助逻辑建立理性的社会结构。笔者数年前论述美学与宗教时写道："美学是原初社会秩序的来源，只有二级社会才求助外来的神来建造人间秩序。和古希腊相比，中国道德与艺术都出现了高度理性化的倾向。结果是，艺术绘画短于写实，长于写意；道德长于说教，短于法律建制与道德的规划。"[1]由于政府管理层次逻辑思维的缺失，对修筑长城、大运河等全国性的大型项目缺乏可行性的严密逻辑思维的论证，从而导致了灾难性后果。

（三）自由与人权

现在很少有人知道，西方称为普世价值而到处推销的自由与人权，实际上在原初社会就已经存在，只不过在二级社会自由与人权是基于理性认识的概念，而在原初社会停留在美学与情感层次。本书第五章讨论的孟子无政府主义思想倾向，完全可以被说成是后来自由民主的雏形；孔子大一统的包容思想正是对人权的尊重。秦汉以后集权体制的建立，导致了这些原有的普世价值观念的消失，以至于有"存天理，灭人欲"的讲法。

（四）代议制思想的消失

原初社会没有强制性领导，事事以多数人的意见与全体同意为行为准则，有分歧的事只能放弃。这样的农村基层领导在夏商周三代时期会见诸侯或国王，他不会接受违反他所在原初社会全体人员意愿的命令，因为他代表他的原初社会，即天然的代议制。西周散氏盘铭文有357字，记载散氏与矢氏纠纷，矢氏侵占了散氏的一块地方，在周天子调解下还给散氏，散氏就制作了这个盘记载此事。这说明,西周像当今联合国一样,只管调解与制裁少数违规者。代议制虽然是西方近代民主制度的重要发展,但其原初形式古时亦有。古希腊采取全民大会的直接民主,但每位公民即代表他的家庭与奴隶,雅典政府内后来设有地域性族群的代表,更是代议制。

战争有利于集权,这一夏商周三代时期代议制的原初形式在战国时期消失,代之为中央集权,到汉武帝时基本定型。处于准原初社会的亿万农民在政府中并没有他们的代表,而是仰仗政府的慈悲。历史上,政府官员仅到县一级,称为父母官,即代表政府来关怀农民。两千年下来,中国农民没有推选代表来替他们说话的习惯。这种习惯最终影响政府,西方也同样埋怨中国政府没有积极参与国际事务的习惯。即一方面是集权,一方面是没有形成不同地域与人群之间的交换意见的自我表达体系。

(五)民主传统的消失

如果说现代西方民主存在着许多问题的话,古代原初社会的民主是完美无缺的:没有将既定意图强加于人的权力而只有社会的和谐与统一行动。在西方民主中哪怕仅仅一票之差,也得少数服从多数,即使导致少数人忍受断肠之痛也毫无顾忌。在类似情况下,原初社会面临迁就与丢失少数成员的选择,即允许少数人离开这个社会。为挽救社会的统一,方案可以即时修改,而西方社会要等四五年再次选举时才有修改方案的机会。当我们全心全意地欣赏一幅美术巨作时,即时的欢乐与深层的宁静相沟通,这如同原初社会的秩序,本身即是享受与美的结合。中国历史上中央集权的建立使政府层次既失去了原初社会的民主传统,又失去了美学秩序内在情感的交融。

(六)民权与个人

动物学家注意到猿猴大多进行个体活动。细心观察也会注意到:人类也是以个人活动为主,是社会与家庭组织结构将人们的个体活动联系在一起而衍生出不同的含义。在原初社会,个人享受充分的权利与自由,但个人同时又是社会和谐美的一部分。就像巨幅山水画中的一棵树、一片石头一样,它们当然有不同形式与色彩的自由,但不能脱离整幅画的造型美。古希腊出于各城邦国家竞争以及雅典直接民主公民会议的需要,导致个人地位的提升,也导致个人权利与自由的概念。中国的中央集权从总体物质效益出发,无视个人。

(七)普世道德观念的缺失

日耳曼民族攻破罗马帝国完全是为了掠夺财物,并无取而代之的意思,结果导致欧洲长期大规模的无政府状态。由于基督教的普世价值与博爱精神，当时欧洲的社会秩序得以维持，没有陷入旧时中国式的军阀混战的乱世状态。恰恰相反，近代欧洲的混战与两次世界大战是基督教在宗教革命后大大削弱的结果。孔子的仁学是原初社会的道德观念，所谓仁者，人也。尤其儒家爱有差等的原则更不适合二级社会的现实，从而导致二级社会普世道德观念的缺失。儒家学说并不像基督教那样，能在社会混乱状态下起保持起码的社会秩序与道德的作用。

（八）插上门做皇帝的成见

孔孟与老庄都有退而自得其乐的倾向，这是原初社会个人中心的直接体现，但到了二级社会却变成了插上门做皇帝的成见。所谓成见系故步自封，夜郎自大，听不进不同意见，从而走向阿Q式的自我封闭。这里需要特别指出的是：阿Q生活在中国农村的准原初社会中，有他合理的一面，问题在于这种阿Q精神也同样影响了知识界，从而影响一个国家的历史进程。这在中国知识界，就是明哲保身，凡事绕道走，等等，最后发展成宋明理学，走向佛教与道教式的自我安慰的思路。其中，只有道教经常成为农民起义的思想渊源。

三、儒家漠视两级社会差异的历史负担：政治与历史的直接效果

（一）文化与政治不分家

政治带有强制性，以社会稳定与协调为目的。原初社会的文化是以愉悦为目的，二级社会的文化从理论上来说也应如此，不应寻求政治上的整齐划一。文化多种多样才造就生活的斑斓色彩，才使生活更富有情趣。道家哲学坚持从业余时间的闲适心态看待世界，看待人生，笔者正是注意到道家这一思想倾向，才提出如何使用业余时间来定义文化的建议。把文化等同教化，中国历史上的儒释道三教，或退居个人生活领域，或沦为政治的附庸，不再是不同的价值取向与不同的人生意义解释系统。这有本末倒置之嫌，拿人体作比方，文化相当于细胞生活的体液环境，而政治相当于心肝脾肺的器官建制，后者为前者服务，而不是相反。

（二）二级社会机制的缺乏

这些社会机制是基于人不可信任这一社会现实的。如古希腊的贝壳驱逐法，即驱逐被多数人认为有害于城邦社会的人物。古希腊梭龙被赋予全权改革，但改革完成后梭龙应立即离开雅典，用来保证梭龙不会为个人利益而左右

改革进程,雅典人则答应不改变梭龙改革定下来的法律制度。古希腊的这些做法,都是基于人是不可信任的。二级社会有无数可能,二级社会的人也自然向无数方向发展,只有发展相应的社会机制,才能有效地控制他们,规范他们的行为,达到统一行动与预期目的。[5,6]中国缺乏类似认识,也就无从发展二级社会的机制。

(三) 二级社会层次上个人空间的缺乏

以上两点,即文化与政治不分家以及二级社会机制的缺乏导致没有追求二级社会功利与自由意志的个人空间。二级社会的个人活动空间并不是空的,而有它的:① 物质建构,如工厂、医院等以及通往这些工作单位的交通等建构;② 社会建构,如各种职业协会,以及保证人们在这一空间中追求自己理想的法律保证与社会规则;③ 文化建构:鼓励人们到社会上闯荡而建立功业的文化传统,以及相应的心理指导,当然也包括报纸刊物等媒体。

有了这三方面建构的存在才有二级社会个人活动空间的存在,而一旦有了这样的活动空间,人们积极投入,就会使这三方面的建构不断扩大。另一方面,当人们积极投入时,也就产生了竞争与冲突,人们开始担心二级社会层面上个人活动空间的安全,而安全的保障首先是法律与相应社会规则的保护。

苏格拉底与宋襄公同样甘愿为社会规则作牺牲,前者放弃逃跑的机会而自愿服刑,直到被处死;后者放弃偷袭对方的机会而甘愿接受战争失败与致死的箭伤。对普通人的心理来说,社会规则有其任意性,如古希腊投票处死苏格拉底与中国春秋时代战争不助天为虐而利用地形攻击对方等,都带有任意性,这需要重刑惩罚的案例来提醒人们,也特别需要苏格拉底与宋襄公式甘愿为社会规则做牺牲的榜样。笔者曾撰文分析,宋襄公的榜样作用的巨大社会效果显而易见。[2]苏格拉底的榜样作用的社会效果却不那么明显,最多不过是维护了当时的法律程序的权威性,而这种权威性已由城邦国家的政权与军队予以保障。

显示东西文化差异的是:东西方对苏格拉底与宋襄公的历史褒贬不同。西方人奉苏格拉底为殉道的楷模,而中国人却讥笑宋襄公。结果导致中国缺失相应的社会规则,人们无法像在原初社会时那样站起来到社会上,为解决社会弊病与问题而献身。我有一本历史教科书[3],上面共提到两次中国人口减半的事件,它们分别发生在汉武帝与武则天时期。且不说一个户口减半的王朝不倒台是如何的不正常,户口减半可不是短时间就可以造成的,这是一个长时期、大规模非正常的社会运转才可以造就的事,中国人不是没有站起来制止这种非正常社会动荡的良心冲动,而是缺乏良好的二级社会个人活动空间。作为朝廷的重臣,司马迁出于对汉武帝的忠诚,出于对为臣职责与义务的忠诚,为李陵说了几句话,便被判宫刑。司马迁同样出于对汉武帝与自己为臣职责与义务的忠诚,而接受宫刑忍辱活下来以完成为臣的使命,给中国人留下了第一部完整的历史著作。朝廷重臣的司马迁尚且如此,一般人就更不用提了。

(四) 皇帝的自由意志问题

上文讲了社会个人活动空间的缺失首先是社会规则的缺乏,这在皇帝的自由意志这一问题上特别明显。皇帝要有所作为,就要有一个强大的中间阶层,而中国历史却是一个去掉中间阶层而把亿万农民置于皇帝之下的过程,致使皇帝指挥不灵。中国皇帝还在家庭长辈的控制之下,也在朝臣官僚的控制之下,所以皇帝没有要干什么就干什么的权力。中国历史上的长期停滞首先是皇帝没有推动社会改革前进的个人活动空间。

问题的另一方面是,如果皇帝下定决心要实行自己的自由意志,中国历史上又没有人来制止他,也没有相应的社会规则与平衡机制来限制他。这导致中国历史上的皇帝个人生活格调无奇不有,蔚为大观。秦始皇虽有博士 70 人而不用,事无大小,均由他一人专断,每天批阅公文 120 斤之多。明神宗朱翊钧三十多年不问政事,既不上朝,也不接见大臣,奏疏堆积如山。他甚至连任免官员都不管,在 1614 年,六部尚书只有 1 人,主管监察的都御史已经空缺 10 年,省、府、州、县的行政长官空缺一半以上。杀死女儿时说"汝何生我家?"而后上吊自尽的崇祯皇帝用人无常而又轻易杀人,在他 17 年任中,有 7 位总督、11 位巡抚被杀,兵部尚书换了 14 人,刑部尚书换了 17 人,内阁大学士换了 50 人。南北朝时的梁武帝萧衍长斋事佛,每天只吃一顿蔬菜粗米饭,遇到犯人行刑时,他还要大哭一场,以示怜悯之心。他曾四次入寺院而不回,决心当和尚,群臣不得已,出巨款把他赎回来。这些极端的例子举不胜举,足以说明无论高唱仁义的儒家,还是铁面无私的法家以及相应的朝纲制度,对皇帝的约束能力是微乎其微的。他(它)们都不能代替夏商周三代时诸侯中间阶层的牵制力量。

如果说,中国古代是一个人治而非法治社会的话,皇帝是唯一一个治人而不治于人的人,即只有皇帝一个人头上没有人再能管他,至少这种没人管住皇帝的局面在中国历史上常常出现。

(五) 二级社会宗教的缺失

因为本书已在第六章中详细讨论了中国宗教文化的原始性,这里不再重复。这与下面讨论的周期动乱有关,中国没有基督教那样能在混乱时期维持起码的道德与社会秩序的宗教。

(六) 周期动乱与大规模杀人

西方两千多年是一个伴有社会文化变革的战争不断升级的过程,而中国战国时期战争急剧升级并伴有社会大变革,但此后两千年则为周期性混乱所代替。原初社会式超级大国在战国时期有了根本的变化,成为延续两千余年的中央集权的帝王制,本书导论二部分已列出其社会模式:

皇帝家族	畸形的准原初社会(黄老法家)
|	
官僚及后备文人集团	二级社会(儒家)
|	
村落家族(市民)	准原初社会 (道家)

老子与孔子都讲究上下分隔,丝毫没有古希腊一两万人吵吵嚷嚷来建构社会的想法。中国历史上的模式三层隔离程度没有得到应有的注意,鲁迅《阿Q正传》讲农民与政府对同一件事各有不同的认识与意义:政府处死阿Q来改变破案无能的形象,阿Q用这样一个并非人人都有的境遇来显示自己的不同凡响。有了这样的眼界,鲁迅才认为中国文化的根底是道教,作为中国通的李约瑟也有类似看法。这与笔者将中国农民划归准原初社会一致,而两级社会的不同有如汉字与文章的关系,有不可沟通的一面。历史学界有一句套话:中国王朝内法外儒,内黄老而外儒学。费正清则认为皇帝爱好法家,官僚知识分子爱好儒家。无论如何,中国历代皇帝的思想行为离孔孟学说少说也有十万八千里。这里把上述三层的思想文化分别暂定为黄老法家、儒家、道家。这里的黄老为权术思想,更接近法家,与老庄原有思想不同,所以称黄老法家。

一般说来,上述三层结构在宋代达到成熟,处于二级社会的官僚及后备文人集团完全置于儒家学说的熏陶之下。他们是一群学者官僚,常为西方赞叹不已。这帮儒家学者官僚既管不了皇帝也管不了亿万农民,等到因战乱或野心家的鼓动,农民进入二级社会层次时,他们既没有基督教式的二级社会道德意识,又没有西方市民阶层的法律与社会规则习惯,儒家官僚并不知道如何组织他们,只知道如何给他们的大头目当官僚。这种上下分隔的社会结构与两级社会的不可逾越性，造成了中国历史上的周期性动乱与社会结构的停滞。上面提到的白莲教与哥老会等，他们既无法穿越上述模式的中间阶层，也不会得到这一中间阶层的青睐，除非他们达到要当皇帝的程度。同样，明朝末年出现的资本主义萌芽遇到了同样的命运，某些学者否认明末这一萌芽的提法，只能说上述社会结构模式连资本主义萌芽的生活空间也没有留出来。

近代西方列强呈现出打败中国皇帝的能力，进入上述中间阶层的视野，引出中国知识界从洪秀全、康有为、孙中山到毛泽东的诸多人物与他们的政治运动。严格讲，他们既非资本家，也非农民，也不代表薄弱的市民阶层，而是上述中间阶层被列强威胁激发起来的务实运作者，他们都有儒家仁者色彩，有原初社会式均平社会思想倾向。同一时期，中国国内的战争开始同世界其他地区一样急剧升级。曾国藩就是儒家学者，他的军队也全由农民组成，洪秀全的军队同样全由农民组成，对照来看就知道了中间阶层的务实运作的含义，也了解了上述社会层次中上下分隔的含义。

“文革”期间，中国医学科学院血研所迁到四川，给当地农村的村民测定血型，意外发现他们与湖南人血型相近，查阅地方志得知：张献忠起义军与地主势力冲突时已经将人杀戮到接近无人的地步，清军入川时要在四川周边驻军，然后再逐步入川。无人荒野的军资供应困难，湖南人中便有部分人迁入了四川，这也就是四川有不少村民与湖南人血型相近的原因。

中国农民早在二十世纪五十年代末即已进入二级社会，而当代的电子通信技术更把亿万人们带入近邻的地球村，基于原初社会的孔孟思想如何适应二级社会，仍是一个课题。

四、心理效应：心态与气质的不同

（一）从原初社会与二级社会看人类心态、气质与情感

我们今天读《论语》，常常对孔子与他学生们之间的直率态度留有深刻印象。孔子对弟子们用语尖刻，如说宰我是“朽木”，是“粪土之墙”，但同一个孔子在列举他三千弟子中的十个佼佼者时，又把宰我列入其中，并排在子贡之前。（论语，5:10，11:2）孔子多次赞美颜回，以至于读《论语》者都会得到同一印象，即颜回是孔子最得意的门生，但孔子有一次却说“颜回不是一个对我有所帮助的人”。（论语，11:3）

本书导论部分开头曾将孔子提倡的美学秩序比喻成一幅大师的绘画杰作，而允许这一大幅图画中的人物在这幅杰作的艺术气氛中自由活动，给这幅

巨作带来新的和谐与生动。正像本书第一章提到颜回、子路、子贡是完全不同性格与不同人生取向的人,他们之间的这种不同只有在二级社会中才构成矛盾与冲突,在原初社会中仅仅是斑斓瑰丽的色彩,是生活本身的内涵。正由于《论语》这种美学生活秩序的理想,这种由不同人格与不同人生取向所构成的色彩斑斓之美,终极指向的是和谐与宁静。

《论语》使用情感词并不多,有悦(说)、喜、乐、爱等阳性情感词,也有愠、怒、忿、憎、惧、耻等阴性情感词。《论语》第一句为:“学而时习之,不亦悦乎?”学习到一些新的知识,要时时温习,时时在生活中付诸实践。孔子所讲的新知识和我们今天学生学的数理化根本不同,数理化是高度发达的知识体系,要有坚韧好学的毅力才能完成,这期间并无孔子所说的喜悦可谈。孔子这里讲的新知识,充其量不过是《论语》里的一两句话而已,今天的我们如果读后还要不断对之温习与实践,是件无聊透顶的事,所以同样需要惊人的毅力。孔子时代的人学了《论语》中的一两句话后天天温习与实践,相当于大师杰作中无数片树叶,那些树叶的重复本身即有艺术节奏之美,而那一片片树叶个个不同,有其本身的宇宙仅存的唯一性。

虽然《论语》使用了不少情感词汇,但并没有创造出今天类似作品的情感深度与细微。与今天二级社会情感相比,原初社会情感更平面化、一般化,指向终极的宁静,只有生活在原初社会的人才能体会其美的魅力。

总之,原初社会中人们的心态、气质与情感是原初社会心理情感整体性的个体表达,是整个社会和谐美的一部分。二级社会中人们的心态、气质与情感是他们个人生活的一部分,与社会无关。在二级社会中,个人与社会发生冲突,需要双方调整,而这种冲突与调整在理性指导下,与美学无关。

(二) 从东西方对照看人类不同的心态、气质与情感

1. 内向与外向

这里把原初社会与二级社会,中国与西方,分别理解成内向与外向的对照。这里首先要指出,这是相比较而言。原初社会的人类生活也有内向与外向之分,只不过他们的外向不是二级社会层次上的个人冒险与闯荡,我们也不能说人类天生是内向的。我想,古代原初社会的人类生活更像今天一位不太成功的艺术家的生活,不成功使他无法深入周围的二级社会,但如果他物质生活无后顾之忧的话,他可以像庄子那样逍遥自在,沉浸在自己创造的艺术美之中。如果他从内心寻找创作灵感,他的艺术或者是抽象艺术,或者是凡·高式

的自我情感表达艺术;如果他从外界寻找创作灵感的话,他可以用人物、社会、自然景物作题材。这样的生活难以用内向与外向来概括。

笔者曾专门论述原初社会如何在二级社会面前没有自我防御的能力,以及高层次社会对下层次社会成员有类神世界的效应。[1,第Ⅸ,142－45页]亚当、夏娃偷吃禁果而被赶出伊甸乐园,他们的儿子们就开始互相残杀。这一圣经故事描绘了地中海文明如何由于地域与城市生活的限制、社区突然扩大而进入二级社会的混乱局面。这种不断的人命事件与混乱导致西方的改进与调整,导致二级社会层次个人活动空间的规划与建立。

中国历史不是这样,中国历史上社会分成上下分隔的不同层次,广大农村二十世纪五十年代末才最终告别准原初社会。结果,农村准原初社会的成员很少有机会面对成熟的二级社会政府。国门打开后接近原初社会思维的中国臣民有机会面对高度发达的西方二级社会,面对西方用枪炮作后盾送来的又便宜又好的洋商品,连同二级社会层次的冒险人生。

儒道大师孔孟、老庄规划好了避开二级社会的退隐生活道路与情趣。前文第十章提到刘子建认为,中国历史上自南宋以后转向内敛。[8]南宋与明清的大政方针就是内敛,与这种内敛国家的施政方针一致,中国发展了宋明理学,将大批知识分子导向心学与理学的半退隐生活方式。

这导致当代东西方生活志趣的不同。中国人出国,外国人也大量来到中国生活,使得中西方人有并肩工作与生活的可能,从而导致一个人所共知的结论:中国人的志趣更内向化,西方人的志趣更外向化。

2. 坚韧不拔与开拓创新

写到此处,我刚好骑自行车到城里图书馆看了一场电影:《为了一天的和平(Peace One Day)》。这个纪录片讲述英国人杰瑞米·吉尔利(1969—　)如何说服世界在每年有一天留给和平的故事。作为一位普通人,杰瑞米开始时是当演员,后来自制电影,主要摄制纪录片。由于经常看到战火与血腥中挣扎的妇女与儿童,在1999年他产生了一个想法:说服世界在每年都留出一天给和平,在9月21日这一天,不管多么神圣、多么重要的战争也要停下来。

此后,他长期奔跑于世界各地,在摄制反对战争的纪录片的同时,约会世界名人与各国政要首脑,也先后会见了联合国秘书长安南与潘基文,兜售他的想法。最后在2001年联合国大会通过决议,选定9月21日为国际和平日(International Day of Peace),并将这一天定为全球停火和非暴力日,要求所有国家与人民在这一天停止一切敌对行动。杰瑞米受到莫大鼓舞,此后专门投入反对战争与推动和平的工作。在他与许多其他人的努力下,阿富汗南部暴力冲突最密集的区域,在2007与2008年的9月21日这一天得以大部分停火,使国际医务人员顺利进入该地区,给当地儿童接种小儿麻痹疫苗。没有他们的努力,这种疫苗的接种原本是不可能的。

我觉得这件事正好显示上述小标题的含义:中国人坚韧不拔,西方人开拓创新。中国人自孔子开始做了两千多年的持续努力来推行和平,而西方人受即时事件的启发,而后走向世界去推行他们的想法。杰瑞米没有把他的和平日跟基督教耶稣联系起来。

中国人的这种坚韧不拔首先来自精英阶层,是集体的,而非个人,他们的灵感来自中国古老的传统,更具体地说,是中国主流文化儒道两家的思想与传统。某种程度上,这种传统可以被看作两千年坚韧不拔的持续努力。

从一个普通农民到管理一个庞大的帝国,这期间多么遥远,简直比徒步登天还难。中国历史上有两个朝代,汉与明,就是由一大群普通农民建立的。学者化的中国历史过分强调了刘邦、朱元璋的作用,实际上这是一个千百个精英与亿万农民一起的艰苦卓绝的追求过程,刘与朱不过牵个头而已。金一南写的《苦难辉煌》讲,毛泽东领导的中国共产党人革命过程也是如此。[4]近年来,学者们开始注意到毛泽东与中共所具有的传统文化成分。[9]笔者注意到:从洪秀全、康有为、孙中山,到毛泽东,全显示出儒家仁者胸怀与孔子均平社会思想影响。[2]

从上面杰瑞米的故事,我们可以看到现代西方人的开拓创新精神。杰瑞米代表成千上万的西方人,并非仅仅他自己。他们的创新灵感来自时代的公共精神,也就是市民精神,因为95%的西方人住在城市。杰瑞米提到,世界上一共有两亿五千万人听到过国际和平日的事,仅仅听到此事就导致这些人生活中的暴力发生率下降。杰瑞米的所为虽然仅仅是个人行为,但他却代表了社会中早已存在的某种思潮,作为一个时代政治符号之一,杰瑞米本人不过是这种社会思潮的集中表达。换个角度看,我们也可以把杰瑞米看作各种时代思想大潮中的一个弄潮儿。如果杰瑞米生活在两次世界大战期间(1914—1945),他很可能要建立一个世界参战日,这一天妇女、儿童连同老弱病残都来参战以换取和平。

上文提到,我到城市图书馆看有关杰瑞米的电影。这里补充说明:这一天正是9月21日,这场电影是专门为纪念国际和平日而放映的,算是这个城市在这一天举行的唯一纪念活动。电影放完之后,组织者带领所有来看电影的人集体为世界和平而静坐冥想一二十分钟，用以唤醒我们内心原有的和平之心。就是说，西方式的杰瑞米开拓创新最终要回到东方老庄、孔孟所提倡的人类仁慈之心。

参加者中有40%左右的人举手说，他们平时就经常静坐冥想，也就是中国道教的气功与佛教的禅坐。这是冷战过后，东方思想向西方涌进的滚滚大潮之一。由于我个人的局限，我仅仅知道一对印度夫妇，他们应联合国要求，几十年来走遍世界151个国家，教了数百万人静坐冥想这一东方古老艺术。本书导论一已经提到，印度古代就与中东文明有密切联系，印度人有西方高加索人的血统，从广义上讲，东西文化对比中的"东"，仅仅指中国而已。

3. 喜剧精神与悲剧情怀

古希腊高贵的悲剧思想与古罗马帝国征服者的英雄气概以及基督教悲天悯人的救世胸怀，都能使人们在苦难面前展现自我克制与牺牲的高超气节，有化逆境为甘甜的心理效果。就是说，西方正视二级社会非人的一面，不仅让他们在历史上不断改善二级社会的人类生存条件，而且发展了一套应对二级社会悲惨现实的心理学措施。像基督教以大慈大悲的上帝为中心组成兄弟姐妹相称的社区，就是抵御人间不幸的有效办法之一。

从古希腊到中世纪的莎士比亚，一直到近代，西方舞台艺术的一个重要部分就是古希腊式的悲剧。由于近年来为各种现代、后现代艺术思潮所冲击，表演艺术的悲剧成分大大减少。这犹如中国的《水浒》《红楼梦》故事深入人心，进入中小学教科书与普通人的日常语言一样，其影响是不会在短时间内消失的。加拿大安大略省有一个名叫斯特拉弗特(Stradford)的小城市，以长年演出莎士比亚剧作著称，剧院舞台保留莎士比亚时代的样式与风格。我开车到那里看过好几次演出，每次观众都有数千人之多。与《水浒》《红楼梦》故事不同，西方悲剧是一个两千多年的表演艺术传统，所以悲剧故事的来源众多，并且展示的是人类日常生活的悲剧性，与今天的普通人心理容易沟通。那些仅仅在中小学教科书上读过古希腊与莎士比亚悲剧故事的人，尽管身心淹没在今天网络视频的海洋中，当在生活中遇到悲剧事件时，他们可能不知不觉地仍受那些幼年时读到的悲剧故事的影响。

中国汉、明两朝为普通人所建立，中国历史把刘邦韩信们一样演绎成帝王将相的故事，仅仅从帝王世袭与朝代兴衰的视角看问题。我觉得，韩信无论如何是一个比刘邦高大得多的悲剧形象，中国历史上的文人墨客并没有把这样更反映社会生活真实的韩信的高大形象树立在中国人面前。从个人角度看待

社会生活的是《红楼梦》,它向读者传达的是佛道厌世出家的思想,与西方悲剧精神赞美悲剧主角的高大悲壮的人格不同,中国悲剧的主角以解脱结尾,即一笑了之。我这里称之为喜剧精神,与西方传统的悲剧情怀相对。

接上一部分的话题来说,英国人杰瑞米在整个世界上闯荡,拍摄到人间暴力下的种种苦难镜头,以悲剧的情怀呼喊和平,而最终要静坐冥想来回到我们内心深处的和平源头。中国人从老庄、孔孟的原初社会视角出发,以内心深处的呼喊为动力,创建汉、明两朝的普通人的艰苦卓绝,换来的却是一模一样的二级社会残酷现实,只能自我解脱,一笑了之了。

4. 情感与理性

我这里从情感与理性这一对概念来论述东西方的不同,以求给普通读者一个更清晰的印象。本书两章导论部分指出,原初社会秩序是美学的,建立在人类情感之上,人类文明建立的二级社会是理性的。由二级社会开始的西方社会强调理性与开拓创新,反过来以这种生活的理性指导来强奸人类情感,用悲剧人格把人类情感导向进一步的开拓创新。中国开始于原初社会,从人类情感出发面对二级社会非人性的现实,产生坚韧不拔与喜剧精神这种理性化的情感出路。即:西方以理性强奸情感,中国以情感强奸理性。

阶级理论来自西方,代表一种社会理性。正由于马克思主义阶级理论的威力,西方此后的工人运动迫使西方政治作了重要调整。我出国多年才认识到,西方所谓民主、自由与人权,对像我这样的一个普通人来说,仅仅意味着:生活中不能说得罪任何阶级与任何个人的话。不能说黑人不好,也不能说穷人不好。这也是西方民主中选民所付的代价,有人在议会里替你说话,你不能自己再随便说话了。社会上的名人是唯一的例外,因为他们是公众人物,在咖啡馆里说他们一两句坏话,没有人在意。

所以西方面对阶级理论的政治调整,正是用实用理性强奸所谓阶级情感,不让其表达。这种强奸背后的理性为:不能让阶级差别导致阶级冲突。

中国的"文革"正是用阶级感情强奸理性,因为与中国传统思想合拍,这种用阶级感情强奸理性的现象不会在短时间内消失的:中国社会生活容忍得罪其他社会群体(即阶级)的话语。赵本山带领他的团队于2007年到美国巡回演出,在当地华侨中有一个普遍的议论:他的小品演出毫无顾忌地丑化某些社会群体,在美国可以告他一个诽谤罪。

孔子显然从儒家知识分子群体的情感出发说过得罪当时从政之人与庶人群体的话。另一方面,孔子说过"自吾得由,恶言不闻于耳",又有贤者"辟色、辟言”的说法，说明孔子也经常听到刺耳的话。（史记·仲尼弟子列传；论语，14:39）这种刺耳话并不带有二级社会的阶级情感，就像家人之间的过头话一样。

孔子生活在原初社会体系，并且有上下分隔制度。现代通信技术把所有人都带到一个共同话语圈的时代，当作别论。本书结语部分展示：中国农村准原初社会的普通人员缺乏对二级社会不同人群的憎恨情感，除非某种来自二级社会力量的鼓动。

因为政治制度的不同，中西方政治人物讲话差别较大，这里不做比较。从我接触的中国与西方当代普通人看，西方人站在自己所属社会群体（阶级）的主场讲话时，更理性，二级社会的方向性要求更明确，缺乏情感性；中国人更情感化，对二级社会向何方向发展才符合自己群体（阶级）利益，没有清楚的认识。如果以中国二十世纪五十年代以前的普通农民来看，二者同样偏离了原初社会意识形态：原初社会既没有二级社会的方向性要求，又没有对二级社会不同群体（阶级）情感憎恨。

（三）打开国门才看到中国人心理气质方面的短处

这里打一个比喻来概括上面讲的东西方心理气质的不同：原初社会由女性当家，二级社会由男性开拓。中国人像是一只用身体抵住倒下来的树枝来保护自己孩子的雌性黑猩猩；西方像是一只雄性黑猩猩到野林探险猎到难得食物，回来与众猩猩分享。二者说不上谁优谁劣，把他们交换位置就会显示各自的弱点。

现今世界是西方雄性黑猩猩野林开拓的结果，对不同的民族来说，尤其像中国这样闭关自守而自有一套办法的民族，进入西方披荆斩棘而开拓的现代世界，能分享的只是一颗苦果。

现在打开国门，等于进入西方开拓建立的世界，展示中国人心理气质的弱点，西方人当然用不着全都跑到中国来体验生活，但如果后现代世界的走向倾向于中国传统生活的话，时代就会开始彰显西方人心理气质的弱点。以下用个人经历阐述这一点。

我是二十个世纪下半叶的1979年到英国留学的，后来又到美国，然后到加拿大。比较这三个国家医院雇员的工作态度：美国人最努力，加拿大人最懒，英国人居中。即使最懒的加拿大人，与我1979年前工作的医院相比，也有天壤之别。大概由于受无政府主义的影响吧，当时的中国很多人可以上着班回家捅炉子，甚至溜出医院买菜。我与妻子多年被评为先进工作者，我俩都是老好人式的先进,既尊重领导,又不与任何人闹矛盾。出国后,我跟国内人多次说起:(国外)那里的人,个个是我们那样老好人式先进工作者。我妻子到美国一年多就说:白人说话做事,有原则,有水平。加拿大的中国人经常说,加拿大是个半社会主义国家。我的知识阅历不足以让我作任何推断,只能让我作如下猜测:加拿大的半社会主义性质或许与我在本书导论一讲的微型"文化大革命"有关。

出国多年,少不了与科室同事出去在饭馆里吃饭,十几个人围着一个大长桌子坐着,说说笑笑。我们几无例外地实行 AA 制,各点各的菜,各付各的钱。每次我都暗暗吃惊:十几个人中,就连那些个子比我小得多的妇女们,也个个比我饭量大得多。在这种压力下,我回回都尽量多点饭菜,走时一看:只有我一个人剩下小半盘食物在那里,而别人个个都吃得干干净净。与这样外出吃饭相反,在每天的咖啡桌上,我是唯一一个在咖啡杯里加糖的人,其他人个个使用糖精。在医院咖啡桌上,糖与糖精都是用免费的小袋装好的。我仔细阅读过糖精袋外的说明:是为限制热量摄入的糖代替品,本品为致癌物质。

记得前些年,上海人第一次组团来美国旅游,回国前在洛杉矶接受美国记者采访,美国记者问他们在美国各大城市旅游后的感想。一位上海年轻女子说一口流利英语,她说了两点印象:一是,这里的唐人街不像她出国前的印象——又漂亮、又现代,看后才知道它们与周围相比是又脏又乱的地方;二是,这里的个人饮食卫生较差,胖子很多。

我哥哥嫂子第一次来加拿大旅游时,也把大街上不时走过的胖子当成一大景观欣赏,他们会远远地站着,注视良久,说:一辈子也没有见过这么多、这么胖的人。

我在 1997 年至 2000 年因长年半夜骚扰电话而病休期间,在有关治疗下,我的食欲才增加到与白人相当的水平,此后不再变回去。这是我自 1957 年离家上学、工作一直吃食堂、吃定量养成的饮食习惯,前后维持了四十余年。从 1957 年到 1979 年这 22 年中,我每月定量为 30 斤上下。记得我每次回家吃饭时,母亲总催促我多吃。在我说自己已经吃饱时,母亲说:"一辈子没有吃过饱饭,就不知道什么是饱!"现在,我才知道,我母亲是对的。等我食欲恢复所谓正常以后,我也同这里的白人一样想法限制饮食,到咖啡店喝茶时,也添加无热量的糖代替品,不过这时的糖代替品已经不是糖精,没有致癌的副作用。

近几年来,医学界开始鼓吹节食以利健康的理论,说每日食量砍下 30% 之后精力会更充沛,身体感觉更良好。我试过,果然如此。当然,这是针对这里的人讲的,粮食定量时代的中国人食量已经砍下30%了。

在加拿大到处可以看到松鼠与野鹿,因为道家鼓吹以婴儿与动物为生活的榜样,我即花一定时间仔细观察它们的生活。它们显然比现代人类更接近道家理想:玩要而不工作。它们的身体均匀一致:个个不胖也不瘦。在进入现代化的世界里,我们找不到与它们可以相比的人类。我后来看到生活在南美亚马孙原始森林里的原始人类的录像,他们不穿衣服,黝黑的身体均匀一致,个个不胖也不瘦。它们与他们的身材要比我们当代生活的人类平均身材瘦10%—20%的样子,也就相当于近年来医学界鼓吹的节食健康措施所要求的。

回过头来再谈谈我随医院科室同事外出吃饭的事,另一个使我惊叹不已的事是,他们边吃边赞叹食物的美味,我回国对家人说:"外国人手拿一片破菜叶子,还一边往嘴里塞一边赞叹不已,说:'好吃好吃!'"

我所观察的松鼠与野鹿正好相反:在它们来说,遍地是食物,它们花一小部分时间来寻找食物,它们显然是在食物世界里寻找美食,所以它们寻找食物一定如同我们娱乐活动一样,是一种生活的享受。我经常看到松鼠找到一个食物后,先左看右看,然后扔掉不食。达尔文物竞天择的理论只说对了一半,另一半应是:生物竞争的动力不是人类式的生存竞争,而是由先天决定的享受生活的动力。当生活本身不再是一种享受时,动物失去生活的动力,只有文明后的人类才认识到坚韧不拔而活下去的价值。

结论:与中国人相比,西方人离天然之人更远,更接近二级社会的"人为之人"。在西方文化灌输下形成的这种"人为之人"的主体意识引导下,自由放荡,忘记我们生来即有的饮食与生活习惯,随食欲大增,身体活动减少,不利健康;同时又在工作场合过分约束自己,这样有利于工作效率与社会财富积累,当然也有利于战争。前者由个人控制,后者由社会控制。

(四)世界走向即将展示中国人心理气质的不朽魅力

本书导论二部分专门论述:五千年人类文明史是一个伴随阶级分化与社会等级化的战争不断升级史,在战争面前的生死压力下,帝国在面积扩大的同时伴有文化的繁荣与众多天才的涌现。

作为一部不断升级的战争史,文明人类从部落、村庄之间的暴力冲突发展到邦国之间的征战,再发展到国家联盟之间的战争。卷入战争的人数在人类文明史上也是一个不断增加的过程,由数人,数十人,数百人,数千人,数万人,以至上亿人。这种逐渐升级的战争,有一个极限,就是整个人类世界分成两大营垒来进行战争,这就是二十世纪两次世界大战及其后来的冷战时代。如果这成为整个人类历史上的战争高峰,此后战争可能从人类世界中逐渐消亡,回到史前水平。

当战争进行时,人们不得不努力工作与奋斗,以求存活。这种奋发求存的思想也是社会上竞争体制的基础。和平时期,人们倾向于享受生活,使人性能够无遮拦地、无选择地全部展现,并非仅仅战争时需要纪律、拼搏与残忍。从婴儿潮,到 X 代,到 Y 代,人们越来越放松,越来越远离身外远大目标的追求,越来越看重个人的自由与幸福。人们也越来越看轻外在世界的纷繁,越来越看重内在精神世界的安宁。

以文艺复兴开始的西方现代文化,是以财富积累为标志的资本主义体系,或可称为财富建造文化。财富建造文化擅长经济,擅长科技,但经济与科技的突飞猛进给人类带来的是方便与舒服,并非人们梦寐以求的幸福。恰恰相反,经济与科技的进步仍以奋发求存的竞争体制为基础,常常是以牺牲幸福为代价的,如加拿大的自杀率在二十世纪增长了一倍。财富建造文化需要资源,同时排放废物,造成环境污染。资源与环境都已逼近竭尽的终点。财富建造文化已经走到尽头,我们需要新的文化,新的生活观。

第二次世界大战后建立的联合国给世界各国磋商与妥协提供了一个平台,这与产生道家哲学的春秋时代以及春秋以前的中国政治形势近似,有一个所知世界里的超级王朝,这一王朝并没有号令诸侯的绝对权力,但却在维护和平上起绝对作用。另外,先进的通信技术与快速交通已使我们的世界变小,成为一个地球村。世界人民像是住在一个村庄里的居民,也就更有和平的理由。

无可辩驳,人类世界已经进入一个新的时代,一个人类从未经历过的时代。笔者曾论证说,“我们已经进入一个崭新的时代,世界上业已涌现出向中华道学理想靠拢的文化走向”[10]。在 1997 年至 2000 年间我病休时,我在研读中华道学的同时,参加了本城市内各种所谓“新时代运动”的各种活动与讲座。维基百科这样介绍“新时代运动”这一条目:

> 新时代运动(new age movement),是一种去中心化的社会现象,起源于 1970 年至 1980 年西方的社会与宗教运动。新时代运动所涉及的层面极广,涵盖了灵性、神秘学、替代疗法,并吸收世界各个宗教的元素以及环境保护主义。它对于培养精神层面的事物采取了较为折中且个人化的途径,排拒主流的观念。另外,自我心灵(self-spiritu-

ality)、新心灵(new spirituality)以及身-心-灵(mind-body-spirit)等词汇指的都是新时代运动思想。“文化创造(cultural creative)”与“新范型(new paradigm)”也都是新时代运动的用语。

作为一个人人都可以随便参加而又没有固定组织形式的世界性社会运动,会有各种人员与思想加入,但就其主流思想,我认为与中华道学十分相近,即世界向中华道学理想靠拢的文化走向的又一表现。比方说,上述维基百科列出的新时代运动的主要概念,诸如万物归一(all is one)、一切都有神性(all is God)、人性即是神(humanity is God),即反对西方基督教传统的人格神传统,而与道家的道的概念相接近,读者可以参阅本书第六章。新时代所提倡的生活格调也与道家相同:乐观向上而又从世俗社会退隐到自己的小天地里,即基于个人心理感受的世界观。

老庄与孔孟学说都同样基于夏商周三代时期的原初社会式超级大国,从不同层面来概括一个相同的社会生活方式,所以人类所面临的新时代首先要向孔孟所描绘的理想社会靠拢。

五、与中国对照,西方忽视原初社会的历史负担

欧洲文明起源于古希腊传统与犹太的宗教文化,从一开始就是你争我夺的二级社会,这限制了他们对原初社会的认识。柏拉图认为古希腊不同城邦的众多的二级社会形式背后有一个统一的理想国,一个统一的社会形式。他的理想国显然是二级社会,要求统治者没有家庭。这一传统长期限制了欧洲人对原初社会的认识,从另一方面漠视了原初社会与二级社会的区别。

(一) 罗马帝国被落后的日耳曼族攻破,但日耳曼人仅仅在意于罗马的财富,没有重建帝国社会秩序的意思,从而使欧洲长期陷于混乱。这是西方历史向原初社会的回归,但并非重新建立原初社会,而是社会生活更接近原初社会。

(二) 基督教在罗马帝国晚期流行,并成为罗马帝国的国教,又在中世纪向整个欧洲流行开来,同样是西方文明漠视原初社会存在的一种弥补。耶稣本人系穷苦劳动人民出身,生活在基层人民社区,传教后的早期基督教组织也主要在穷苦劳动人民中间传播,所以早期的基督教团过的是共产式生活。此后基督教继承这一传统,成为基层社会生活的组织者。这种强调上帝面前人人平等的宗教式社区生活,最大限度地接近原初社会。另外,基督教徒每星期在教堂的集体宗教活动,也弥补了人类对原初社会心理情感整体性的需要。

(三)欧洲历史是一部战争升级史,直至两次世界大战,这与欧洲文明对原初社会的漠视直接有关,因为他们忘掉了天然人性,才任凭二级社会走向以人类自己为敌的道路。

笔者曾写道:“当人类知道如何向邻居发动战争而获取额外利益时,人类世界就开始了军事竞赛,战争的胜利者永远是那些最军事化而又装备良好的社会群体,也是那些脱离人性制约的文化。这时,人类面临的挑战既不是物理的,也不是社会的,而是一个人类从来没有面临过的,不断增长与升级的充满敌意的人类自己。汤恩比说:‘人类面对群虎而毫无防御能力时的存活机率远比现在面对自己而毫无防御能力时大。’”[7]

在原初社会人类面临的挑战是自己生活的物理环境,同其他生物一样,这种物理环境对人类进化的压力是很有限的,所以现代智人二十万年来在生物学上并无多大进展。文化进化虽然步伐要快得多,但也只有等到人类在二级社会中以自己为敌、面对比群虎强大无数倍的挑战时,文化才急剧进展。

(四)现代财富积累文化有根本上的错误,人类成为资本与财富的奴隶,也与欧洲文明对原初社会的漠视有关。

在人类历史上,战争的不断升级需要财富的支持,财富积累文化开始大行其道,当然财富积累文化走向冲突也是战争升级的原因。在当今冷战时代过后,战争明显在衰落,财富积累文化的非理性成分也就为人所注意,世界人民普遍开始注意生活质量与幸福感的高低,而非物质占有而已。

(五)东西方生活态度对比更加突出地显示西方漠视原初社会的历史负担。

上文曾提到:西方人在餐桌上大吃大喝,然后在咖啡桌上不用糖而用致癌的糖精一事,而中国人在二十世纪八十年代开放之前长期吃定量,其食量大致相当于有利健康的天然食粮量。即西方放弃了人类生来即有的天然自我约束能力。

我八十年代末刚到美国时,一位同学有华侨亲属在那里。从他那里,我第一次听到“借钱浪费”有利于经济发展的理论。这理论倒过来讲就成了:经济发展是为了借钱浪费。这里的浪费标准要请南美热带森林里的原始部落人来制定。

现在美国、加拿大政府借债都是天文数字,对个人借钱也大开方便之门。那里人们的生活口号是:拼命工作,拼命玩!玩命地赚钱,玩命地花钱!

与我同住一栋楼的一位房客,有三四十岁,他对我说:他祖父从来没有上班工作过,他父亲从来没有上班工作过,所以他无论如何不能上班工作。这位男人却活得十分潇洒:开着汽车在美国、加拿大到处闲逛。我估计:他依靠政府救济，但也偶尔做一些零工。他做工时无拘无束，并不在意雇主满意与否，也不在意那几个钱。所以他的工作更像是一种消遣，是长期不工作后的变变花样而已。所以美国、加拿大有两种人，一种是拼命工作、拼命玩的人，一种是只玩不工作的人，前一种是多数人，后一种为少数。我的房客是后一种，是对主流社会生活不适应的人。

我觉得，在1979年前中国农民生活在美国、加拿大这两种人的中间。在那里，人人都劳动，但劳动并不累，虽说不上是一种娱乐，但离拼命、玩命还很远。

在西方带动下，这种与老子、孔子无为而治正好相反的人生取向，走了汤恩比所说"人类自我为敌"的道路。按达尔文"自然竞争，适者生存"的理论，在一群猛虎面前生存下来的人类，个个头脑灵活、体格健壮，是遗传的优秀者。在人类自我为敌的西方战争文明下生存下来的，个个是脱离人生本性的人造之人，这种适应战争与竞争的人造之人也正是西方忽视原初社会的历史负担。

参考文献：

[1]　李柚声(2006)：中华道学的一个新解释。加拿大伦敦：道学康复中心。第272－273页。

[2]　柚声(2012)：从宋襄公坚守作战规则而败于楚来看东西方战争文化的不同。学灯，24期。

[3]　刘宝才，钱逊，周苏平(2001)：中国历史：先秦卷。北京：高等教育出版社。

[4]　金一南(2009)：苦难辉煌。华艺出版社。

[5]　李英华(2004)：圣王与哲学王：先秦古希腊关于理想统治者问题比较。自《中西政治思想比较论稿》，海南出版社，2004。

[6]　巴克，厄奈斯特(2003)：希腊政治理论。卢华萍译。长春：吉林人民出版社。第491－492页。

[7]　柚声(2008)：审视东西文化差异的一个新视角。《学灯》第7期。(http://taoism21cen.com/Chinesechat/wenzhang11.html)。

[8]　James T. C. Liu(1989)：China Turning Inward：Intellectual-Political Changes in the Early Twelfth Century. Harvard University Press，1989.

[9]　萧武(2013)：毛泽东与传统。经略，第28期。(http://www.zhongguosixiang.com/their/2013/0714/1478.shtml)

[10]　李柚声(2009)：换个角度看人生，看世界：21世纪中华道学。北京：线装书局。第236页。

结语 (上)

中国农村准原初社会的人生生活(叙事部分)

摘　要:笔者以自己的父母、祖父母在中国北方农村度过的人生以及个人在贵州边远山区的生活经历来展示原初社会生活的美好与魅力。

一、导言:我年轻时在边远山区的日子

不久前在报纸上读到一则新闻,说动物园饲养员看到有趣的一幕:他用切好的肉喂食一条幼虎时,一只小老鼠跑过来,大大方方地挑拣一块大小合适的肉块拖到一边独自享受。等老虎吃完到处寻找有无剩余时,发现了旁边的老鼠。对这只老虎来说,又肥又嫩的老鼠实在是一颗甜美的巧克力,完全可以一口吞下去。可这只老虎却要遵循动物王国的社会规则,用它的前爪轻轻推了一下那只老鼠,意思说:您吃的肉是我的!不想那老鼠勃然大怒,瞪眼睛,吹胡子,摆出一副战斗姿态,意思说:我吃了一半的肉怎么会是你的?要来跟我斗一斗吗?两只动物如此对垒许久,那老鼠毫无退却的意思,最后还是老虎退让,离开现场了事。

动物学家说,野兽就是这样用眼神与姿态相互威慑,或者叫作动物语言。如果面对猛兽的一方逃跑的话,就会被捕杀,像人类原初社会一样:面对面很重要。我这里称之为情感交流,即使

对方知道自己的感受与处境。那老鼠是困兽犹斗,那老虎却处境优越得多,一只老鼠不过是牙缝里的一丝食物罢了。我一生中也有一次处在那小老鼠的位置,虽然没有小老鼠困兽犹斗的姿态,却同样感谢猛兽的自动退却。

二十世纪七十年代初,我成为中国西南所谓“大三线”的边区工业建设的一分子,好在我在医院工作,在“文化大革命”中,医院是少有的从来不停工停产的行业之一。我当时住在单身宿舍楼,两层,用水在楼下,公共厕所在楼外十来米的地方,中间有一条水泥小道连接,而小道旁边是一小片玉米地。玉米地过去是一大片方圆百十米的荒草地。一天半夜,我独自出来解手,走在那条小道上,我突然看到黝黑的玉米地里,在一两米外,有一双发着荧光的眼睛在向我行走的小道走来。我当时脑子还没有来得及作任何思想,只是下意识地停下来,注视着那双炯炯发光的眼睛。在我停下来的那一刻,那双眼睛也停下来了。这双方停顿注视的时间最多在一两秒之内,才使我了无任何思绪的可能:那双眼睛立即消失,而随之是动物跑过那片野草地的呼啸之声。今天想起这件事,我耳边还能听到那闪电般的呼啸之声,百余米的草地,那动物最多用了两三秒钟时间:那是一只当地偶尔出现的豹子——只有豹子才如此神速。

如果说“文化大革命”前五年还有点理想色彩,在革命激情下还轰轰烈烈、有声有色的话,此后五年“文革”就有点名存实亡了,地方政权对上面的“文革”推动敷衍了事。连家属一共二百来人的医院与其职工宿舍楼建在同一大院内,而院外山沟住的是农民。农民的穿着被说成是明朝传下来的,他们不知道有清朝,更不知道什么国民党、共产党了。从他们压根没有女人裹脚的传统看,我以为时间记忆还要早:他们可能开天辟地以来就这样生活下来,并不知晓头上政府的变迁。在这样闭塞的山区,再加上“文化革命”后期的松懈气氛,我们医院里很有一些原初社会生活姿态:谁家晚上夫妻吵架或打了孩子,第二天上班时便成了所有人的谈话资料;工作如此随便,很多人上着班就回家捅炉子、外出买菜了——附近农民专门到医院旁边做这种生意。

作为普通群众,我们很是悠闲无事了几年。那时医院的医生们多是北京、上海等城市来的三十岁左右的年轻人,或未婚,或婚后分居,所以我们仍住四个人一个房间的集体宿舍。我们住在二楼,夏天晚饭后,我们就全都在门前的长长凉台上休息:每个人都把自己的椅子拖出来,背靠着墙,把脚跷到凉台边上的水泥栏杆上,夏日长夜,一坐就几个小时,也没有茶与饮料的想法,甚至聊天也不多,就在那里静静地坐着,心态宁静得像那远处的山影,凝重而悠然。

后来改革开放,就开始人生的繁忙与奔波了。退休后才了解到那时的宁静心态多么可贵,再想回到那种心态有多么困难:生活在二级社会的人是很难回到原初社会的,尽管我们当时的社会生活仅仅与原初社会有些相似罢了。我年幼时在北方农村的生活更接近原初社会的生活格调,对我的记忆来说,更具有迷人魅力与悠远的神秘韵味。

上文第十一章中提到所谓新世代运动,其一即追求所谓"了无思绪的清醒状态"。我曾经认真修炼了一段时间,这种"了无思绪的清醒状态"对我来说,实在如同如登喜马拉雅山顶一样,绝非易事。

本文第六章提到,"农村妇女几乎终生生活在家族之内,对家族外的事一无所知"。我的母亲和祖母就是这样。等二十世纪五十年代末中国农村进入二级社会后,家庭又为她们缓冲出一个近似原初社会的小圈子,她们用不着去了解政治走向与时髦口号。生活在中国农村准原初社会的男人们,少数得以进入二级社会,获得二级社会的眼界。即使这些人,也并不是所有的人都能摆脱原初社会生活的影响,尤其是那些中年之后才进入二级社会的人。我的父亲与祖父就是这样的人。

下文从我母亲、祖母、父亲、祖父的人生来展示原初社会的魅力,从他们身上,我们更能体会到孔子仁学的原意。在文化造人的人造二级社会面前,人类天性表现出坚韧不拔与无声的抵抗。这种抵抗没有形成语言的表达,在无声中却表现出惊人的顽强与强大有力。这也是本章上半部分以叙事为主的考虑,因为这种人类天性的抵抗仅仅表现在人生经历本身之内,没有语言表达。

二、通往宇宙深层的宁静之心:我母亲与祖母以及她们的人生经历

中国农村生活更接近道家、儒家原初社会的理想,笔者认为二十世纪五十年代的中国农民仍生活在家族相对完整准原初社会中。笔者回忆自己的母亲、祖母以及自己的父亲、祖父的人生,将他们与我们同代更加城市化的人相比,显示原初社会更接近人性的本能,拥有为人所忽视的长处与永恒魅力。

图六　作者的祖母与祖父遗像

2007 年 9 月 25 日晚饭桌旁,笔者的母亲突然瘫倒在她的座位上失去知觉,昏迷三天后,在她的第九十三个生日那天离开人间。冀中平原气候偶然有秋旱,使冬小麦无法播种。当地农民一直担心这一年的冬小麦播种,因为入秋以来滴雨未下。几乎就在我母亲去世之时,天降甘露,开始了阴雨天气,这雨连下数天。在母亲出殡那天却滴雨未落,但仍整天阴沉,农田仍湿漉漉的无法进入,但在长满了草的坟地上举行丧礼却并无任何不便。

当地习惯要求:无论农活多么忙,农民都得停下来参加丧礼;天气无论如何恶劣,丧礼也要按时举行。在我母亲的丧礼上,我听到人们议论说:多么好心的一位老太太呀! 即使在升天之时,也不忘给我们带来这长久盼望的雨水,又不愿耽误任何人的任何农活。

这些话用来概括我母亲与祖母的一生,恰如其分,并无夸张修饰之嫌。西方人中流行的宁静祈祷词说:"上帝赋予我接受自己不能改变的事情的宁静心态,改变自己所能改变的事情的勇气,上帝也同时赋予我分辨这两类不同事情的智慧。"

笔者的母亲与祖母传承了中国传统文化的智慧,这种智慧也是中国农村准原初社会人类的智慧,她们很大程度上将自己的眼界限制在原初社会的层面:家族邻里与亲戚朋友。因为世代住在一个地区,所有邻村人都会有某种亲戚关系,只是远近不同而已:农村所谓朋友是保持亲密关系的血缘关系较远的亲戚,与城市相比,这样的朋友关系更稳定,一般保持终生友好。在这种家族亲朋的准原初社会圈子里,只要依据原初社会头人政治的策略就行了:依从众人意愿与说服不同意见的人。据我观察,我母亲和祖母把二级社会层面的事看作与天气变化一样,她们没有能力改变,都是来自彼岸异土的力量。在我们现代二级社会的人看来,她们能以惊人的宁静心态接受一生中来到她们生活中的一切事物。她们一生中没有跟任何人争吵过,也没有顶撞过任何人,她们只知道以慈善之心对待周围人,时时刻刻准备谦让他人,成全他人。结果,无论在物质上还是精神上,她们的一生都过得不错,在一般人之上。

中国人的生活在过去的二十来年中,有了显著的改善。每次回家,我母亲都不停地表达她对个人生活的满意,说:"我的命真不错,有这样一个好的晚年!"至于什么是"好",她说:"不愁吃,不愁穿,就是好!"

其实,即使在二十世纪六十年代的三年困难时期,我看到过我父亲发愁一家老小的糊口问题,但我从来没有观察到我母亲祖母流露过一丝一毫的发愁的表情。她们仍沉浸在那无边无际的宁静心态之中。

巧妇难为无米之炊,讲的是大家闺秀。在我母亲祖母,则易如反掌。树叶野菜,甚至玉米核、千穗谷秆,在她们手中都会变成可口的饭食。而这些材料在农村是取之不尽、用之不竭的。

我当时在上中学,写了一篇自以为很得意的文章——《千穗谷赞》。千穗谷是一种房前宅后都可以生长的植物,宽大的叶子,顶端长出许多小穗,结出的谷粒有黏性,很好吃。方便之处在于,那大叶子既可做蔬菜来炒菜用,也可充当主食。剁碎后撒上些千穗谷粒,或者其他米面,蒸熟后就是一家人的一顿饭食。被说成原始而富裕的南非昆桑人在困难时也不过如此。

当地农民自古以来用一口大锅给一家人做饭:锅底部用来做稀饭,中间放上笼屉蒸馒头,上边锅沿即用来做锅贴之类。因为一度吃食堂,锅被用来大炼钢铁了。我父亲在屋里挖洞,藏了一口大锅。后来使用时才知道,锅底已经有了一个洞,当时补锅等手工业者全被转化成农民了,所以有洞的锅也得将就着用。

母亲祖母要用面团把那小洞堵住后做饭,这样的面团补锅法要每顿饭都要重新补一次。糟糕的是,这种面团被火烧烤后,裂开脱落,稀饭漏出来,把整个煤火熄灭,以致浓烟滚滚。

我母亲祖母要把锅里的半熟的馒头饭菜拿出来,重新用面团补锅,重新加水做稀饭。又缺引火柴,又缺火柴,灶里已经有了水,煤变得更加难点燃。

我家是一个四合院的大院子,现在回忆起来才知道:那是我一生见到的最大、最浓的炊烟,笼罩整个院子与四周的房屋。在那滚滚浓烟源头,坐着她们婆媳二人:头上落满烟灰,烟燎泪痕,直流到下巴,一手拿着引火柴,一手拿着火柴,一次又一次去点。

要换上现代人,早就把锅也砸了,房子也点着火烧掉了,豁着命也要到总统等官员家去讨饭吃。而我母亲和祖母却还没有失去她们那宁静的心态。在那些年月里,我多次看到整个院子在做饭时间这样为浓烟笼罩。无论是当时,还是过后,我母亲和祖母在我面前,从来没有流露过一丝一毫的怨恨之心。

我祖母生于1882年,在1967年去世。我母亲与我祖母在一起生活三十余年,其中有大约十年,她们婆媳是家里唯一的成年人,其余是三五个孩子,其艰难困苦之情可知。抗日战争时期,她俩人经常要携带孩子到野地躲藏,有时要躲藏好几天。她们要管好孩子,不让他们暴露目标,否则就有被岗楼日本兵一枪打死的可能。

直到二十世纪五十年代末,商业化与政治下乡改变农村生活之前,母亲和祖母与其他农村妇女一样,担当以下家务:① 看管喂养一只牛、一只猪、十几只鸡。② 给全家七八口人准备一日三餐,但要从把粮食磨成面开始。③ 给全家人准备四季替换的衣服,但要从把棉花纺成线开始。④ 保持自家屋子与院子的整洁。

中国传统农村的男女分界:男人的世界是家庭院子之外,屋里院内是女人们的天下,她们的活不少,但也有权作决定。一般说来,女人做什么饭,男人就得吃什么饭;女人做什么衣服,男人就得穿什么衣服。男人抱怨自己女人做的衣服和饭菜,在中国农村,并不是一件光彩的事。偶尔农忙时,男人来不及回来吃午饭,女人负责下地送饭。如果她们乐意,她们也可以到地里采摘蔬菜回家做饭,否则这些也是男人的活。本书第一章末尾提到:包括孔子时代的夏商周现代时期的男女也同样平等,是缺乏社会权威的必然结果。

每天等饭后男人们都下地了,做下一顿饭的时间还未到,女人们便经常凑在一起,坐在院子里,一边聊天,一边做各自的针线。这种集会,男人是不好参与的,但孩子例外。在男人与女人的分界中,孩子属于女人一边。由于这一原因,我得以听过她们无数次在这种场合的聊天。无一例外,她们的谈话有关小区家庭生活的闲闻。她们聊天以为娱乐,所以经常笑,但她们最多是格格地笑,没有大笑失态的情况。她们不说超越事实的瞎话,也不说与传统道德抵触的话。以现代人之心考虑,她们完全可以离开事实与传统道德的束缚,像庄子那样任凭幻想的驰骋,没有人监督她们。庄子是面对二级社会的人,生活在准原初社会的中国农村妇女似乎没有这种心理要求。她们的生活,连同她们的聊天,是她们无限宁静心态的一部分。

中国传统要求儿媳妇顺从婆婆,但我祖母不是一个喜欢指挥别人的人。尽管我母亲和祖母都不是心胸开阔的外向人格,但她们是完全不同类型的人。二十世纪三十年代,政府在全国推行禁止女人裹脚的运动。我母亲祖母都是小脚,她们对这一运动的态度不同。母亲加入当时农村人口的大多数,极力反对,说:“孙文啊,你为什么不多花点时间把你自己的老婆管管好,少管别人家的老婆女儿的事?”这话表明,当时的农民还不知道孙中山早已在十年前去世了。

我祖母听到这消息后却非常高兴地说:“这真是个好主意。这样一来,男人到什么地方,女人也可以到什么地方了。”

祖母是一个有天赋的人,可惜没有上过任何学。她生来就有一个比别人更清醒的头脑。正由于此,过同样的生活,她比母亲多流了很多泪。但我没有看见她们哭出声过。

祖母是一位自学成才的书画家,还会写诗。我刚上小学时,她给我背诵她的诗,我听不懂。但她的诗听起来,没有一点民歌味道,很像文人写的七言格律诗。一次,有人用猎枪在河里打死一只不认识的鸟,跑十几里路来请我祖母把这只死鸟画下来。之后用我祖母的画图,到处去询问,最后得知这是一只鸳鸯。

祖母还根据自己的理解与认识,养成终生不虐待动物、不浪费水的习惯,并不断向周围儿童宣传、解释为什么要这样做。她终生不吃牛肉,说牛吃草干重活,不忍心吃它的肉。

一般人或者会认为,我母亲和祖母会合不来的。事实上,她俩一生默契如一人,我从没有见过她们吵过架,拌过嘴。每天做什么饭,家务活如何分工,我难得听她们商量过一两句。她俩似乎能读懂对方的心,不用说一句话,就在具体家务活上形成共识了。这也说明为什么原初社会人类的语言不发达。

她俩一生中完成了巨大的工作,成绩斐然。欧洲五百年的近代史,无数革命与流血才换来社会脱胎换骨的变化与精神文化的升格。而这五百年的变化被塞在中国几十年的近代史中。我祖父年轻时是一个普普通通的农民,他的早年生活和中国几千年来的农民并没有什么两样。在风风雨雨与枪炮声中,他的孙辈都进入到现代:开着汽车,听着地球那一面正在发生着的新闻。如果把这一奇迹般的变化比作人类登上月球之举的话,我母亲与祖母就是使登月宇宙飞船成行的地面工程师:她俩负责一家七八口人的衣食,使他们在几十年中走过欧洲人五百年走过的历程而无后顾之忧。

三、从我家土改时被误划为富农一事来看农村准原初社会的心理类型

我的家乡在 1947 年土改,当时我四岁。记得有一天,我家大大的四合院里挤满了人,正忙着把所有的东西抬走。人数之多是空前绝后的,我一生也再也没有在家中见过那么多的人,包括我父母丧事时。现在唯一的印象是,一个木制的龙头被年轻人拿走,可能是它的形状与颜色引起一个孩子我的注意。当时的一个口号是,扫地出门。此口号显然被农民理解为“清扫一切财物”。在记忆中,有不少天,我们家除了身上穿的衣服便一无所有。这同样是两级社会的不可逾越性造成的鸿沟现象,无论在原初社会,还是二级社会,这种扫地

出门都不是正常的。

我跟随姐姐去讨饭,一家一家的门前窗下喊“奶奶”,讨来的都是一口口的玉米饼子。父亲被关进了牛棚,一家子又只剩下母亲和祖母,以及一群孩子。我记得,一家人站在昏暗的堂屋里,一人拿一口我们讨来的玉米饼吃。我们不仅像过阴天或下雨的日子一样自然而宁静,而且还保留着享受生活的乐趣与心态。母亲和祖母突然产生了一个伟大的想法:他们搬走了家里的一切,但有一只淹满咸菜的大缸,半截埋在地里,他们想不出办法如何搬动它,他们贴了封条。母亲和祖母偷出来一些,我们人人分得一份,来品尝这人间少有的乐趣。第二天,母亲和祖母叫来成份为贫农的一位堂哥来查看,说是我在那里玩耍碰坏了封条。

我祖父是一位终生劳动的普通农民,但他一度到天津做生意赚了钱,买了地,可能曾一度接近富农水平。祖父受共产党的宣传影响,又有儿子劝告,在他 1943 年去世前就把土地作了处理,贱卖或送人。1947 年土改时,规定以 1944—1947 年的家庭情况定成份,这期间,我父亲外出抗日,家中没有男人,共产党组织出钱给雇用长工一名,帮忙耕种而已。土改时,我家一度被误划成富农,土改后期纠偏时,改定为中农。当时的县委书记在七八百人参加的全县村干部会议上部署纠偏工作时,提到作为被误划成份的两家典型,其中一个是我家。后来我上大学时细心阅读了毛泽东《怎样分析农村阶级》一文,我家也明显为中农。

土改中把我们家按富农处理的村人们,显然不为共产党政府与二级社会的言语和条文所动,他们坚持说我们家是富农。这在我的中学时代,给我造成了灾难性的效果。他们认为富农子弟不应该上学,所以我一度被学校除名,回家务农。父亲到北京,找到在农业部任职的原土改时期的县委书记,老书记给我村支部写了一个条子说我们家成份是中农。县中学让我回去上学,但一脸不高兴,我考上当时的中国医科大学,被认为是我们中学的光彩,学校把我的名字写在学校黑板的最上方。可与我告别时,学校领导还给我说了一句:你们家什么成份,我们弄不清。

我到北京上学后,我们村庄继续给我们学校写信说我们家是富农。那里的人远离农村,才是纯二级社会眼界,他们说:“你们家最像一个真正的革命家庭了,还要怎么样?”“文革”期间清理阶级队伍时,我把我家土改中被误划归富农的事说给领导听,当时的军宣队、工宣队领导持同样态度,根本没有耐心听我说明。我说完后,他们立即说:“用不着都要说一遍的!”

我们家族居住的所谓西南庄,共有三百人左右,在二十世纪五十年代加入中国共产党的人不过两三人,而历来参加抗日与各种战争的人也是三两人而已,占全人口的百分之一二。这些人远远不是普通农民的典型,而是具有特殊经历与心态的人,他们获得二级社会的眼界,参与二级社会的社会活动。同一道理,《水浒》造反的 108 将中,百分之一二为农民而已。

就我家乡的情况看,这些人全部在中农以上。在我村加入共产党的人中,仅有一位贫农,土改之后他家仍是少数贫穷人家之一。在我村参加各种战争的人中,仅有一人是贫农出身,他有游手好闲的名声,所以在 1958 年“大跃进”时就拿他开刀:以二流子被公开批斗。是物质贫困限制了一个人的眼界,还是眼界不开阔而导致贫困?二者可能相辅相成:贫困者是更加自得其乐的“天然之人”,富余者不过接近“人为之人”,更愿接受像蚂蚁一样日夜操劳的二级社会生活格调。

那些获得二级社会眼界的人如果离开农村,进入城市或政府工作,即成了完全的二级社会“人为之人”,这里不做讨论。这里将那些仍留在农村的这类人分成以下三种:

(1)像我父亲那样的农村知识分子。他们有知识,有教养,又有自己的生活来源,因而与当时政治体系保持一定的距离。孔子就是这样的人。

(2)充当农村准原初社会与二级社会政府之间纽带的人,他们经常有队长、闾长等头衔。在作为孔子身边弟子的同时又担任社会职业的子贡、子路可算作这部分人。子贡做生意可算一种二级社会职业,子路则多次给卿大夫做家宰。

(3)有过一两次二级社会生活的经历后,成为农村准原初社会普通成员的人。我的一位姑父,曾一度为县农会主席,此后却终生务农。他几度给我讲他的经历,说除了毛泽东外,其他的共产党领导人,他全见过。他的讲述有明显的奇幻色彩,强调事物发展的偶然性与不可理解性。我至今记得,他讲朱德的马夫朴实到五十多岁也不知结婚娶老婆是怎么回事。

以上三种人中只有第一种既有原初社会立足点,又有综观整个二级社会的开阔视角。西方哲人柏拉图等与中国哲人董仲舒等,失去了原初社会的立足点。本书第一章提到子贡、子路都嫌孔子理想太高,不为世人所接受,即说明他们也部分地丢失了原初社会的立足点。

将我们家误划为富农的村人是属于第三种人,他们受土改工作队的鼓动一时参与二级社会活动,成为他们终生记忆中的梦幻。

等我父亲于2010年逝世后,我哥哥在我面前回忆父亲一生时,强调父亲对土改期间把他当成富农分子关起来的人们没有一点记恨之心,此后父亲在当地做医生,对那些人一视同仁,并且格外照顾。就是说,我父亲以准原初社会的当地亲友来看待他们,并不以二级社会的不同阶级与人群来看待他们。

我们村旁边有一个旧河道,只有在大雨时才偶尔有水流。土改前有人要在那里筑一个河坝,这样就导致上游被淹。我父亲当时在县委工作,政府就派我父亲带着手枪去制止他们筑坝。我哥哥、姐姐都强调这一件事所导致的家族纠纷在我家误划富农一事中的作用。我哥哥、姐姐显然有了更清晰的二级社会视角。

我现在回忆起来,我一生中,从来没有听到父亲提起过这件拦河筑坝的事。提到土改被关押一事时,他也没有一丝一毫的怨恨之心,他从来没有在我面前提到过土改时期主事的人。我想,我父亲没有以二级社会利益冲突来看待人事关系的习惯,在他那里还仅仅是原初社会的亲情,即使在土改误划富农这样一个影响深远的事情面前也这样。

我父亲是对的,那些将我家误划为富农的人,处于一时的梦幻经历,也同样没有二级社会利益冲突的考虑,所以才不顾政府的规定与告诫,终生坚持自己的看法。

四、来自人心底层仁慈之心(Human-Heartedness)的呼唤:我父亲与祖父以及他们的人生经历

对于孔子提出的“仁”这一概念,西方学者有多种不同的翻译,我以为只有Human-Heartedness最能传达孔子原意。再翻译回来,即指怀揣人类心(肠)的一种状态。现代社会的“人为之人”被社会文化与个人理性思维所控制,孔子时代的仁者能听到人类与生俱来的人心的呼唤声。与他们周围的人相比,我父亲与祖父成为现代人中极少数仍在关键时刻听从人类之心呼唤的人。

本书导论部分已经论述,现代文明史是一部战争不断升级史:人类面对的不是荒野中的群虎,而是吃人能力是虎狼亿万倍的人类自己。在战争频繁与各种激烈的政治斗争的旋涡中,我父亲与祖父既没有被人吃掉,也没有参与任何这种人类互吃的社会行动。他们躲避开那些没有必要的人类冲突:包括不必要的战争,或者其他严重伤害无辜的社会运动。

我们家族曾有一个小学,由本家族略识几个字的成人来教男孩子们认字。

我祖父生于1885年,在1943年死于痢疾,年仅58岁。祖父如果在今天不至于死,当时用中草药治疗无效,战争年代,又无法得到抗生素。祖父年幼时尚属大清王朝,用《论语》《孟子》作教本。就后来我与祖父一代人接触的印象看,他们对孔孟之道并无一知半解,似乎毫无印象。另一方面,他们也认不了多少字,用他们自己话来说:仅仅学会了写自己的名字而已。准原初社会的现实,使他们具备孔子般的纯真朴实。

图七　作者的姐姐(中间)与晚年时的父母遗像

祖父年轻时过的是几千年来中国普通农民的生活,有自己的一片地,足够养活一家人,不过丰年吃好点,歉年多挖几根野菜、多撸几片树叶而已。离我们村三里远有一条通往天津的河流,祖父的这位舅舅家住在河岸上。祖父的舅舅在天津做生意,需要帮手,在1915年将我祖父请去天津工作。祖父的舅舅去世后,他的生意面临破产,祖父伙同本村另一农民变卖土地家产而购买该生意,随后又改成杂货铺。总之生意日趋兴隆,赚了一笔钱,买了独门独院的住房。

祖父有"小乱住城,大乱住乡"的原则,在日寇占领东北而日逼华北的情况下,祖父变卖生意地产而回家务农。尽管家庭变得富裕,但祖父一生艰苦奋斗的精神不减当年,在一个人经营六七十亩地的同时,还不断张罗做各种生意。他会的手艺之多,实在让今天人佩服:他会屋内装修,会编织与木工,还用草药偏方给人看病。他还像孔子一样多年给人办丧事。

今天像我祖父那样的人,一定要腰缠万贯了,中国农村准原初社会没有留出个人财富无限积累的空间。与周围人相比,祖父不过略显富余罢了。一次,孙传芳部队的散兵持枪包围我家进行抢劫,祖父一人手持木棍在房顶上与他们对峙。他拿这种老鼠面对老虎般的困兽犹斗来对付强盗,实在是自己找死。好在当时很多农民有枪,见到土匪持枪来村抢劫,到处鸣枪,那些散兵不知底细,在三千人的村庄里,他们又属少数,这才慌忙逃窜。

"七七事变"华北沦陷之后,祖父又让独生儿子去参加九死一生的抗日游击战,并尽自己的财力物力大力支持抗日,被选为当地开明人士。之后又将大部分土地以很低的价钱出售给当地农民或分文不取地分给当地农民。祖父为人可用鲁迅的话形容:横眉冷对千夫指,俯首甘为孺子牛。作为默默无闻的一个普通农民,祖父既没有鲁迅的激扬文字,也没有鲁迅那种被称为中华脊梁的时代担当,更没有什么忘我情怀。祖父一生奋斗,成功不为了钱与财富,也没有后世留名的想法,只不过满足于准原初社会的家族乡里一名为人容纳的成员而已。换句话说,祖父也像祖母与母亲一样,过着美学的人生,一生听从人性与内心深处情感的呼唤。

父亲名凤岗,字哲,生于1919年,殁于2010年。以下是我在父亲去世后写的一篇回忆短文,遵从当地习惯,以第二人称君(您)写成,录在这里:

君生时,父母已近中年,溺爱以至不忍君离家上学。时至三三年始到献县高小插班学习,一年半后入天津觉民中学。君积极参加了著名的"一二·九"及"一二一六"爱国学生运动。三七年日军大举入侵,君毅然投笔从戎,在华北青纱帐下与敌寇周旋。三七年秋,君参与并组织了献县青年抗日救国会;三九年转到建国县任青委书记,环境恶劣,多次为敌人追击,被追得大吐血,九死一生。四二年日军大扫荡时,君因病回家疗养期间,在家内建筑地下掩藏室,掩藏县区抗日干部多人,并转送重要情报使我军免受重大损失。四七年,君筹建富庄驿友信中西药社。同年土改中家庭被误划为富农,被扣押期间,遭捆绑游街,全家受到牵连。君心灵深受触动,此后潜心医学,自救国于枪林弹雨之中直接改为救民众于病痛威胁之下。数年中,自学西医教科书与中医经典,结合医疗实践,撰写发表医学论文多篇。四九年调任沧州医院副院长,因病未上任,此后专心在家乡行医。五四年左右,中国卫生部拟统一测试现有医务人员而后发放行医证书,在绝大多数人不及格的情况下,君独得九十以上高分,成为全县第一名。君以仁慈之心,痛病人之所痛,声誉乡里。七六年退休后,仍义务看病,自七七年到八三年间诊病七万多人次。

君母常对孙辈说,君三两岁时,怕养不活,吃饭时挑好的饭食给君,都以为君吃掉了,饭后收拾饭桌时才知道君偷偷丢到桌子底下了。所谓好饭食者不过是一片白面馒头,清苦之中益显母子之情深,君人生之卓绝。君聪慧好学,赞美之声回响于师生邻里之间,学业前途清晰可见。卢沟桥一声枪响,以君之材,铁蹄下继续深造者有之,随难民西逃求学者有之,君却以只身之躯,奔赴国难,呼号于田垄之间。君尝曰,受敌人通缉,藏于野外冰雪中过夜,第二天醒来身体不能动,要等太阳照暖身体后才爬起来,以麦苗充饥。战乱过后,以君资历,多平步青云而后被批为走资派者,君却急流勇退,久病成医竟能佼佼于医林之中。李白曰,"天生我材必有用",天生君以救国救人也。君持枪救国使多少人免死日寇枪炮之下?君行医救人又曾使多少人起死回生呢?当今之世,风云变幻,属功属过,莫衷一是,君救国救人之举万古流芳,未有人敢以为非。司马迁曰:“推此志者,虽与日月争光可也。”

冀中抗日战争十分艰苦,日军碉堡林立,枪火相接,即日军在岗楼里巡逻,可用枪打到冀中平原的任何一个地方。这样一来,所有抗日人员都生活在日军巡逻兵的射程之内。民众当然站在抗日一边,但通敌的也大有人在。我有一个当家叔叔也像我父亲一样,在外从事抗日工作。一天半夜,他偷着回家,在离家一两百米的玉米地里,被等在那里的敌人队伍扫射牺牲。见过他尸体的人对我说:“根本没有人的模样,不过是一团血肉而已。”村里买白布把这一团血肉包裹成人的模样来进行殡葬。

我父亲把自己能活着过来归功自己的小心谨慎,遵从抗日队伍为减少伤亡而制定的作战规则。当然也有智慧与技巧。我一位远房舅舅,也参加过抗日,一次与我父亲闲聊,他说自己能活着过来同样靠小心。他说,他亲自看到一位战友在麦田地里站起来解小手,被岗楼巡逻兵一枪打死,而当时的规定是不准站起来解手的。父亲晚年书面分析说:“残酷战争环境中,能幸存下来绝非命中注定,是我平时警惕性高,长年高度注意,绝无半点松懈和麻痹,睡眠少,动作机警敏捷,遇事冷静分析判断,所以能在多次危机中化险为夷免于遇难。”

为减少伤亡,抗日人员出行,组成三五人的小队。好多次回来时只剩下父亲一人,父亲也因此被战友戏称为“命最大的人”。曾有三次,父亲一人被许多敌人追击,均为他成功逃脱。一次被日本骑兵追击,一次被日军摩托车队追击。我曾好奇地问他:如何能在多人向他一个人打枪的情况下逃脱?他说,他向当地的果树林跑,不断在树后向敌人回击。当时的果树林都是一家一户经营,不大,但却一片接一片。敌人骑兵、摩托车无法进入树林,他们从不同方向快速围抄父亲,并跑到树林对面等父亲。父亲要等他们刚刚到达对面地点尚未站稳时,突然转换方向,从侧面跑入附近另一树林。要同时注意,不能顺着任何一个敌人的射击方向跑,这样他们就都得不断移动枪口,难以瞄准目标。下面故事说的是他第三次只身为敌人追击,而追击的人是步兵。

1940 年 3 月,当时被称为青纱帐的庄稼还没有长起来,前一年的玉米、高粱秆,农民不砍掉以作抗日人员的掩护,但到这时已被寒风吹得七零八落,难以遮蔽抗日人员。这是平原游击战最困难的时节。父亲等人只能白天藏在农民家里,晚上进行抗日活动,后半夜才敢到野地里睡个安稳觉。

父亲从1937年自行组织县抗日青年救国会而进入县委后,抗日期间一直作为县委主要领导人之一,进行抗日的组织工作。1940年3月这一天,他与区委书记李培信以及区农会主任小吕组成一组,到建国县韩庄,准备在下午四五点钟做饭,以便吃完饭后,晚上召开韩庄党员干部会议。父亲正在烧火烙饼时,放哨的民兵跑来说:“西北方向来了一小队持枪的人,看起来不像咱们的人。”李培信与小吕即随哨兵去看个究竟。

父亲不知道,他们三人来此组织会议的消息走漏,敌人正是要来抓捕他三人的。父亲仍在烧火烙饼,村子里响起枪来。父亲跑出来,见村庄已为敌人包围。此时,李培信与小吕已经被敌人抓获,受尽酷刑后,被用木棍打死装入麻袋,扔入当地的子牙河底。所以这时,敌人包围村庄是为了父亲一个人。

父亲跑入一户人家,想藏在院子里的柴草垛里,主人老太太害怕,劝我父亲从门洞梯子上房逃跑。我父亲刚刚爬上去,敌人从四方一起向他打枪,原来敌人已经持枪站在村边房顶上包围了村庄。河北农民一律住平房,而房顶是平的,用来晒粮食等农作物。父亲一翻身就滚下来,到了胡同里,向村外跑。他听到汉奸在打老百姓,说他有八路军的边区票。父亲跑过村庄一条街道时,一名日军与一名汉奸向他大声喊:“回来,不要跑!”并向他打了一枪。

可以想象,这时找到目标的敌人会一窝蜂地向父亲跑来,并向他打枪。好在村庄很小,村边就是农民为逃脱敌人追击而挖的交通沟,父亲对地理环境又了如指掌。等他接近交通沟时,就迅速敏捷地滚到沟里去了。跑了一段时间,就赶上一群同样逃避日军的老百姓。有两名日本骑兵向老百姓们追来,父亲在沟里向他们开了两枪。他们大概不知道沟里武装人员的数量,不敢贸然前进,就改下马观望了。

在沟里逃跑中,父亲后来遇到了自己认识的韩庄村武装委员会主任。父亲见他跑得一脸灰黄,没有一点血色,就问他说:“你看我这脸黄吗?”武装委员会主任跑着说:“我怎么(只看到你的身子)看不到你的脑袋呀?”他大概看了过多的被杀害的抗日人员,逃命期间就噩梦般地幻视了。

最后跑到安全地带脱险后,父亲才知道自己从房上滚下来时已摔成重伤,此后数日腿不能活动,喘息不能平卧,口吐鲜血,显然摔伤了内脏。父亲被安排在当时称为堡垒户的刘耀同志家养伤。刘耀待服侍父亲稍好后,即外出工作,对父亲说:“好好养伤,过几天我回来看你。”可是刘耀不久即壮烈牺牲,这成了他与父亲永别的话。

父亲因为多次负伤,又染上肺结核、胸膜炎,住进当时的八分区后方医院。

恰逢1942年“五一”大扫荡,日军以五万余兵力,配上汽车和飞机,对我冀中平原进行残酷的大扫荡,企图一举消灭我抗日武装与地方组织。为减小目标,医院决定化整为零,把重伤员安排在可靠的农民家中休养,有条件的则回家疗养。父亲被安排回家。我村为当时抗日先进村,近三千人口没有一名当汉奸的,经常被抗日部队与县区机关选为驻地。

为配合扫荡,日军增建岗楼。一个新岗楼离我家不到两百米,有百余名日军。深夜,在我家可以听到岗楼哨兵的说话声。我祖父建房时,偷建了一个暗藏夹坯墙,即没有窗子的小屋。我小时候爬进去过。卧室头上有一个称为耳屋的储藏室,里面有家具等物。家具后的墙壁上设有一个暗门,通入这个没人知道的夹坯墙小屋。

因为父亲在家养病的关系,我家成了抗日人员聚会与情报中转站。这些人很快看上我家暗藏的小屋,村里派来十四名年轻能干的党员,分两班在这个小屋挖地道,再在地道里挖出能住五六个人的地下房间两个。

1942年“五一”大扫荡前后半年多时间里,先后到我家躲避扫荡日军的县区级抗日人员多达一百多人,在我家顺便举行的各种抗日会议更是不计其数,而且全部安全无事,没有一次伤亡事故。白天,我母亲和祖母轮流坐在门口处做针线活,算作放哨,如有日军过来,她们即回到屋里告诉父亲。书面情报的中转,由我祖父担当,他把情报塞到驴脖子上的夹套中,然后牵着驴到农田地里干农活。他再找机会把书面情报转交给邻村武安庄的一位负责情报传递的人。日军从来没有发现过。

一天夜里,在日军岗楼给日军烧热水的一位本村青年,偷听到日军第二天拂晓要出兵袭击邻县武强县某地集结的抗日游击队。这个消息通过两三个人的传递,才传到我父亲。因为仅仅剩下几个小时的时间,父亲便半夜里自己绕过岗楼步行到邻村传递这一信息。第二天,岗楼日军果然出袭,因为父亲情报及时,日军扑了个空。

党组织见我父亲对医学感兴趣,并能在医学杂志上发表文章,抗战胜利后就令我父亲组建卫生所,这个卫生所即后来县医院的雏形。父亲与其他医生们在为老百姓看病的同时,掩护来往的共产党干部。这些干部以病人名义住在卫生所。1950年后,父亲即回家养病,同时自开诊所。

父亲中西医都懂,并研制了一些符合当地农民需要的西药配方,大受欢迎。农民显然以实用态度看待中西医的区别,他们对于药到病除而又便宜的西药片非常乐于接受。1956年农业合作化后,父亲这种研制配方才不得不停下来。到二十世纪六十年代,我还记得有人从一百里地外托人来购买父亲研制的配方,父亲只好告诉人家:七八年前就停止配制了。

今天有了二级社会生活经验的读者会说:当医院院长与当农村医生不是一样为人民服务吗?在中国农村准原初社会的人来说,为家乡的父老乡亲救死扶伤,是一种由衷的乐趣,而二级社会的医院院长就有许多不可预测的变量,很可能与人类天性不那么合拍。"文化大革命"后期,我父亲一次到北京,遇到外科医生出身的卫生部长钱信忠。钱听说我父亲与他一样参加过冀中抗日战争,现在又在当医生,就像碰到多年不见的老战友一样,与我父亲谈了很久。过后,还主动给我父亲做身体检查。他让我父亲平躺在床上,从头到脚,一一检查,然后向我父亲讲他的查体结果与他对父亲身体状况的估计和建议。

从他那认真与略显得意的神色,站在旁边的我立即领会到他那言外之意:我钱信忠是个响当当的职业医生,如果我要像你那样,革命成功后立即回去当自己的医生,哪会有今天——被打倒后,长年靠边站,无所事事,我现在愿意当医生为人民服务,还可能吗?

钱信忠给我讲了抗日战争的另一面。第二次世界大战后,美国军队历史学家调查发现,美国只有15%—20%的参加二战的战士开过枪,有的战士还故意向天上放枪,因为人类有不杀死同类的天性。日军也不例外,只不过程度与形式不同而已。

1942年"五一"大扫荡期间,钱与他的抗日队伍驻扎在河北衡水地区的一个村庄,这一天早晨,钱起床后,到村头水井处刷牙,旁边有哨兵在用力吹起床号,唤醒沉睡的战士们。钱突然看到村东面日军列成横队,个个端着枪向他们的驻地方向走过来。这些日本兵,间隔一二十米的样子,形成梳子齿状向前推进,即所谓扫荡:他们要这样把冀中平原全部扫上一两遍,以期消灭所有抗日人员。钱对我说,抗日一方的人员无一伤亡,因为日本兵前进时目不斜视,他们不在乎有多少抗日人员自他们端枪的士兵中间通过。据我所知,钱所说的抗日人员与我父亲一样,并不穿军服的,即穿着样子与百姓并无两样。日军当然把这些抗日人员当成普通农民了。我父亲多次逃脱日军追击,也有同样因素的作用,那些日本兵公事公办,未必个个那么认真。很多日军开枪打一个人,人人乱放枪,最后也不知道谁放走了八路军。

最后再回过头来看我父亲一生经历的难能可贵。除了参加抗日而没有直接参与解放战争与土改运动外,在此后一连串的政治运动中,父亲也得以脱身暴力行动与偏激行为,并且能态度鲜明地予以反对。1958年,在农村有"共产风”与种种暴力行为;1966 年之后在“文化大革命”中,有派别冲突等。除了年轻人外,积极参与这些错误行动的人有两种:一种是那些具有二级社会眼界的人,他们大多有自己利益的考虑,即他们是真正的二级社会的独立个人;另一种人,是缺乏二级社会眼界的普通农民,他们人云亦云地去参与。与城市相比,农村里第一种人要少些,第二种人要多得多,因为他们还有纯美学秩序的残余影响,缺乏以个人利害关系考虑参与社会活动的习惯。

与城市相比,在农村就更加随便一些,所以允许父亲一类人的反对声音,只要这种反对声不构成实际的阻力。父亲也并不去积极推行自己的主张,即父亲与孔子一样:有黑白共存的胸怀。孔子有深厚的社会经验与哲学基础,父亲则更多地依靠朴素的人类仁慈之心的引导。

结语　(下)

中国农村准原初社会人生生活
(讨论部分)

摘　　要:笔者这里对中国农村准原初社会的人生魅力作了进一步阐述,指出其在中国城市生活的典型二级社会里不失其正面影响。最后笔者以两级社会理论讨论了现当代新儒学的一些问题,并对未来进行了展望。

五、从我父母的人生来看中国农村准原初社会人生心态的巨大威力

(一) 中国农村准原初社会人生心态

心理学家荣格(Carl Jung, 1875—1061)提出集体潜意识(Collective Unconscious)这一概念,与个人潜意识以及集体意识相对。集体潜意识指人类所共有的潜意识,即人人都一样的那一部分潜意识。荣格认为这种集体潜意识包括自遗传与传统获得的各种潜意识层次的意念、想法与图像(Ideas and Images)。

受时代与社会环境的限制,荣格集体潜意识的概念主要是针对二级社会提出来的。荣格根本没有两级社会的概念,也无从考虑原初社会的集体潜意识问题。鉴于两级社会理论强调原初社会心理与情感层面上的整体性,而这种整体性与荣格的集体潜意识差别较大,更缺乏意念、想法与图像的成分。本章旨在向读者显示中国农村准原初社会对人类行为潜在调控的巨大威

力,为了叙述的需要,这里提出中国农村准原初社会人生心态这一概念,仅就笔者的个人经历来论证。

上面讲述我母亲与祖母的人生,代表那些完全生活在农村准原初社会的人们对待二级社会的态度,把二级社会看成彼岸的另一世界,并不在乎明朝、清朝的区别,也不介意共产党与国民党的区别。我父亲与祖父的知识与阅历使他们能亲自成功地生活在二级社会,而仍保留中国农村准原初社会的人生心态,又使他们远离二级社会种种摧残人性的罪恶。

至于原初社会人生心态究竟如何,有无更科学确切的术语以及与荣格集体潜意识的关系,有待后人研究。

(二) 父亲与孔子的人生相似之处

笔者首先声明,我这里没有把我父亲妄比圣人的意思,仅仅出于以个人经历论述的需要:我们这里暂时把孔子当成一个普通人对待。

就人口来说,孔子任职的鲁国与我父亲任职的献县、献交县等大小相当,在几十万人这一数量范围。孔子时代中国人口估计在一千万左右,鲁国是一个中等偏小的诸侯国。如果当时有一百个诸侯国的话,每国平均十万人;如果以战国时代二十个诸侯国计算,每国平均五十万人。

这一人口数量范围很重要,因为人口数量与形成怎样一个二级社会层次的话语圈有关,而这一话语圈决定这一个二级社会生活的性质。抗日时期北方农村的通信方式与孔子时代一样,靠人与人之间的口头言说。抗日农村的书面材料与通信能力较孔子时代高得多,但贫困与战争大大限制书面通信的使用。抗日人员虽然有严密的组织,但都是自愿的,面对强大的敌人,不可能有绝对的权威。如果你愿意,随时可以投敌,或者离队回家务农。孔子时代同样没有绝对权威。所以当时的抗日人员只能与孔子和他的弟子们一样,组成近似原初社会的生活。

我父亲多次对我说:“抗日战争时期,我们不能像土改那样,一帮人拿着枪到富人家要钱财。我们只能跟人家讲好听的话,劝人家支持抗日。否则人家就去支持日本了。”父亲的这番话是针对所谓搬石头的政治运动讲的,抗战胜利后,有的抗日干部被当成要被搬开的石头,因为他们没有与富人划清阶级界限。

现代心理学把人的心理分成几种类型,从他们为人处事的态度看,父亲与孔子可能属于同一心理类型的人,并有过许多可以比拟的人生经历。他二人都生就聪慧好学,没有像身边的人那样按部就班地上学,而是主要靠自学而成材。父亲没有上小学,直接上高小(五六年级),而后到天津读中学,又中辍抗日,而医学知识全部靠自学。

父亲任职县委主要领导人十余年,而孔子任职鲁国仅三年。父亲参加的抗日队伍与当时的日伪政府相对立;同样,鲁国执政者本身有与孔子理想政治对立的一面。孔子三年后出走不过是这种对立的明显化而已。父亲的抗日队伍正是与孔子弟子们一样的高举理想的群体。

孔子热衷政治,却一生仅仅从政三年;父亲作为日伪政府的对立面而从政八年,在国内战争期间从政三年,在新中国成立后,父亲以养病为名,仍回农村准原初社会生活。同样,孔子一生与各个诸侯国当政者打交道,如果孔子采纳子贡、子路的建议(参见本书第一章的内容)略降低标准,即放弃原初社会理想的话,会立即得到重用,而有从政的机会。即父亲与孔子一样,不放弃中国农村与抗日队伍的准原初社会的平等友好的社会生活方式,终生高举原初社会的理想,不与世俗的二级社会苟同。这在孔子,有他西周政治的榜样在心中;在父亲,仅仅是中国农村准原初社会的人生心态。

我一生与父亲接触中发现,他没有一丝一毫的二级社会层次的理想目标可谈,父亲也不对乌托邦式理想感兴趣。所以在父亲,仅仅是一种人生心态,没有可以用语言表达的理想与目标,正像母亲和祖母没有描绘她们的理想与目标一样。这是一部至今尚未表达为二级社会语言的人生社会学,有待我们去开发。

(三)与祖父父亲一样听从内心深处仁慈之心呼唤的还大有人在

与祖父一样在天津做生意的人,有的成了天津的资本家;与父亲一起参加抗日战争的人,大多成了国家中层与高层干部。那些资本家与干部都进入了二级社会生活,与中国农村的准原初社会生活疏远开来。他们中的很多人都娶了第二个老婆,因为原来的农村妻子无法适应他们新的生活。我祖父土改前把土地送人或贱卖,与其说是受共产党影响,不如说,生活在准原初社会的农民对平均地产的思想有先天的亲和力。

与父亲一起参加抗日而胜利后回家务农的人,在当地还有很多人,不过我所知道的这些人都属于没有知识没有文化的人,父亲是唯一有文化而又在知识界出类拔萃的人。那些不识什么字的人,参加抗日战争是出于人类天性的呼唤,在原初社会中,终止混乱与灾难,人人有责,所以他们并没有从中谋求个人或某个集团利益的想法。而这种谋求个人或某个集团利益的想法正是五千年文明史中战争不断升级的原因,所以老子才有原初社会不用文字而结绳记事的建议。父亲与老子一样是文化发展到一定高度而后再认识到返璞归真需要的少数人。

我家族一个远房伯父与父亲一样参加抗日,任游击队小队长,在 1947 年解放石家庄战役中当了逃兵。他在众人面前说过多次:他看了过多的尸体与鲜血,实在没有能力再看下去,就放下枪,走回家来了。

他的话清楚地显示:中国农民还受人性的制约,他们没有法国哲学家萨特所说的二级社会人类选择的自由。他知道回来后要受群众大会批斗,他知道共产党胜利是板上钉钉的事,他知道如果不回来他会混个一官半职,但他实在无法看那么多的尸体与鲜血。几十年后的今天,我们又说,台湾海峡两岸的人是一家人,是一个中国,而要积极推动两岸人的来往与合作。我这位远房伯父不可能看到几十年后的政治发展,而是没有被文明玷污的人性本身有更长远的眼光和更深刻的考虑。

近年来,我在网上听了中国许多大学教授的讲课,不少人在称赞清朝不战而自动退位的做法,称赞康梁变法与当时的宪政理想,说要告别革命。那些大学教授中,没有一位说要告别抗日战争,要告别对入侵的抵抗。我那位不认识什么字的远房伯父在六十多年前就与今天大学教授达到了统一的看法,不过没有表达成语言罢了:中国普通农民没有长就一颗看那么多中国人鲜血与尸体的心。

六、从共产党革命队伍的不同出身看农村准原初社会思想影响

在中国历史上,知识分子达则兼济天下,以儒家传统标榜,穷则独善其身,躬耕田里,以老庄哲学,修心养性;又由于老、庄以农村自给自足的小农经济为理想,正符合我国数千年来的农村现实,结果我国农村占主导地位的思想近于道家,而离儒家较远。历史上农村出身的刘邦、朱元璋都有明显的道家倾向。这里说的儒家传统指秦汉以后居官方地位的儒家思想传统,与孔孟思想有本质的差异。

要说儒家传统思想在中国农村有什么影响的话,那仅仅限于知识分子阶层,一般农民热衷佛与道。从我家乡的情况看来,儒家影响可能限于地主官僚家庭。两腿泥巴的农民不好走进孔庙的,那是官僚知识分子去的地方。儒道

两家均以原初社会为理想,而中国农村准原初社会的农民受人类天性制约,与孔子思想相近,与道家相近,而与秦汉后的儒家传统思想较远。帝国时代儒学家要学会二级社会逢迎权势的本事。

这种普通农民的天性与传统官僚知识分子的不同,可由作者家乡上世纪四五十年代卷入战乱而后的不同人生去向来说明。这里把他们分为三种人。

第一种为不识字的普通农民。我上面提到的我姑父与当家伯父属于这一种,他们参与抗日战争与共产党革命,在抗战结束、革命成功后,他们的知识阅历不足以使他们适应共产党政权中干部的角色,他们仍回家务农。这种人中的极少数通过参加识字班等途径获得了阅读书写能力,也因而获得了二级社会的眼界,得以留任干部。

第二种是像我父亲那种出身富裕农民家庭,有知识与二级社会的眼界。他们或者回乡,像我父亲那样行医、教学等担当农村知识分子角色。这一种人有相当一部分成为共产党政权的干部,尤其如果他们有像子贡、子路的性格,而非孔子、颜回一类人的性格。

第三种是出身地主官僚知识分子家庭而接受了秦汉以来帝国儒学传统的人。他们大多加入了国民党队伍,有的甚至去了台湾。也有少部分人背叛自己的阶级而成了共产党的中高层干部。

这三种人在共产党后来的历次政治运动中表现也不同,农民出身的干部更不容易适应那些非人性的政治运动。我父亲告诉我,我姑父回家务农的导因是他被长期批判为男女生活作风问题,而且组织上又不听他的辩解。在中国农村准原初社会中,农民显然自动遵守一夫一妻制,而这种遵守是出于人类能体贴他们感受的天性。

笔者这里属于拓荒之作,读者很容易提出反对笔者结论的例子。但笔者坚信中国农民生活在准原初社会之中,更受人性的制约,他们更具有孔子式的仁爱之心,而受儒家文化熏陶的农村知识分子家庭接受的是秦汉以来的帝国儒学,与孔子原有学说相左。这一点是可以为设计良好的社会调查与研究所证实的,笔者这里仅仅是一个粗浅的尝试,并非一篇严肃的论文。

七、从两级社会概念与孔子社会生活美学化思想来看现当代新儒学

(一) 几个概念:美学与道德,学与派,用与体

这里首先指出,美学与道德、学与派、用与体,这三对概念的前者,即美学、

学、用均适用于原初社会,而后者,即道德、派、体则适用于二级社会。当然这种划分不是绝对的,但从以下分析,读者可以从这三对概念进一步了解原初社会与二级社会的区别,进一步体会到:两级社会分类是一个最本质的分类,因而也普遍适用,并能提供一个更加清晰的新视角。

我们可以说黑猩猩有美的感受能力,但不能说黑猩猩有道德感,道德从一开始就是一个用语言表达的行为要求。虽然人类原初社会也有道德与美学,但以美学概括其社会秩序更为确切,道德仅起一种辅助功能。在孔子那里是这样,在五十年代前的中国农村社会也是这样。本书第十章论述了道德美学秩序的二级社会也是可能的,但需要一个缓冲带围绕保护起来。而当代二级社会是在西方战争文明的冲击下形成的,社会秩序的基础是法律制度与经济结构,道德同样是一种辅助功能。即使在道德显得更重要的社区交往与个人生活层面,道德也更近于用语言表达的一套行为规范,而非心理层面的体验,在这个意义上讲,道德是二级社会的特征。

许凌云在他的《中国儒学通论》中提到,夏威夷的成中英在1994年第三届当代新儒学国际会议上提出:新儒家是一个学派,而新儒学是一个大致的学术方向。当代儒学的发展正在经历着由新儒家向新儒学的改变,“家”的统一性正让位于“学”的多元性。[1]成先生多年生活在国外,所以倾向于学术的多样化,对用一种思想文化去影响与统一人民思想意识的所谓弘道不感兴趣。

笔者多年从医,对一种病的机理与治疗,大家共同研发,并不分派。在一个长期不清楚的问题面前,有可能分成观点不同的两派,但疾病的研究,很快见分晓。通常两派一对一错,少数情况下,各有对错成分。自然科学在原初社会与二级社会是一样的,只是战争文明与财富积累文化导致科学突飞猛进罢了。成先生讲的新儒学多元化,正是把儒学当成一种类似自然科学的纯科学研究来对待。本书也同样以科学与客观的态度,展示孔子思想为人疏忽的一面。

在原初社会系统,可以有学,也可以有家,但是没有派。老子与孔子从不同角度来概括夏商周三代原初社会式超级大国的思想与文化,他们之间是协调互补的关系。在司马迁的记载中,老子与孔子没有相互诋毁的话。

中国在战国时期进入二级社会,原初社会的大一统面临二级社会的多方向可能,以人文社会为着眼点的中国古代学术也分裂为不同学派,墨子原是学儒的,后来分裂出去,自成学派,与儒学同称当时的显学。韩非说,“孔、墨之后,儒分为八,墨离为三”,即儒学在战国时期分为八个不同学术派别。(韩非子·显学）这八个学派相互为敌的情况可由荀子《非十二子》一文中诋毁子思、孟子的话作证，他说：

略法先王而不知其统，然而犹材剧志大，闻见杂博。案往旧造说，谓之五行，甚僻违而无类，幽隐而无说，闭约而无解。案饰其辞，而只敬之，曰：此真先君子之言也。子思唱之，孟轲和之。世俗之沟犹瞀儒、嚾嚾然不知其所非也，遂受而传之，以为仲尼子弓为兹厚于后世：是则子思孟轲之罪也。（译文：大略地效法古代圣王而不知道他们的要领，然而还自以为才高志大、见闻博杂。根据以往旧说来创建新说，称之为“五行”，非常乖僻，与道理违背，而又不合礼法，幽深隐微而难以成一家之说，晦涩缠结而又无从解释，却还粉饰他们的言论而郑重其事地声称：“这真正是先师孔子的言论啊。”子思倡导，孟轲附和，世俗社会上那些愚昧无知的儒生，七嘴八舌地传说他们的思想，而不知道他们的错误，于是就等于接受了这种学说而传授它，以为是孔子、子弓建立这种学说来嘉惠后代。这就是子思、孟轲的罪过了。）

这些话给今天读者的印象会是：荀子在用大而空的话给别人扣帽子，而实际上他在弘道，当然是弘自己的道。为了弘道，他在借用孔子的声望同时，极力抨击异己学说。荀子显然没有不同学说共存的思想。

荀子弘道的对象是包括君王在内的知识阶层，并不包括不认字的普通人。这些人如荀子所讲：愚昧无知，七嘴八舌地传播别人的思想。这是中国刚刚进入二级社会不可避免的，人们为二级社会的多方向、多派别所迷惑，容易成为他人说教的俘虏。我们今天的听众与读者已有更多的知识和阅历，因而弘道者也要有客观与科学的态度，而由听众与读者自己来选择和取舍。

在国际儒学联合会学术委员会兼职的郭沂先生长篇讨论体与用的问题。[2] 郭先生认为中国在二十世纪八九十年代有一个从西体中用到中体西用的转变。郭先生拿李泽厚作为八十年代西体中用的代表，而郭先生自己主张中体西用。李泽厚是在二十世纪五六十年代国内美学讨论时出名的学者，他以马克思主义着眼社会经济的观点，把生产方式、经济制度的社会存在作为体，把建立在经济基础上的意识形态作为用。郭先生不同意李泽厚这种体与用的界定，他以文化、以中国传统的人文精神作为体，而把李泽厚的体说成是用。即二人的体用概念正好相反。

从两级社会理论来解释他们这种相反的体用观，则一目了然。中国社会学界经常用唯心、唯物来划分，即所谓先有精神，还是先有物质。二级社会有无数可能，任凭人类去建造，当然要先有想法与规划，也就是郭沂先生的以文化精神为体的思路,经济基础由人类来自由建造,当然是用。西方走的是一条战争文明的道路,战争双方面临同样的问题:如何不被对方消灭,如何生存下来。当活着成为第一需要时,当然要唯物,要先有物质,而后才能活下去,才能发展文化与精神。本书导论一讨论第三次世界大战的事。第三次世界大战不能完全排除,如果走郭沂先生思路,以中国传统人文精神为体,第三次世界大战就要失利。我倾向于世界性战争过时的乐观态度,还是像郭沂先生那样,认为中国政治经济全是可以规划的用,而非体。

郭先生最后画了一个马鞍形的图,以五四时期全盘西化为顶端,而后向传统回归。所以郭先生的中体西用与清末洋务运动的中体西用相当。清朝末年人们穿的是长袍马褂,文人满口之乎者也,见面作揖嗑头,我们现在衣食住行有哪一样不是从西方来的,至于共产主义与资本主义等更是舶来品。五四运动的主将们纵然激进,也绝对没有想到西化到这个程度。只是因为广大农村准原初社会的存在,中国得以免于基督教化而已。中国当代在二级社会层面上的宗教严重欠缺,所以风行的于丹《〈论语〉心得》才被说成是心灵鸡汤。

(二) 从两级社会理论来看现当代新儒学运动

在西方现代化的冲击下,所谓新儒学运动实在是一种中国传统人文精神的现代化过程,不过它被称为新儒学而已。从二十世纪二十年代至四十年代,有以梁漱溟、熊十力、张君劢、冯友兰等为代表的第一代新儒家;从五十年代至七十年代,在中国的港台地区有牟宗三、唐君毅、徐复观、方东美等;从八十年代开始,有杜维明、余英时等海外学者。这些人都是学贯中西,汇同西方哲学传统以改造中国传统儒学,用来适应现代生活,并将之作为一种与西方交流的话语平台。西方自古希腊时代就以自由个人组成二级社会,有深厚的二级社会传统,我对这些所谓新儒学家浏览的印象是:他们都是适应现代城市生活的二级社会,缺乏孔子原初社会的视角,更接近孟子心学与宋明理学的思路。以下仅就新儒学提出的几个问题来阐述两级社会理论在这些问题上的看法。

1. 内外超越的不同

二级社会的多样性以及二级社会本身的目的性决定了二级社会有非人的一面,反映这一问题的西方哲学概念为超越性,即外在于人的意思。中国沿古代原初社会思路,进入二级社会后走了孟子心学与宋明理学的思路,强调人的心性,被学者们称为中国式的内在超越。外在超越导致西方基督教文明与近代科学的发达,二者分别以超越人类的上帝与外在于人类的科学真理为追求对象。中国式的内在超越仅求个人心态的平衡与宁静,是刘子建所说自南宋以来中国走向内敛的一部分。

在原初社会内在超越有美学特质,无论庄子的汪洋恣意,鲲鹏展翅九万里,还是孟子的大丈夫浩然之气,都是一种内在超越。但庄孟处在中国刚刚进入二级社会的战国时期,其思想中有不少是二级社会的广阔与浩繁所激发的一种原初社会式的美学体会而已。我们今天读《庄子》,觉得其本身就是一幅让人叹为观止、荡气回肠的艺术杰作,这是原初社会个人应有的心理体验,是原初社会美学秩序的一个成分而已。宋明理学以及新儒家的心性之学,无不具有二级社会宗教的功能,给人提供二级社会精神创伤的医疗与麻醉,与孔子的《论语》精神不同,也与尚保留原初社会气息的孟子不同。同样道理,道教与庄子也不同。

2. 知识与价值的不同

上面提到郭沂先生,他认为文化是体,而文化的核心是价值体系。新儒学正是强调中国传统道德观,与西方强调物质相对。

追求特定价值的前提就是要具备一定的知识,否则无法成功。无论是充满稚气的儿童,还是学富五车的老教授,他们都有足够的知识让自己享受人生的即时快乐。他们这种活在当下的人生享受也可能是一种知识追求,就是说他们追求知识本身就是一种享受,而不在乎知识本身的价值。

其实这种追求新的知识以为快乐正是儿童的特点,这是他们迅速掌握复杂的社会人生能力的途径。本书导论二中提到,原初社会有其特有的闲散业余视角,早期人类像其他动物一样,在无饥饿之忧时,享受生活。结论是,在原初社会,知识与价值没有我们现代人分得这样清,也没有现代人进入社会前的一二十年的学校经历。

以两级社会理论,原初社会是适合人类的最佳社会,将来还要在形式上回到原初社会,所以后现代社会不再那样强调知识与价值的不同,广阔的知识本身就会赋予人一种价值观,即知识让人看清人生价值所在。

作者曾参加一个近年兴起的所谓借艺术创造来使人们安度晚年的讲座,讲演者说:人类创造性的高峰在七八十岁的晚年。我发言讲老庄以儿童为榜样指导人生,认为儿童最有创造性。与会者又都同意我的儿童富余创造性的说法。这样看来,只有中年最缺乏创造性,而这背后的原因显然是现今二级社会的局限:社会角色要求中年人聚焦知识的价值性,而非知识的娱乐性。儿童与退休老年脱离现今二级社会的束缚,追求一切娱乐性的人生体验,就是一种创造性。结论：人类生来富有创造性，现行二级社会是人类创造性的最大杀手。

3. 内圣外王

儒家内圣外王的说法，实际上是强调人生修养。儒家又历来推崇《大学》一文中所说的：格物，致知，诚意，正心，修身，齐家，治国，平天下。这前后八条被认为是达到内圣外王的途径。

《大学》为曾参所作，按曾参生于公元前505年的说法，曾子比孔子小四十余岁，是孔子的学生。在提到上述修身八条时，曾子明确提出，他讲的是“古之欲明明德于天下者”。这八条首先用于原初社会式超级大国的君王诸侯一类的人物，中国古代这一超级大国并没有绝对的权威，所以推广来看，像孔子、曾子等士人，也可以怀抱此人生理想。这在原初社会是可能的，一个人树立做人的道德榜样，社会其他成员效仿他，而他的原初社会又成为其他原初社会的模仿榜样，从而传播开来，成为天下人的行为准则，也就出现一个太平世界。中国古代原初社会式超级大国的上下层次与隶属关系，只是加快这一传播过程而已。

宋朝张载有句名言：“为天地立心，为生民立命，为往圣继绝学，为万世开太平。”这可以看作上八条修身原则的翻版，尽管张载不知道古代原初社会与他所在社会的本质区别，但他的话仍能反映出秦汉集权社会对他思想的影响。“为往圣继绝学，为万世开太平”，这两句表明张载相信古代尧舜盛世的说法，认为秦汉以后朝代更迭与周期性大动乱是古代没有的不正常现象，所以有“继绝学”与“万世开太平”的提法。“为天地立心，为生民立命”两句则说明张有与曾子不同的眼界，不是修身明德的问题，而是抛开利欲熏心的当代人来重新造人，即为天地立心，也同时为天下黎民百姓创造出一个新的命运与生活，这正是二级社会从文人思想来造人、造社会的思路。如果说，曾子八条在古代是可行的话，张载的话则是纯粹乌托邦，并且只知道心性式空想，不知道考虑实行细则。

张载说：“立必俱立，知必周知，爱必兼爱，成不独成。”如果张自己能牢固地建立一个几万人的乌托邦社区，实行他这些兼爱周知的原则，就会产生深远的影响，穷人就会来投奔他。不过，中国古代文人并不坚决实行他们的理想，而是说给别人听罢了。他们只管修身与弘道，并不在二级社会层面上去推行他们的主张。所以中国历史上平天下的有刘邦、朱元璋这种被称为无赖的人，没有张载这种名垂千古的儒家学者。内圣外王的思路在二级社会建立的秦汉之后,是很难行得通的。

(三) 从对西方民主议会制的批判来看蒋庆先生三院制的局限性

西方议会民主制决非一种完美的政治制度,这可以用西方政界人物自己的话来说明。丘吉尔说,“民主制就是为了人民的目的,让一部分人民用大头棒来猛烈攻击(bludgeoning)另一部分人民。”本书导论二第五(五)小节提到的战争不断升级的五千年文明史,正是让一部分人民攻击另一部分人民。或者正由于此,这种不断升级的战争文明在欧洲最明显,中国几乎仅限于战国时期,战国前后各有两千年的稳定期。

至于“为了人民的目的”,就是打着人民的旗号更加理直气壮而无所顾忌罢了,这也是现今世界中,美国每每表现出大国沙文主义的政治基础,也是本书导论一第九节提到北美白人不同于中国人——更倾向于用战争解决多余的六十亿人的原因。

议会民主制的另一个明显缺陷也由丘吉尔指出,他说,“民主不会长久,从来没有一个不自杀的民主”;“除了我们知道的所有其他政府形式以外,民主是最坏的政府形式”。二级社会面临多方向的难题,民主是一个不得已而求其次的做法。丘吉尔与本书作者的观念相同:认为西方议会民主制是一个历史暂时现象,会为更完美的社会管理形式所代替。蒋先生的三院制显然是一个不愿求其次的做法。

秦汉之后中央集权制的建立,不再允许春秋战国时期百家争鸣与诸侯异政局面的存在,儒学传统开始向个人心性修养方向偏斜,政治儒学开发不足。蒋庆先生有鉴于此,专门阅读公羊学等古代文献,用以开发儒学原有的政治理想部分,提出了王道政治以及三院制。他说:“以‘天下归往的为民思想’来确立政治秩序合法性的民意基础、以‘法天而王的天人思想’来确立政治秩序合法性的超越基础、以‘大一统的尊王思想’来确立政治秩序合法性的文化基础。无论古今中外,凡政治秩序欲合法,必同时具有此三重合法性的基础,即必同时具有民意(世俗)、超越(神圣)、文化(传统)的合法性基础,缺一必不能合法。”[3]

蒋先生这三重政治合法性又常用天地人三才来表达,即天道之超越神圣合法性、地道之历史文化合法性、人道之人心民意合法性。

天道讲的只能是原初社会,否则即面临无数不同的天道这一二级社会问题,因为二级社会是多方向、多可能的,并非单一的天道。所以蒋先生的天道合法性只是代表原初社会的理想与天然人性,用以制约二级社会的人为之人,这种制约也会因二级社会的不同而不同。如果以当今世界二级社会为唯一基础,就有无数截然相反的天道存在。

原初社会的文化传统不指向不同方向,而二级社会的文化传统与二级社会的不同方向直接相关。当今世界上不同传统文化代表不同的二级社会方向,不过在现代化与地球村的全球化的大潮下,增加了不少共同因素而已。也正由于此,蒋先生才追求中国古代的政治传统与理想。同样道理,具体一个国家和民族的文化传统也不是指向一个固定与明确的方向,而是指向不同方向的各种文化因素的中和与平衡。这一点很重要,因为不同的人对自己国家的文化传统有不同的理解和不同的取舍,也就有略微不同的发展方向。

总之,天道超越与地道传统也要人来界定,人来解释。西方基督教代表超越的神圣性,并一度是欧洲的太上皇,国王要罗马教皇加冕。近代欧洲史正是摆脱这种宗教束缚的历史。蒋庆先生提到现代英国政治时说,英国就应该实行三院制,国王、上院与下院,但实际上是众议院一院独大。蒋庆先生又说:“而国王作为议会中的一院,则代表国家的历史合法性。”

笔者二十世纪八十年代初曾在英国生活四年,多次近距离见到女王、女王丈夫、王子查尔斯。笔者也有挤到前面排队与女王握手的机会,但笔者不好意思那样做,因为大多数人站在周围观看。笔者没有一次见到过民选的首相。因为剑桥有人第二次获诺贝尔奖这样一个罕见事件,英国首相来这里祝贺,笔者因为在同一楼内工作的关系,当这位首相上汽车离开时,笔者在二三十米外看到了她的一个背影。与女王来时上千人等待的拥挤场面不同,她仅有三五个陪同人员,似乎是偷偷摸摸地来去。

英国人闲谈时说,他们喜欢女王,不喜欢包括首相在内的政客,并说:因为世界上很多人来英国旅游看女王出游等场面,女王给英国带来了不少收入。他们还告诉我,二十世纪五十年代英国差一点要取消国王制度,反对国王的游行示威很多,后来女王到处讨好公众才得以缓解。议会通过决议,女王无权拒绝签字,但如果决议有增加穷人税收等严重损害人民利益条款时,女王会替人民求情,说:“你们是否愿意再考虑一下?”这样看来,英国国王未必代表历史合法性,而是她自己用讨好人民的行动获取了人民的认可。蒋庆先生的三院制如果得以实行,是否代表超越神圣性的天道与传统文化的地道,也要像英国女王那样用讨好人民的行动来获取人道的认可,我们将拭目以待。

因为二级社会的多方向、多可能,人类文明史走向常常为偶然事件所决定。如同宇宙起源于一次大爆炸,生物进化来源于本质为遗传物质复制差错的突变,人类文化的进化也可能来源突变,即文化突变说。[4,5]现代西方议会制起源于古希腊的直接民主制:用双方辩论与互相诘难的办法来展现问题的方方面面,然后让听众投票做决定。这样一个决策方式使得基督教退出政治领域,使得英国女王处处讨好国民,但他们也同时有通过议会恢复以往帝国权力与影响的可能。这种双方辩论的传统演变为当今西方的两党制。不知蒋庆先生的三院制如何作决策,如果三院发生冲突会不会迫使中间派加入一方而最终变成两院制,或者甚至一院两党制?中国历史上是用周期大动乱来剔除天道帝王的,蒋庆先生的三院制如何剔除不合格的天道与地道的当权者呢?

如果蒋庆先生的三院制不用人来充当,而采取本书导论一的建议,用大型电脑担当三院的功能,即可避免西方政治的一院独大与西方两党的相互攻击的自杀倾向。

八、展望未来

(一)几句题外话

在战争逐渐从人类生活中淡出的过程中,五千年战争不断升级所塑造的社会体制与文化将要向原初社会回归,向人类天性回归,也就是向完全排斥二级社会的老庄道学回归。向老庄回归之前,可以首先向孔孟回归。这种向孔孟回归,首先是思想与文化层面的,之后才是政治制度层面的。

我的家乡在冀中平原,那里离最近的山地也要两百多里路。我幼年时经常听到老虎下山与孩子丢失的传闻,这种丢失孩子而疑为虎狼吃掉的事从来没有发生在我所熟悉的邻近村庄,只能当作遥远地带的事。二十世纪最后几年我回家乡时,当地农民向我诉说邻村小孩丢失的事,这次诉说是如此具体,不容怀疑,但农民说孩子是被公路上过往的车辆带走,然后被杀死贩卖器官赚钱去了。当然,这杀死卖器官只是一种猜测,而过往车辆带走孩子却是现代世界处处都发生的事,并非单独发生在中国农村。面对这种人面虎狼,无论是前述小老鼠式的困兽犹斗,还是我的双目注视都是无用的。同样道理,面对当今战争与经济竞争形成的国家与世界的运转体制,单单提倡与推行孔孟之道的仁义学说是不够的。

笔者曾以一章的篇幅论述[5],现今世界已经进入一个前所未有的新时代,社会正面临生活方式与管理体制的改变,但并不面临革命危机。当我们远离世界性战争危机,并伴有电脑与通信设备的划时代推进时,世界就成了一个前所未有的近邻世界,人们急需一种新的生活方式,中国夏商周三代原初社会式超级大国以及孔子的美学秩序给现今世界以新的启示。

(二)从两级社会理论与孔子美学秩序看将来的理想社会

原初社会的闲散业余视角与孔子美学秩序都提示,未来理想社会是建立在享受此刻生活的基础上的。孔子与他的弟子们整天在音乐声中演习礼仪,讨论人生学问,享受粗茶淡饭的以肘为枕之乐,他们没有一丝一毫的劳苦之色。认真讲,他们四体不勤、五谷不分,说不上有任何劳动,也说不上工作。孔子热衷政治,但仅从政三年,孔子以教学为职,但他的学校与苏格拉底一样,是讨论式的,并且由于原初社会语言的美学特质,孔子终生的讨论被记录下来才不到两万字。所以孔子的教学本身是一种美,一种行为艺术,也同时是生活享受本身,并非今天意义上的工作与学校教育。大家可能以为,孔子与他的弟子们是统治阶级,因为普通农民是要劳动的。但在没有绝对权威的社会中,怎么可能企求统治者不劳动而普通人去劳动呢?那时的农民也像动物那样,在森林里边摘果子边吃,本身更像今天的娱乐。

笔者推测,将来的社会没有现代意义上的劳动与工作,我们的工作习惯是战争面前求生存的结果,是两级社会之间不可逾越性的鸿沟效应(参见本书导论一)。将来的社会生活本身是如同孔子弟子们的演习礼仪一样,是一种富有美学意味的娱乐与享受。这种集体娱乐活动的副产品,由国家与社会组合成人们生活必需的服务和产品。可以设想,我们需要成千上万种不同的集体娱乐活动,这些代表不同的二级社会方向。拿人体细胞的管理系统看,细胞不劳动,也不操控相当于二级社会的心肺肝脾,更不把心肺肝脾当成自己的私有财产。将来的理想社会也应该这样。

(三)展望未来

笔者在本书导论一中已经提到由大型计算机来进行国家与社会的平衡反馈,来代替西方两党竞争辩论后投票作决定的方式。以今天的科技来看,这会很容易达到西方议会决议案的同样效果,不光社会花费大减,而且比几百个议员更容易操控。这样的电脑管理系统很容易按蒋庆先生三院制理想政治来运作,可以按比例分配天道、地道、人道在最后决策形成中影响力,如顺次按百分之十、百分之三十与百分之六十分配,这在电脑管理中很容易做到,在人却很不容易。

这样一个电脑管理系统才更像人体对身体内部生理生化的管理系统,才符合老子与孔子提倡的无为而治的理想。笔者坚信,将来的社会无论在人造二级社会与人造人的道路上走得多远,也要向原初社会靠拢,要向天然人性靠拢,因为那是我们天生的原来样子。当然这还很遥远,但不妨向这一方向推进。

一个可能是把部分权力下放到基层社区,增加社区的自主性与多样性,而让这些不同而又数目众多的社区充分代表二级社会的多样性,让人民在这些社区之间自由来往与进进出出,像今天的旅游人群到异国他乡体验不同的生活一样。[6]在开始阶段,让这些旅游式人群参加一些劳动,也不为过。

在这种社会环境中生活的人才真正算作自由人,是天然的自由人,而非当今二级社会的"人造自由人"。笔者坚信,人类天生的是原初社会动物,不过有二级社会的周边性潜在能力而已。在当今复杂多变的社会中,以医生、律师、演员等不同人生来看,他们用终生的劳苦与努力换来比一般人高的物质生活,而又为一般人羡慕与嫉妒。这样看来,二级社会的自由人生并不是自然而然的人生,而是二级社会个人活动空间的产物,更是社会阶梯所造成的压力的产物。这样的人造自由人,有利于经济财富积累,也有利于战争环境下的生存,但并不利于生活的享受。笔者坚信,将来社会由二级社会的人造自由人向原初社会天然自由人的靠拢,会大大增加社会成员的总体幸福感。原初社会也同样容纳人类二级社会周边潜能的发挥,不过不是阶梯社会背景下的奋斗人生,而是庄子式的汪洋恣意的人生。

笔者曾专门论述幻想与现实的等同性的一面。[5]将来要大力开发电脑模拟现实生活的产品,坐在电脑房里,带上电脑配备的耳机眼罩,电脑可以让我们有一个如同真实生活一模一样的人生体验。将来的理想社会中,人们可以随意要求某种娱乐活动,但社会的电脑管理体系会把要求该项娱乐活动的人偷偷随机地分成两组:一组参加真实的娱乐活动,一组参加电脑虚拟的娱乐活动。只要电脑科技足够发达,这两组人就可能有相同的人生感受而不辨真假,甚至终生都不知道他们参加的那次娱乐活动是真实的还是电脑虚拟的,而这两组人员的比例由社会财政能力来决定。

回过头来再让我们一起阅读本书第二章的一段文字:

> 总之,二级社会层次的一种特定的文化和宗教代表原初社会玩耍游戏的一种形式而已。二级社会的多样性与原初社会玩耍游戏的多样性相当。老子、孔子仍以原初社会业余时间用于玩耍游戏的传

统来看待人生,也就是美学的人生。

参考文献:

[1] 许凌云、许强(2002):中国儒学通论。广州:广东教育出版社。第244页。

[2] 郭沂(2001):郭店竹简与先秦学术思想。上海:上海世纪出版集团、上海教育出版社。第807-849页。

[3] 蒋庆(2003):政治儒学——当代儒学的转向,特质与发展。上海:三联书店。第210页,第189-194页。

[4] 李柚声(2009):换个角度看人生,看世界:21世纪中华道学。北京:线装书局。第3页,第236-56页。

[5] 李柚声(2013):从大爆炸宇宙学看人类历史的偶然性。(未发表资料)

[6] You-Sheng Li (2012):The Ancient Chinese Super State of Genetically Coded Primary Societies and its Implications for Modern Democracy. (Submitted to and accepted by the Ninth ISUD World Congress. ISUD = International Society for Universal Dialogue)